Norman Mailer

Gefangen im Sexus

Aus dem Amerikanischen von
Matthias Büttner

Droemer Knaur

Copyright © 1971 by Norman Mailer
Titel der Originalausgabe
»The Prisoner of Sex«
© der deutschen Ausgabe
Droemersche Verlagsanstalt Th. Knaur Nachf.
München/Zürich 1972
Umschlag- und Einbandgestaltung
Werner Rebhuhn
Satz und Druck
E. C. Baumann KG, Kulmbach
Aufbindung
Verlagsbuchbinderei Klotz
Augsburg
Printed in Germany
ISBN 3 426 08809 6

Für Carol Stevens

1
Der Preisträger

1

Gegen Ende des Jahres der polymorphen Perversion (was heißt: im Herbst '69) tauchten Gerüchte auf, daß er den Nobelpreis erhalten solle. Dann ein perfektes Durcheinander. Eine Anfrage kam vom New Yorker Büro der Nachrichten-Agentur UPI: Ob es ihm möglich sei, für die Agentur den ganzen nächsten Tag erreichbar zu sein? »Stellen Sie fest, weshalb«, sagte er. Seine Sekretärin war noch nicht lange bei ihm, und sie hatten sich noch nicht so recht aufeinander eingestellt. »Ja, ich werde es ihm sagen«, murmelte sie jetzt in den Telefonhörer und blickte mit so bewundernden Augen zu ihm auf, als säße sie vor dem ehrenwerten Ex-Bundesrichter Arthur J. Goldberg. »Aus Stockholm hört man, daß Sie den Nobelpreis bekommen werden.«

»Das ist unmöglich«, sagte er. Nach einem einundzwanzigjährigen Leben in der Öffentlichkeit hatte er in seinem Gehirn so etwas wie einen Geigerzähler entwickelt, mit dem er sämtliche Strahlungen messen konnte, die von den Ehrungen und Preisen aller Ecken, Scheiben und Vektoren des ästhetischen Schlachtfeldes ausgingen, welches man als die Buttercremetorte der Literatur zu bezeichnen pflegt.

»Also, dann reden Sie selbst mit ihm«, sagte die Sekretärin. Am anderen Ende sprach eine von diesen harten, kratzigen Nachrichten-Agentur-Stimmen mit einem schottisch-irischen Namen. »Wir haben Grund zu der Annahme, daß die Verlautbarung in den nächsten Stunden herauskommt, und wir wären Ihnen dankbar, wenn wir Sie dann gleich erreichen könnten.«

Sie bräuchten nur, erwiderte er, seine Sekretärin unter der gleichen Nummer anzurufen wie jetzt, denn er würde mit ihr in Verbindung bleiben. Und dann hängte er auf, ohne irgendwelche besonderen Gefühle zu verspüren.

»Sind Sie denn nicht aufgeregt?« fragte die Sekretärin.

»Nein.«

»Ich muß über Sie staunen.«

»Erstens werde ich den Preis nicht bekommen. Hier muß irgendein Fehler passiert sein. Und zweitens . . . «

Aber in Wahrheit war er sich selbst nicht sicher. Vor einem halben Jahr, an jenem Frühlingstag, an dem man ihm den Pulitzerpreis verliehen hatte, waren über einen Mann von der *New York Times* schon erste Vorausnachrichten zu ihm gedrungen. Es konnte also sein, daß die Neuigkeit auch jetzt wieder einen wahren Kern hatte. Aber selbst dann – er wollte den Nobelpreis nicht. Nicht in diesem Jahr. Es war eine Zeit der großen und kleinen Tode für Zehntausende von Keimlingen seiner Psyche. Seine Frau und er – seine vierte Frau! – hatten sich in diesem Sommer getrennt, waren nach fast sieben Jahren auseinandergegangen. Ein beträchtlicher Teil seines eigenen Selbst war verbraucht und wieder verbraucht worden, seine Seele neu auszurichten. Doch wenn eine Ehe auch auf der Guillotine geendet hat – die Tode in einem selbst wogen gering im Vergleich zu dem Verlust, den man angesichts jener vielen herzerwärmenden, in den Kindern schlummernden Möglichkeiten empfindet, die sich nur dann verwirklichen lassen, wenn man das tägliche Brot miteinander teilt. Und der Kummer hatte sich schützend über ihn gelegt, wie ein warmer Schal, der die Gebeine eines Gichtkranken einhüllt. Was für ein monströses Zusammentreffen wäre es doch, wenn er gerade jetzt einen Literaturpreis gewinnen würde und sich bei der Entgegennahme der Glückwünsche den Mund in Fetzen lächeln müßte! Aber wenn sich in seinem bisherigen Leben irgendeine Systematik entdecken ließ, dann war es wohl gerade dieses monströse und völlig unpassende Zusammentreffen verschiedenster Ereignisse. Und von daher betrachtet, konnte es logischerweise gar nicht ausbleiben, daß er noch an diesem Nachmittag seinem Namen die Buchstaben FNPW anfügen mußte. *Famous Nobel Prize Winner* – Berühmter Nobelpreisträger! Also nicht Vladimir Nabokov, FNPW, nicht Robert Lowell, FNPW, nicht Saul Bellow, nicht Malamud und Günter Grass, nicht Yukio Mishima und auch nicht Jean Genet. Nein – und er wußte, daß ihm dabei im Augenblick mindestens drei oder vier große Namen der Literatur gar nicht einmal eingefallen waren. In der Tat, es wäre schon sehr peinlich, jetzt den Nobelpreis zu erhalten. Wie könnte man Nabokov je wieder in die Augen sehen – oder Henry Miller?

Den ganzen Tag klingelte das Telefon. Die Leute hatten im Fernsehen gehört, daß er für den Nobelpreis im Gespräch war. Und den ganzen Tag über blieb er völlig ruhig. Nein, erklärte er allen Anrufern, das Ganze wäre doch recht unwahrscheinlich. Und überhaupt – aber das sagte er nicht laut – war es ihm gleichgültig. Um es genau zu sagen, er hatte sogar den Verdacht, daß es ihn stören würde. Denn er hatte selbst nicht das geringste

Vorgefühl, daß die Schwingen irgendeiner Ehrung bereits über ihm rauschten. Und eine Bestätigung seiner Fähigkeit, auch hinter sieben Bergen noch instinktiv zu erspüren, ob etwas vor sich ging oder nicht, war ihm wichtiger als eine Medaille. (Schon deswegen, weil er mit den Augen nicht einmal Gegenstände am anderen Ende des Zimmers deutlich erkennen konnte.)

Gegen Abend kam dann die korrekte Meldung: Samuel Beckett hatte den Preis erhalten, knapp vor André Malraux. Man mußte schon ziemlich ungebildet sein, wenn einem diese Namen vorher nicht eingefallen waren! Hoffen wir, daß ihn die Bescheidenheit davon abhielt, seine eigene Arbeit auch nur einen Augenblick lang für ebenbürtig zu halten: Schließlich war Malraux für ihn das Ideal eines großen Schriftstellers.

Humor stellte sich ein. »Aus Stockholm hört man!« Da könnte ja jeder kommen. Irgend jemand bei einer Nachrichten-Agentur, einer Presse-Agentur oder vom Fernsehen hatte den Namen Malraux wahrscheinlich noch nie vorher gehört und deshalb einfach geschlossen, es müsse sich um die schwedische Buchstabierung des Namens Mailer handeln. Ganz ohne Zweifel.

Es freute ihn nachträglich, daß er sich diesen ganzen langen Tag über so gleichmütig verhalten hatte. Welch eine Wunde wäre ihm durch die Preisverteilung geschlagen worden, wenn er tatsächlich den Ruhm begehrt hätte! Aber das war wirklich nicht der Fall gewesen. Ruhm – selbst in dem beschränkten Maße, in dem er sich bis jetzt über ihn ergossen hatte – war schließlich weiter nichts als ein fremdes Gesicht, das einem ein Mikrofon vor die Nase hält und Fragen stellt, die man schon hundertmal beantwortet hat: »Was halten Sie von der politischen Situation im heutigen New York?« (Die meisten

Fragen kamen immer aus der philosophischen Wüste, die die Massenmedien beim Durchspülen und Ausscheuern des großen Kollektiv-Gehirns zurückließen.) Ruhm war, wenn das Telefon während der Woche ein paarmal öfter klingelte und Bitten um Interviews brachte, die man nicht geben wollte und auch nicht gab; Ruhm war, wenn einen fremde Leute mit guten Absichten auf der Straße beim Nachdenken störten; Ruhm hielt davon ab, in fremden Gassen an die Mauer zu pinkeln, weil man Angst vor Polizisten und Schlagzeilen haben mußte; und Ruhm ließ es nicht zu, daß man sich auf dem Tanzboden wie ein Narr aufführte. Ruhm machte es unmöglich, sich anonym in einer fremden Bar mit Alkohol vollaufen zu lassen – was ein für allemal die Unmöglichkeit bedeutete, eine hartnäckige Melancholie durch eine Nacht von Erkenntnissen zu tragen. Das alles war der Ruhm minderer Sorte. Der Ruhm des Nobelpreises aber hätte ihn in noch weit umfassenderen Lähmungen gefangengesetzt. Bei jedem Regierungswechsel in Canberra oder Pakistan hätte ihn irgendein armer Reporter auf der Liste der Berühmtheiten gehabt, die er nach ihrer Meinung befragen mußte. Komitees und Wohlfahrtsbälle, nebensächliche Preisstiftungen und zweitrangige Ehrenverteiler hätten eine ungeheure Lust entwickelt, ihn auf ihren Listen zu haben. Ruhm – existentiell bemessen – konnte weiter nichts bewirken, als den Albernheits-Quotienten der eigenen Handlungen zu erhöhen. Ruhm würde schließlich bedeuten, noch mehr Leuten mit einem »Nein« zu antworten und gleichzeitig seine Zeit mit anderen Leuten zu verbringen, in deren Nähe man sich normalerweise keinesfalls begeben hätte. Wenn man keine Mission hatte, dann war Ruhm so etwas wie der Geschmack von Aspirin auf dem Totenbett – und er hatte in diesem Jahre keine Mission. Er dachte mit Erleichterung an den literarischen Futterneid, der ihm nun von Freund und Feind erspart blieb, weil er diesen so halb-respektierten und halb-ersehnten Preis bekommen hätte, ehe er noch alt genug, verdient genug und würdig genug gewesen wäre. Und in seiner ganzen Verdüsterung freute es ihn doch, daß es ihm so wenig ausmachte, die Buchstaben FNPW nun doch nicht hinter seinem Namen zu tragen. Gleichzeitig reizte es ihn aber, etwas mit ihnen anzufangen. Warum auch nicht? Er hatte schließlich einen völlig absurden Tag mit ihnen verbracht. Und jetzt konnten sie beispielsweise auch für *False Nobel Prize Winner* stehen – den *Falschen Nobelpreisträger*. Seine Majestät das Talent FNPW. Würde FNPW wohl einmal erwachsen genug werden, wahre Größe oder wahren Mangel an Größe richtig zu erkennen? Nach einer Weile schien es ganz natürlich, die Buchstabengruppe auch in abgekürzter Form zu verwenden: Asphaltschreiber, PW (Preisträger). Schriftstellerkönig, PW. Ausdauernder Ehemann, PW.

Da PW aber auch für *Prisoner of War*, für Kriegsgefangener, stehen konnte (was man noch um *Prisoner of Wedlock*, Gefangener der Ehe, erweitern könnte, denn er hatte noch niemals ohne Frau leben können), hatte er nun noch einen weiteren Namen für sich selbst: Der PW. *Prisoner – Prizewinner*, Gefangener und Preisträger – das war eine Basis, von der aus sich trigonometrisch ein Reaktionspunkt im Ego anmessen ließ, wenn dieses unentbehrliche Äquivalent eines Phallus, wenn dieser Geister-Phallus der Gesinnung einmal in unbekannte Szenerien geraten sollte.

So wandte er also den Begriff an. Das verbeulte, gar-nicht-so-starke Ego des PW befand sich einen ganzen langen Winter hindurch in Provincetown, beschäftigt mit der Doppelaufgabe, einmal ein Buch über die erste Mondlandung zu schreiben und zum anderen sich selbst nach dem Verlust der vierten Frau wieder neu aufzurichten. Es war ein Winter voller Auf- und Anre-gungen für den, der seine Leber bis zum letzten aus-gepreßt hat. Kalte Monate verbrachte er damit, über die Nieten zu meditieren, von denen eine Rakete zu-sammengehalten wird, und dann war im Spätfrühling 1970 der Tag der Erfüllung da, seine langwierige Arbeit war beendet, und er reiste mit fünf seiner sechs Kinder hinauf nach Maine (das älteste wollte den Sommer in Europa verbringen). Er war entschlossen, sich eine Vorstellung davon zu verschaffen, wie man eine Fami-lie aufzieht, denn über diesem Problem war seine letzte Ehe ins Schlingern geraten und dann gekentert: Seine vierte Frau, eine Schauspielerin, hatte im Strudel der Mühseligkeit, einen großen Haushalt in Ordnung zu halten, den Untergang ihrer Karriere gesehen.

Zunächst hatte der Gefangene die Idee gehabt, daß er sich während der sechs Wochen, wenn auch unter Ver-zicht auf ein privates Leben, mit den Kindern ohne Haushaltshilfe durchschlagen könnte, daß er zusam-men mit den Mädchen im Alter von dreizehn, zehn und acht Jahren alle Arbeiten wie Einkaufen, Kochen und Saubermachen erledigen und noch für die beiden Jungen von sechs und vier Jahren sorgen könnte. Aber dieser Gedanke wurde schnell wieder aufgegeben. Eine brave Frau aus Maine, die das von ihm gemietete Haus kannte und nach Arbeit suchte, stand zur Verfügung, und so übernahm sie das Saubermachen und Wäschewaschen, was sich als tagesfüllende Beschäftigung erwies. Dann kam seine Schwester, um zwei Wochen lang auszuhelfen, und schließlich wurde eine alte Liebe, seine liebste alte Liebe, einmal zum Wochenende eingeladen und dann noch einmal gleich für den ganzen restlichen Sommer, denn irgendwie füllte ihre Anwesenheit ein kritisches Loch unter den wohlverborgenen Wunden seines Herzens. Jetzt wechselten sie sich tageweise in der Küche ab. Und er glaubte nicht, daß er damit etwa irgendeinen mit sich selbst geschlossenen Vertrag gebrochen hätte. Mit fünf Kindern gab es immer noch genügend Arbeit, und auch seine Frau war schließlich niemals lange ohne Haushaltshilfe gewesen. So bestand – abgesehen vielleicht von einem nicht vorhandenen Hang zum Spartanischen oder einem wiedererweckten Karma aus der Zeit der Essener – keine Veranlassung, neben dem täglichen Versorgen der Kinder auch noch ein Leben ohne Samt und Seide, ohne Schokolade und ohne Sex zu führen. Er verbrachte also in einer *Menage à la Maine*, die von außen her wohl einige Neugier erregte, von innen besehen jedoch recht vernünftig schien, sechs angenehme Wochen voller harter Arbeit und ohne vieles Nachdenken zusammen mit seinen Töchtern, seinen Söhnen und seiner Geliebten, und er hatte den Kopf ständig voll mit Menü-Plänen, Einkaufslisten, Projekten und Ausflügen. Regentage überfielen ihn wie Prüfungen, auf die man sich nicht vorbereitet hat, denn normalerweise war das Wetter schön, und die Jungen spielten wie Fischotter fröhlich zwischen den Dünen von Maine und träumten von dem Tage, an dem sie ihre eigene Brigg segeln würden. Im Freien fanden sie offensichtlich ihr natürliches Gleichgewicht. Im Haus an regnerischen Nachmittagen jedoch erinnerte ihr Gejammer und Geschrei an das Pfeifen in der Luftröhre eines Wahnsinnigen. Seine Töchter vollführten an diesen Regentagen wahre Kunstwerke, um die Jungen zu unterhalten. Er war schon immer stolz auf seine Töchter gewesen, aber in diesen sechs Wochen erreichte sein väterlicher Stolz derart schwindelnde Höhen, daß die Mädchen seiner Meinung nach einen Orden verdient hätten. Sie waren sensationell. Sie taten ihre Arbeit, halfen den Jungen beim Anziehen und beim Zubettgehen, halfen beim Kochen und Abwaschen, halfen mit Töpfen und Pfannen und den Drahtkorb-Wägelchen im Einkaufszentrum. Und waren glücklich dabei. Glücklich. Überhaupt war es durchaus kein unglücklicher Sommer, und er endete für ihn mit der Überzeugung, daß auch er einen anständigen Haushalt führen und dabei jeden Abend ohne Schuldgefühle zu Bett gehen konnte, daß er nicht den ganzen Tag lang die Kinder anzuschreien brauchte, um dann am Abend ausgepumpt zu sein und nur noch Patiencen legen zu können. Er wußte nun, daß auch er sich in die uninteressanten Feinheiten der Tausende von Handlungen der Ordnung und des Planens versenken konnte, welche den Unterschied zwischen geordneter und katastrophaler Haushaltsführung bedeuten. Er wußte, daß er dies alles auch Jahr um Jahr weitermachen könnte, ohne je wieder ein Wort zu schreiben – zufrieden, jeden Tag in Ehren erschöpft, von jedem Zweifel an seinem eigenen Wert befreit, frei von Furcht, das Kreditkonto seiner moralischen Grundlagen stets wohlgefüllt. Aber er war sich völlig klar, daß damit der interessanteste Teil seines Geistes und seines Herzens dazu verdammt wäre, am lebenden Stamm zu verdorren. Ja, er war wohl imstande, sechs Wochen lang die Arbeit einer Hausfrau zu tun, auch sechs Jahre lang vielleicht, und sogar ohne Hilfe, wenn es sein mußte – aber er gab sich keinen Zweifeln darüber hin, was er damit alles für immer aufgeben müßte. Er konnte deshalb nicht genau feststellen, ob er es erträglich gefunden hätte, als Frau geboren zu sein, oder ob ihn das auf die düsteren Alleen der Geistesgestörtheit hinausgetrieben hätte.

Die Frage wurde also von diesem sommerlichen Experiment nicht beantwortet, sondern eigentlich erst richtig gestellt. Aber sein Ego, das war wenigstens zur Ruhe gekommen. Wochenlang hatte der Gefangene nicht mehr über sein Ego nachgedacht. Er brauchte das auch nicht, wenn seine Arbeitshosen vom Spülwasser troffen und er endlich verstand, was eine Frau meinte, wenn sie sagte, ihr Haar röche nach Küchenfett. Überhaupt verfügte er jetzt über praktische Definitionen für eine Reihe von bemerkenswerten Banalitäten. Der Satz: »Die Kinder haben mich fast wahnsinnig gemacht« steckte für ihn jetzt voller Bedeutungen, und er selbst konnte kaum noch ohne das Klagelied der wahrhaft unter einer Arbeit Leidenden auskommen: »Den ganzen Tag habe ich auch nicht einmal Zeit für einen eigenen Gedanken gehabt.« Das waren Klischees. Aber es waren auch Pflastersteine an den Straßenkreuzungen der Existenz. Wer möchte wohl nach einer Erfahrung wie dieser mit Überzeugung bestreiten, daß alle großen Fragen vielleicht genauso gut von hier ihren Ausgang nehmen könnten?

2

Während der Preisträger in diesem Sommer der Pick-
nicks seine Lunchpakete packte, war derjenige Teil
seines Geister-Phallus, der in New York zurückgeblie-
ben war – nämlich sein ständig dort residierender Ruf –,
von einer Schwadron wütender Amazonen, von einer
Ehrengarde revolutionärer (wenn sie doch nur wirklich
welche hätten!) Vaginas nicht nur überfallen, sondern
anscheinend sogar halb zu Tode gebissen worden.
Die erste Kunde kam mit einem Telefongespräch von
der Zeitschrift *Time*. Da es für ihn schon mal eine Zeit
der Klischees war, konnte er sich jetzt auch den Gedanken leisten, daß von allen Wundern, die die Zeit
in ihrem spiraligen Ablauf vollbracht hatte, keines so
bemerkenswert war wie sein derzeitiges herzliches Verhältnis zur Redaktion von *Time*. Es gab eine Zeit in
seinem Leben, da bat ihn *Time* alle paar Wochen mit
ernster Miene vor die Tür und prügelte ihn durch – und
er hatte dem nichts entgegenhalten können außer
einem bißchen Rhetorik über die Schändlichkeit dieses
Blatts. Bis zu jenem gewaltigen Moment, an dem es
ihm gelang, die Mätresse eines der *Time*-Potentaten
für sich einzufangen! Diese Dame war, in der letzten
Phase eines langewährenden Verhältnisses, offensichtlich auf der Suche nach einem besonders süßen Knaben
gewesen, mit dem sie ihren Boß richtig ärgern konnte.

Der PW, gerade aus dem Krankenhaus zurück, war sein Geld wert. In einer Geschichte mit dem Titel *The Time Of Her Time*, die er einmal geschrieben hatte, bezeichnete der Held sein Sexwerkzeug liebevoll als »Der Rächer« – was der Preisträger jetzt in die Sackgasse der Revanche rammte, war mehr, war ein Werkzeug der Vergeltung (wobei er bestimmt auch einen guten Teil des Gifts in sich aufnahm, das der Potentat zweifellos zurückgelassen hatte). Und er war so damit beschäftigt, diese Vergeltung zu üben, daß er Monate für die Erkenntnis brauchte, was für ein bemerkenswertes Mädchen doch dieser nette Pudding war, in den er da seinen rasch-rostenden Stachel hineinschob – fast ebenso interessant, komplex, machiavellistisch und geistig wie er selbst. Diese Erfahrung hinterließ tiefe Spuren in ihm (welche immerhin sogar eine Ehe und ein Kind einschlossen!). Nie wieder war er ein so guter Revolutionär – und er endete schließlich als Linkskonservativer.

Nun, das war schon lange her, mehr als sieben Jahre. Inzwischen war er ein Gefäß für ganz andere Dinge. Ebenso wie Amerika, das seit den Tagen Eisenhowers gleichfalls zweimal völlig umgemodelt worden war. Die Beziehungen zwischen ihm und dem Chefredakteur von *Time* – den man nicht mit dem bewußten Potentaten verwechseln darf, welcher längst verschwunden war – hatten sich zu einer gewissen Herzlichkeit entwickelt, welche dennoch mit Vorsicht vermischt war: wie zwei Flößer aus verschiedenen Dörfern, die im Wasser auf demselben Baumstamm balancieren, auf- und abwippen und einander argwöhnisch zulächeln. Und der Chefredakteur hatte ein Anliegen. Er wollte gerne einen seiner besten Reporter hinauf nach Maine schicken, um eine Titelgeschichte über die Reaktion des

Schriftstellers auf das hervorstechendste Phänomen dieses Sommers zu schreiben: das außerordentliche Ansteigen des öffentlichen Interesses an der Frauen-Befreiungsbewegung, der *Women's Liberation*.

Natürlich lud sich die Atmosphäre sofort mit Elektrizität auf. Es war nicht etwa so, daß sie beide nur mit simpler Lust und Freude an die Sache herangingen. Der Chefredakteur (eine Zigarre edelster Provenienz, wenn man Männer je rauchen könnte) gab von vornherein liebenswürdig zu, daß eine Titelgeschichte unter Umständen auch zu einer Hinrichtung werden könnte. Und der Schriftsteller, einerseits höflich bis zu der Behauptung, daß solch ein Artikel in *Time* nur für die Unschuldigen und die Ehrgeizigen schlecht sein könnte (wenn er nämlich zu einem Zeitpunkt erscheint, der für ihre Karriere ungünstig ist), mußte andererseits zugeben, daß er bei allem Respekt im Augenblick nicht den Wunsch hatte, sein Gesicht auf einer Titelseite zu sehen. Das allein schon kostete ihn ein hübsches Stück Geld, denn er hatte da einen Film mit dem Titel *Maidstone*, der demnächst herauskommen sollte – sobald er 1.) einen Verleiher fand, dem er gefiel, der 2.) für ihn bezahlen und der 3.) den Schriftsteller dabei nicht um den letzten Pfennig betrügen würde. Und da jeder mit dem Filmgeschäft Vertraute weiß, daß diese drei Punkte einander trigonometrisch ausschließen (denn ein Verleiher, dem ein Film gefällt, denkt nicht im Traum daran, für ihn zu bezahlen – ist es nicht schon genug, daß er ihn hübsch findet? Und ein Verleiher, der wirklich Geld hergeben will, hat längst eine Methode auskalkuliert, mit der er es wieder zurückstehlen kann), spürte der Schriftsteller nun im Kullern seiner Gedärme eine gewisse Tendenz, dieser Titelgeschichte zuzustimmen und sie zum guten Teil dazu zu verwenden, über seinen Film zu reden (den er heiß liebte und für besser hielt als fast alle Filme, die er kannte). Aber die Vorstellung, daß dann seine Kinder, diese fünf freien und unabhängigen Schönheiten, eingefangen werden müßten, um vor den Kameras der *Time*-Fotografen zu albern, machte ihn gar nicht glücklich. Man konnte ja vorher nicht wissen, was man ihnen damit vielleicht antat. Außerdem war er ohne Frau, und in der Küche stand seine Geliebte. Sie hatte zuviel bürgerlichen Anstand, um sich mitfotografieren zu lassen, und zuviel Stolz, einfach übergangen zu werden.

Nachdem alle diese Bedenken halb ausgesprochen, halb erklärt oder nur angedeutet worden waren, kam der Chefredakteur zum eigentlichen Kern der Sache: Niemand hatte die Absicht, eine Geschichte über den Schriftsteller in seinem Heim zu bringen, über seine Familie und sein Privatleben. Nein, man wollte nur seine Meinung über die Frauenbefreiungs-Bewegung, (abgekürzt *Women's Lib*) hören. Denn er wäre ja, wie er sicher nur allzu gut wüßte, vielleicht Hauptziel ihrer Angriffe.

Nein, sagte der Autor, das wäre ihm bis jetzt noch nicht klar gewesen.

»Na, dann freunden Sie sich mal ruhig mit dieser Vorstellung an. Die scheinen anzunehmen, daß sie in Ihnen ihre hauptsächliche ideologische Opposition haben.«

Jetzt fühlte sich der Schriftsteller in Versuchung geführt. Der Mittelpunkt einer Situation zu sein, gleich welcher — das war, so dachte er oft, das echte, kräftigende Mark für seine Knochen. Besser als Teufel im

Feuer umkommen, als ein Engel sein in den Kulissen! Acht kluge und rasiermesserscharfe Bemerkungen sprangen auf seine Zunge, als er nur daran dachte, was er über die Damen der Befreiungsbewegung alles sagen könnte. Aber der müde literarische Gentleman in seinem Innern zügelte das Zirkuspferd dieses schnellen Impulses. Nur ein Narr würde ernsthafte Beobachtungen wahllos in den Sammeltrichter der *Time* werfen. Auch war das Thema zu umfassend für rasche Bemerkungen: Das Bedürfnis des Zeitschriftenlesers für Sätze, die er am Abendbrottisch wiederholen konnte, wurde am besten durch Schriftsteller mit Namen wie Gore Vidal gestillt. Außerdem wäre das Ganze unklug: Er hätte Substanz aufgeben müssen – was bedeutet, kein Geld zu verdienen –, und das nur um der Möglichkeit willen, vielleicht etwas für seinen Film tun zu können. Dabei kannte er die Massenmedien gut genug und wußte, daß er mit seiner Zustimmung zu dieser Titelgeschichte einen Prozeß auslöste, an dessen Ende er sich möglicherweise in einem Kasten voller zusammengestrichener Zitate wiederfand, mitten auf einer Seite, die mit einer längeren Geschichte über jemand ganz anderen bedruckt war. Nach dem Köder zu schnappen und sich eine eigene Titelgeschichte zu erkämpfen, das wäre für das Eisen im Rückgrat seiner seit langem im Säurebad schwimmenden Integrität wie fressender Rost gewesen. Aber jetzt zuzubeißen, und dann den Kampf möglicherweise zu verlieren ... Die Unterhaltung endete so höflich, wie sie begonnen hatte.

Der Gefangene der Ehe dachte nicht mehr weiter über diesen Anruf nach. Ausnahmsweise schien er einmal die richtige Entscheidung getroffen zu haben. Zwischen ihm und den Kindern spann sich ein Gewebe des Verständnisses, das nur allzu leicht hätte durchlöchert werden können, und daher war es sehr schön, daß der einzige Kummer dieser Wochen in Maine ihr rasches Verwehen war. Nur hin und wieder hatte er Zeit, sich daran zu erinnern, daß da irgendwo das Riesengefängnis New York mit seinen Massen lag, mit den Schwarzen und den Puertoricanern in ihren überfüllten Zellen und den Gettos, die auf dem Kochherd Amerika vor sich hinbrodelten – eine Welt der Hascher und Hippies, der Ausgeflippten und Verrückten, die die Liebe öffentlich bei *Love-Ins* vorführten, bei *Be-Ins*, Konzerten, Happenings und auf der Bühne winziger Theater vor geladenen Gästen. Und daneben eine Welt der U-Bahn-Benutzer, grimmig und hart wie Feuerstein und Kopfsteinpflaster, stinkig wie brodelnder Sumpf in den düsteren Achselhöhlen schlechtbeleuchteter Transit-Wagen. Und dann noch die Legionen der *Women's Lib.* Er hatte eine Vorstellung von mageren Universitäts-Absolventinnen mit Brillen, humorlosen Gesichtern und Lippen so schmal wie Salamischeiben, ein Kind an der einen und eine Axt in der anderen Hand, die Augen sprühend von triumphierendem Feuer. Es war schwierig, sich vorzustellen, daß er einer ihrer Hauptfeinde sein sollte. Viermal auf dem Feld der Ehe geschlagen, war sein Respekt vor der Macht der Frauen derartig groß, daß er die Art und Weise, wie sie ihn zu überrollen pflegten, nur (vor seinem geistigen Auge!) mit den Bildern in alten Wochenschauen vergleichen konnte, auf denen deutsche Panzer beim Überschreiten irgendeiner Grenze krachend durch strohgedeckte Hütten brachen. Er war ein eifriger Anhänger der Theorie (die er selbst entwickelt hatte – daher also eine wahrhaft von ihm hochgehaltene Überzeugung!), daß jedermann unbewußt in seinem Innern eine mehr oder weniger bis ins letzte Detail ausgearbeitete Landkarte der Gesellschaftswelt mit sich trägt, die es in ihrer Vielfältigkeit mit jedem guten Roman aufnehmen kann und an deren Vervollständigung der einzelne ständig arbeitet: Jetzt war es offensichtlich Zeit, etwas an der eigenen Landkarte zu tun. Nach der Logik des Überleben-Müssens war der Chefredakteur von *Time* ein Mann, der eine so feine Nase für zukünftige Entwicklungen besaß, daß man seine Vorahnungen als Material für jedes Computerprogramm verwenden könnte. Daher war also die *Women's Lib*-Welle, ob sie nun einen Sommer, ein Jahr, ein Zeitalter oder eine volle Umdrehung des großen Rads der Geschichte andauerte, auf jeden Fall ein Phänomen, das der Schriftsteller nunmehr wenigstens in groben Umrissen in seine im Unbewußten existierende Karte der in dieser Welt bestehenden Kraftfelder eintragen mußte – auch wenn ihm dieser Sommer an den noblen Ufern des blauen *Somes-Sound*-Fjords bis jetzt noch keine Vorahnung davon zugeweht hatte.

Natürlich hatte es Vorzeichen gegeben – seit einem Jahr schon, oder sogar noch länger. Aber er hatte es vorgezogen, sie zu ignorieren. Einmal hatte er im *Algonquin* mit jener klugen, verantwortungsbewußten und niemals unattraktiven Manifestation des Frauenrechts zu Mittag gegessen, die sich in der politischen Reporterin des *New York*-Magazins verkörperte, und als diese Frau, Gloria Steinem, ihn zum ersten Male drängte, sich als Kandidat für die Oberbürgermeisterwahlen aufstellen zu lassen (womit sie ihm endgültig den Wurm der politischen Ambition auf den Teller schmuggelte), da hätte ihm schon eine Ahnung kommen müssen. Denn nachdem er zum dritten Male protestiert und erklärt hatte, das käme keinesfalls in Frage, da hatte sie nur gelächelt und gesagt: »Nun, dann brauche ich Sie wenigstens nicht bei meinen Freundinnen von Women's Lib in Schutz zu nehmen.«

»Was könnten die denn gegen mich haben?«

»Sie sollten vielleicht gelegentlich versuchen, Ihre eigenen Bücher zu lesen.«

In einem Interview hatte er einmal gesagt: »Im schlimmsten Falle sind Frauen niedere, schlampige Tiere.« Das erwähnte er jetzt und fügte hinzu: »Ich hatte gedacht, daß danach als nächste Frage käme: ›Und was sind Frauen im besten Fall?‹, aber diese Frage kam nicht.« Höchst befriedigt von seiner eigenen Listigkeit, lächelte er Gloria Steinem mit Präsidenten-Gönnerhaftigkeit an und fuhr fort: »Ich hätte dann geantwortet, daß Frauen im besten Fall Göttinnen sind.«

»Genau das ist falsch an Ihrer Auffassung.«

»Genau das ist richtig«, antwortete der Schriftsteller mit vollem Mund und aufkeimender Lust zur Polemik. Aber das Thema war offensichtlich zu umfangreich für ein einzelnes Mittagessen, und außerdem war Miß Steinem viel mehr daran interessiert, daß er sich mit den Oberbürgermeister-Wahlen beschäftigte. Daher hatte er keine Gelegenheit, die Feinheiten seiner Gedanken auszubreiten und sich darüber zu ergehen, wie jedes Thema, das er je aufgegriffen hatte, mit Vorteil auch auf die Frauenfrage angewandt werden konnte, auf den Charakter der Frau, ihre Bestimmung, ihr Leben als Klasse, ihre Tyrannenhaftigkeit und ihr Sklaventum, ihre Befreiung, ihre Gebundenheit an den Kreislauf der Natur, ihre Verwurzelung in der Ewigkeit – kein deutscher Metaphysiker, kein Doktor der

Dialektik könnte glücklicher sein bei dem Gedanken, so weit in die Frauenfrage einzudringen. Der Schriftsteller gefiel sich selbst ungeheuer in der Vorstellung, wie klug er doch seine bis jetzt noch nicht ans Tageslicht getretene Vision der Frau in seinen Büchern verborgen hatte. (Schließlich hatte er sein schriftstellerisches Interesse bis jetzt nur Heldenfiguren gewidmet.) Aber der Tag würde noch kommen, an dem er seine Vorstellungen enthüllte. In der Zwischenzeit jedoch war es seine Lieblingsbeschäftigung, mit irritierenden Bemerkungen aufzuwarten – »Frauen sind niedere, schlampige Tiere«, oder besser noch! und dafür würden sie ihn sicher auf den Scheiterhaufen stellen – »Der Kern der Sache ist, daß die Hauptverantwortung einer Frau wahrscheinlich darin besteht, so lange auf Erden zu verweilen, bis sie den bestmöglichen Mann für sich gefunden und Kinder geboren hat, welche die Spezies Mensch verbessern.« Ja, mit solchen Bemerkungen konnte man darauf rechnen, Interesse zu wecken. (Der Schriftsteller war auch ein Anhänger der unerprobten literarischen Hypothese, daß ein Leser erst dann wirkliches Vergnügen empfindet, wenn er kräftig auf einen Angelhaken gebissen hat, der nun festsitzt und den er gerne wieder loswerden möchte. Offensichtlich hatte der PW die erste Voraussetzung für diese These nie wirklich durchdacht – daß nämlich als Ergebnis viele Leser möglicherweise gar nicht an seine Bücher herangingen, sondern sich einfach nur Berichte über sie anhörten.)

Als er dann im Wahlkampf stand, stieß er bei einer kleinen Versammlung von Damen in einem Bürotrakt ganz oben in einem alten Gebäude des unteren Manhattan auf die erschröckliche Bella Abzug. Die

Gruppe – war es vielleicht die Bewegung *Women Strike For Peace*, Frauen streiken für den Frieden? – bestand zum großen Teil aus ernsthaften, vernünftigen, tüchtigen, mütterlichen und nicht unsympathischen Frauen mittleren Alters, aus Damen, die aufmerksam zuhörten und leidenschaftlich mit ihm diskutierten. Und in ihrer Mitte Frau Abzug, eine Frau mit einem so passenden Namen, daß der Schriftsteller nur den Hut lüften konnte vor jenem größten aller Schriftsteller, vor dem HErrn! *Bella* Abzug! Eine zukünftige Kongreßabgeordnete, deren Brüste von Butter und Milch sprachen, von fleischlicher Lust in Fülle und von der Feuerkraft scharfbugiger Kanonenboote.

»Hören Sie«, sagte Bella, »Sie sind hergekommen, um sich unserer Unterstützung zu versichern, aber wir sind da, um Sie erst mal anzusehen. Wir werfen unsere Unterstützung nicht einfach weg. Wir können hohle Angeber nicht leiden, und wir finden es im Moment schwierig, aus Ihnen klug zu werden.« Sie betrachtete ihn mit dem harten Blick eines Möbelpackers, der in keiner Weise von dem antiken Wert des schweren Möbelstücks beeindruckt ist, das er sich gleich auf den Rücken laden muß. »Was Ihre Einstellung gegen den Krieg in Vietnam angeht, ist Ihre Vergangenheit okay. Nichts Besonderes, doch ganz ordentlich. Aber Ihre Ansichten über Frauen, die beeindrucken uns überhaupt nicht. Um es genau zu sagen, Ihre Ansichten über Frauen sind unserer Meinung nach übel. Sie sind einfach Scheiße, meinen wir.« Sie hatte eine Stimme, die sogar in den speckigen Nacken eines Taxifahrers Löcher gebrannt hätte. In ihr schwangen dieselben machtvollen Vibrationen wie in jenen Maschinen, mit denen man Nuten in Hartholz fräst. Und die Frauen hörten ihr angespannt zu, ein paar zuckten mit dem Reflex von vier Jahrzehnten bürgerlich-anständiger Erziehung, erschauerten unwillkürlich bei dem spürbaren Klatsch, mit dem der letzte Satz im Gesicht des Wahlkandidaten landete. Andere nickten ernst bei dem Klang des Wortes »Scheiße«, als wollten sie sagen, daß sie als Frauen, als Hüter der Windeln von arm und reich, mehr Recht auf dieses Wort hätten als die Männer. Und der Kandidat, gehetzt von seinen Zeitplänen, irritiert von der wachsenden Müdigkeit seines Gehirns und der Amateurhaftigkeit seines eigenen Gehabes, der mit nichts als der mühsam hochgepumpten menschlichen Wärme des politischen Kandidaten und seinen ewigen Wiederholungen derselben Ansprache durch den Sumpf der endlosen Tage watete – dieser Kandidat nahm geradezu beglückt diesen Fehdehandschuh auf. »Hören Sie, Bella«, donnerte er, und zum ersten Male seit Wochen war seine Stimme wieder richtig laut, »sagen Sie nur nicht, daß ich ein Dilettant bin, was Vietnam angeht. Ich habe den Leuten schon gesagt, sie sollten LBJ's Foto mit dem Kopf nach unten aufhängen, als ihr hier alle noch das schöne Lied ›Hello, Lyndon‹ gesungen habt.« Schamlos. Er zitierte sich selbst aus *Heere aus der Nacht*. Aber so geht das mit der Politik. Sie nimmt einem jeden Stolz.

»Und wer sagt, daß wir uns das von Ihnen gefallen lassen müssen?« fragte Abzug.

»Des weiteren« – es war das erste Mal, daß er einen derart zu Quark geronnenen Festansprachen-Ausdruck benutzte, aber jetzt sah er zum ersten Male seine politische Funktion, ein Ausdruck wie *des weiteren* ist ein Versprechen auf Zukünftiges und hilft, die Aufmerksamkeit des Publikums zu erhalten – »Des weiteren

und breiteren kann ich Ihnen versichern, daß Frauen in jeder politischen Verwaltung, die von mir geleitet wird, und ganz gleich, wie meine eigenen Auffassungen sind, oder wie *Sie* glauben, daß sie wären, mehr zu sagen hätten, mehr Achtung erwiesen bekämen und mehr echte Möglichkeiten zur echten Auseinandersetzung erhielten, als Ihnen irgendein anderer Kandidat versprechen könnte. Was ist denn unser Wahlprogramm des ›Mehr Macht für die Nachbarschaftsbezirke‹ anderes als ein Angebot an die *Women's Lib*? Glauben Sie etwa, daß Herman Badillo« (hier bezog er sich auf seinen ihm am nächsten stehenden ideologischen Gegner), »daß er Sie mehr respektiert, bloß weil er hier hereinkommt und Ihnen gleich kollektiv in den Hintern kriecht? Sie wissen ganz genau, daß ich der einzige bin, der bereit ist, ungeschminkt mit den Menschen von New York zu reden – ganz gleich, wie ihre politischen Auffassungen sind oder meine –, und der auch bereit ist, seine Fehler zuzugeben, und unsere Stadt auf die einzige Art zu retten, auf die sie gerettet werden kann – indem nämlich die Macht an diejenigen zurückgegeben wird, die in dieser Stadt leben. Welcher andere Kandidat ist bereit, Ihnen das so klar zu sagen, meine Damen?«
Es war seine beste Kurzansprache seit Tagen. Sein größter Nachteil in der Politik bestand darin, daß er für gewöhnlich nicht imstande war, sich selbst wirksam zu verkaufen. Ja, es war eine gute Ansprache – das konnte er daran deutlich erkennen, daß sich Bella Abzugs Einstellung milderte. Und es gibt in der Politik wirklich nichts, was so hoffnungsträchtig, so herzerwärmend und so voller Versprechungen für die Zukunft wäre, wie das Dahinschmelzen eines eben noch aus allen Rohren feuernden Schlachtschiffs. Er liebte Bella in diesem

Augenblick ungemein. Denn es war ihre Stentorstimme, ihre rüde, wie Knüppelhiebe wirkende Redeweise gewesen, die ihn aufgeweckt und ihm Kraft für diesen Moment gegeben hatte. Deshalb erinnerte er sich hinterher auch eher an diesen Teil der Versammlung und nicht so sehr an die wesentlich bedachtsamere und intelligentere Diskussion über Wert und Unwert eines Marsches der Frauen auf Washington, die anschließend folgte. Und die Bemerkungen über seine Ansichten in der Frauenfrage ignorierte er völlig. Es war auch gar nicht mehr von ihr die Rede – abgesehen von seinem stillen Eingeständnis, daß die Diskussion im ganzen wesentlich konzentrierter und intelligenter, um nicht zu sagen sachbezogener gewesen war als so manches oratorische Turnfest bei den eigenen Besprechungen mit seiner Wahlmannschaft.

Vorüberhuschende Andeutungen – das war alles. Monate, vielleicht sogar ein halbes Jahr später kam dann ein Buch bei ihm an – eines von einem halben Dutzend in jener Woche. (Ständig und dauernd erhielt er Bücher oder die gebundenen Korrekturfahnen von Büchern zugesandt, denen die kaltblütigen oder auch fieberhaften Hoffnungen des betreffenden Herausgebers beigefügt waren. Manchmal hatte er das Gefühl, es müßte für einen jungen Schriftsteller einfacher sein, sein Glück im Lotteriespiel zu machen, als darauf zu warten, daß ein bekannter Autor seinen Segen einem unaufgefordert zugesandten Buch mit auf den Weg gebe.)

Mit diesem Buch jedoch kam ein Brief, der ihn darüber informierte, daß im Index von *Thinking About Women* von Mary Ellmann sein Name öfters auftauchte als der jedes anderen Schriftstellers. Ob er vielleicht dazu etwas bemerken könnte? Er war zunächst erfreut über diesen Beweis, daß die Welle wieder einmal im Rollen war und daß sie seinen Namen trug, aber dann mußte er entdecken, daß alle im Register aufgeführten Erwähnungen nur Nadelstiche waren, bösartige Nadelstiche, sarkastische Nadelstiche, ganz von oben herab – man spürte kaum die Spitze der Nadel –, oder auch geringschätzige Nadelstiche und gelegentlich solche, die nach bestem Wissen und Gewissen einfach unfair waren. Vierzig solche Nadelstiche. Er las sie nicht alle – nach dem zehnten gab er die Hoffnung auf, in Mrs. Ellmanns Kreisen irgendwann Gnade zu finden. Er schob das Buch beiseite. Und dennoch reizte ihn *Thinking About Women* immer wieder, denn es war ein gut geschriebenes Buch, und die Analysen seiner eigenen Arbeiten erinnerten immerhin an Freiübungen, wie sie vielleicht ein FBI-Agent einem Untergrund-Radikalen der *Weathermen*-Gruppe als Straf- und Besserungsmittel verschreiben würde: »Keine Müdigkeit jetzt bei den Liegestützen«, das klang hier vielleicht so ähnlich wie: »... immer von niederschmetternder Qualität. Im besten Fall hat er ein verzweifeltes *Bravado*, eine Art von Ausharren bis zum letzten, das zur Methode wird, auch aus längst dahingestorbenen Meinungen noch etwas Vitalität herauszuholen wie gerinnendes Blut ... Mailer gibt niemals zu, daß selbst eine Darmentleerung ohne persönliche Bedeutung stattfinden könnte, und aus der Kanalisation stinken die Botschaften ... Man fühlt sich an die grundsätzliche Unnachgiebigkeit erinnert, mit der Norman Mailer jede saure Gurke und jede Eiscremetüte als Schlüssel zu einer Moral der Gedärme auffaßt.« Ja, das war durchaus fair, denn darin steckte etwas von den Wechselgesprächen zwischen den Leidenschaften der Leber und den berechtigten

Ansprüchen der Milz, von der Geistigkeit der Lungen im ständigen Konflikt mit den Lohnansprüchen der Muskeln, und das alles unterlag schließlich der Moral der Gedärme, in denen die Beerdigungen geplant werden – ja, scharfe Kritik jagt mit ihrem Kuß die eigenen Gedanken eine Sprosse höher! Es war eine Stärke des Schriftstellers, sich gern das gefallen zu lassen, was ein guter Kritiker mit ihm machen konnte – er glich in diesem Punkt einem jener paradoxen Wunder von Gesundheit, die von Operation zu Operation erst so richtig aufleben. Seine literarische Vitalität schien regelrecht zu wachsen, wenn er bloßgestellt wurde. Aber ein Kritiker, der sich unfairer Mittel bediente (wo es doch so viel saftiges Fleisch gab, in das er mit Recht hineinschneiden konnte!), war wie ein Chirurg, der seinen Daumen in der Operationswunde einquetscht, ehe er sie wieder zunäht: Denn nun, traurig mit anzusehen, verlor die Dame – wie auch so mancher männliche Kritiker vor ihr – das Gleichgewicht. Es gelang ihr nicht, mit Gelassenheit über den *Alptraum (An American Dream)* zu sprechen. »Seine Vorstellung fühlt sich von einem Geruch beleidigt, der sich aus Muschelschalen, Salzsümpfen, weiblichen Körpern und Übelkeit erregenden Flüssigkeiten zusammensetzt – ›Parfüme, die das Terpentin eines Hexenfluches hinterlassen‹. Fast erstickend an sexuellem Abscheu (frische Bettwäsche! frische Luft!) beschreibt er einen Alptraum der Nase. Die Hexe selbst ist tot, und Mailer riecht ihre ungewaschene Leiche.«

Das war jetzt nicht mehr ein bildlich gesehener FBI-Agent, der ihn wie einen *Weatherman* behandelte – das war einfach eine Dame, die ihm in die Eier trat. All diese sexuelle Abscheu, die ihm hier zugeschrieben

33

wurde, diese Unterstellungen, daß er nach frischer Bettwäsche jammere, daß es sich um weiter nichts handele als um Muschelschalen und weibliche Körper – das waren Verknüpfungen, die von vornherein nur im Geist dieser Dame existierten. *Ihr* Geist war es, der wie eine Muschelschale stank! Ihre ungewaschene Hexenleiche einfach wahllos mit dem Terpentinfluch seiner Hexe zusammenzuwerfen, ja, das war schlichter Mißbrauch der Funktion des Kritikers. Ellmanns Nüstern waren zu sehr von ihrer Mordlust betäubt, als daß sie noch richtig hätten riechen können. Und so schlug der Schriftsteller das Buch zu, ohne sich weiter mit ihm zu beschäftigen, schlug es zu mit dem festgefaßten Vorurteil, daß diese Autorin auch ihrem Thema nicht gerecht werden könnte, wenn sie schon ihm gegenüber nicht fair war. Aber er schlug es auch zu mit säuerlichem Bedauern, denn die Dame schrieb recht gut.

Irgendwann um dieselbe Zeit sah er einen Artikel von Kate Millett in der *New American Review*. Er las nur ein paar Zeilen, aber sie genügten, um ihn davon zu überzeugen, daß sie wie eine Klatsch-Kolumnistin schrieb: »Der *Alptraum* ist eine Unterweisung in der Kunst, seine Frau umzubringen und danach für immer glücklich zu sein.« Er vergaß die Millett, er vergaß sogar die Ellmann, vergaß sie alle beide auf das gründlichste über seinen Anstrengungen, wenigstens ein Mindestmaß an Stil in seine Betrachtungen über die Technologie und den Mond zu bringen. So war er sich schließlich nicht einmal mehr sicher, von welcher der beiden Damen die Rede war, als er zum ersten Male von einem gewissen Buch hörte – nein, eher wohl von einer Art Bibel der Befreiung, von der die Zeitungen behaupteten (wie heiser vor Schleim klang doch ihr Kichern!), daß sie die endgültige Befreiung der Frau aus dem eigenen Mutterleib bedeutete. Das Buch hieß *Sexual Politics* (deutsch: Sexus und Herrschaft), und die Autorin, so stellte sich heraus, war die zweite jener beiden Damen, deren Bücher er nicht gelesen hatte. Sechs Wochen nach seiner Unterhaltung mit dem Chefredakteur von *Time* erschien das Bild von Kate Millett auf dem Titelblatt jener Zeitschrift.

Er hätte nicht sagen können, warum ihn ein Mangel an literarischen Feinheiten, wie genaues Zitieren oder ein den Umständen angemessenes Attackieren, bei einer Frau mehr störte als bei einem Mann. Vielleicht war es deswegen, weil ein männlicher Kritiker mit solchen Methoden nicht sehr weit kommen würde – der strikte Kodex und die Berufsehre der anderen Männer mußten ihn sehr bald niedermähen. Möglicherweise lag es aber auch daran, daß Mangel an Fairneß bei Frauen sofort jene viel weitgehendere Frage aufwarf (mit allen dazugehörigen Wunden und Schuldgefühlen), was er im Laufe der Jahre den Frauen angetan hatte und was die Frauen umgekehrt ihm. Und damit konnte er leicht in der Melancholie seines eigenen Lebens versinken, denn nirgendwo fühlte er sich dem Alten Testament so nahe wie in dem primitiven Glauben, daß die eigenen Kinder Segen oder Fluch bedeuteten – und seine Kinder waren fast an allen Tagen weithin verstreut.

Nichtsdestoweniger – es blieb ihm nun nichts anderes übrig, als sich einzugestehen, daß er auf diesem ganzen Themengebiet offensichtlich fortlaufend provozierend wirkte. Aber besser der Teufel im Feuer sein! Eine Woche oder zwei Wochen bevor er für den Sommer nach Maine abreiste, hatte er sich eines Abends bei einem Fernsehprogramm selbst dabei überrascht, wie er (auf eine Frage von Orson Welles) erklärte, daß man die Frauen eigentlich in Käfigen halten müßte.

Er hatte fröhlich gegrinst, als er das sagte, und war über den aus dem Publikum aufsteigenden Schreckenslaut entzückt gewesen. Das Fernsehpublikum bei einer öffentlichen Sendung erinnerte ihn immer an die Badegäste in Acapulco. Dort betrug die Lufttemperatur 35 Grad Celsius, die Wassertemperatur ebenfalls – und man stieg von dem einen Medium in das andere um, fast ohne einen Unterschied zu verspüren. Ebenso war das beim Fernsehen, wenn irgendwelche Kommentare aus dem Sender flossen. Und darum hatte er mit dieser letzten klugen Bemerkung dem Publikum ein paar Eiswürfel hinten in den Kragen gesteckt. Er konnte direkt spüren, wie die Elektronen erschauerten. Er war mit sich selbst zufrieden und erfreute sich daran, daß er wahrscheinlich der letzte Alleinunterhalter war, der es wagte, einen solchen Brocken von Bemerkung zwischen die Zähne der wachsenden Ehrfurcht zu schieben, die sich, was die Behandlung der Frauen betraf, immer weiter ausbreitete. Sogar Orson Welles nahm die Angelegenheit mit tiefem Ernst auf. Später, im Laufe des Programmes, sagte er: »Also nun, da Sie ja zugegeben haben, daß Sie die Frauen hassen . . .«

»Aber ich hasse doch die Frauen nicht.«

»Das haben Sie aber gesagt.«

»Nein. Ich habe nur gesagt, daß man sie in Käfigen halten müßte.« Das Problem bei Fernsehprogrammen ist, daß man immer direkte Antworten geben muß. Aber die meisten Ideen des Schriftstellers bestanden aus Paradoxen – er konnte zum Beispiel sagen: »Wir werden erst dann imstande sein, die Geburtenrate zu senken, wenn wir keine Verhütungsmittel mehr anwenden.« Warum er jedoch dieser Auffassung war, das hätte er wiederum nur in einem längeren Artikel begründen können. Deshalb der Impuls, einfach wie ein Clown aufzutreten – seine Antworten waren immer irgendwie ein Schock, und es blieb ihm nur übrig, sie als Pointen hinzuknallen. Aber gleichzeitig mußte er ihnen auch sofort wieder ihre Schärfe nehmen, ehe sie ihn ein für allemal abstempelten: »Orson, wir haben ja auch Respekt vor den Löwen im Zoo, und dennoch möchten wir sie lieber im Käfig lassen, oder nicht?«

Welch romantischer Glaubenseifer, etwa anzunehmen, ein Publikum würde die dialektische Quelle einer solchen Bemerkung erfassen und sich klarmachen, daß ein Mann, der die Frauen wirklich in Käfige sperren würde, es niemals wagen könnte, solche Gedanken in der Öffentlichkeit laut werden zu lassen – man denke nur an die Vergeltung, die er zu fürchten hätte! Aber nein, diese Art von Humor wurde inzwischen Zug um Zug durch Maschinen ersetzt. Die seichte Reaktion des Fernsehpublikums erinnerte ihn wieder an die pessimistischste seiner Hypothesen, daß es nämlich die Tendenz des zwanzigsten Jahrhunderts ist, den Menschen in eine Maschine zu verwandeln. Wenn das zutrifft, dann war vielleicht auch die Befreiung der Frau nichts weiter als eine Falle. Und deswegen kam er aus Maine mit dem, jawohl, mit dem düsteren und dennoch immer stärker werdenden Gefühl zurück, daß er als nächstes über Frauen würde schreiben müssen, über ihre Befreiung und über die öden Löcher in der Straße, die zu dieser Befreiung führt. Und der PW war gleich doppelt verdüstert, denn es lag gleichzeitig etwas Lächerliches in diesen Bemühungen, es war wirklich lächerlich, daß sich ein Mann, der wie ein Kork mit Beule auf den

Wellen des Widerstreits auf- und abtanzte, selbst zum Sprecher für dieses Thema ernannte. Wer war er denn, daß er glaubte, über Frauen mehr zu wissen als jeder beliebige Zuchthengst oder Ski-Casanova, der sich wohlweislich nicht äußerte? Oder jeder gutwillige und treue Ehemann, der zu erschöpft war, um noch etwas zu sagen? Gleichzeitig war die Sache auch doppelt lächerlich, weil er selbst auf alle diese Fragen kaum eingehen konnte, ohne sich sogleich in die Verteidigung gedrängt zu sehen. Ein Angeklagter mag als sein eigener Verteidiger auftreten, aber gleichzeitig sein eigener Richter kann er niemals sein. Der Schriftsteller jedoch war durch seinen Standort in dieser Diskussion gezwungen, sich auf alle Plätze im Gerichtssaal zu setzen.

Dazu hatten sich hier auch sämtliche Themen seines Lebens ein Stelldichein gegeben: Revolution und Tradition, Sex und Homosexualität, der Orgasmus, die Familie, das Kind und die politischen Formen der Zukunft, Technologie und menschliche Empfängnis, Abraum und Abtreibung, die Ethik des Kritikers und die männliche Mystik, die Rechte der Schwarzen und neue Gedanken über die Rechte der Frauen – alle diese Themen waren umfassend genug, um ihn zu deprimieren. Denn sie waren gleichzeitig auch die Themen des gewaltigen Romans, den anzufangen er sich selbst so oft versprochen hatte. Und jetzt mit einigen der Gedanken hervorzuprellen, die er sich inzwischen über sie gemacht hatte, das bedeutete ein gefährliches Spiel um die Zukunft dieses Romans – zumindest war jede ehrliche schriftstellerische Beschäftigung mit Women's Lib für ihn so etwas wie ein Sonntagskonzert, das schon am Dienstag stattfindet. Genau das war es, in was er da

unglücklicherweise hineingeraten war. Genau da hinein war er geraten! Mögen sich andere Menschen, die
mit persönlicher Eitelkeit behaftet sind, vor dem Ruf
hüten, ausgerechnet die Frauen nicht zu mögen. Denn
der PW hatte sich nun auf die Suche gemacht, und er
wußte, daß von ihm selbst immer weniger zu sehen
sein würde, je länger er suchte. Jetzt betraten die
Damen den Schauplatz, die Damen mit ihren feuer-
sprühenden Ideen.

2
Der Altardiener

1

Die Tiefen, die er für die geplante Arbeit ausloten sollte, entzückten ihn gar nicht. Er konnte sich den Gedanken nicht verkneifen, daß es doch sehr viel leichter wäre, einfach mit dem Notizbuch in der Hand loszugehen und bei simplen journalistischen Rundgängen über die Abenteuer des Gefangenen der Ehe zu berichten. Aber sein Instinkt sagte ihm, daß man sich dem Thema besser nicht auf diese Art nähern sollte. Wenn man sich einfach auf eine Reihe von Interviews mit den führenden Damen der *Women's Lib* beschränkte, dann kam dabei ganz unweigerlich ein Artikel heraus, der an den *New Yorker* erinnerte: Man muß den Gegenstand eines Interviews persönlich aufspießen, wenn man mit diesem Gegenstand die Absicht verfolgt, seine eigenen Ideen an den Mann zu bringen. Und man sollte sich immer wieder vor Augen halten, daß eine Reihe solcher Interviews mit Lenin, Martow, Plechanow und Trotzky in den Zeiten der *Iskra* wahrscheinlich zu einer Artikelserie geführt hätte, in der von kleinen, dicken Männern in zerknitterten Kleidern und mit ungesunden Bärten die Rede gewesen wäre, die sich mit großer Selbstsicherheit in Worten ausdrückten, die man kaum verstehen konnte. Ein Journalist war also für diese Aufgabe nicht geeignet. Sie verlangte nach dem Schriftsteller, nach einer kritischen Betrachtungsweise. Aber damit wurde wiederum dem Leser die gesamte Bürde aufgeladen. Der PW hatte keine Wahl: Die einzige anständige Methode, sich der *Women's Lib* zu nähern, führte über die schriftstellerischen Arbeiten ihrer Anhängerinnen. Und man stelle sich seine Überraschung vor, als er feststellen mußte, daß einiges davon recht annehmbar war.

Dabei machte es nichts, daß die Stimmen fast vertraut schienen und mehr als ein Artikel noch den Klang der Frauenzeitschriften an sich hatte. Während die milde Frömmigkeit hin und wieder noch in die Worte ausbrach: »Und nun bin ich also im Besitz der Wahrheit, ich armes, kleines, bis jetzt irregeleitetes Wesen!«, traten andererseits doch auch Frauen mit einer Sicherheit und Autorität hervor, die ihm bis jetzt bei derartiger Gelegenheits-Schriftstellerei noch nicht begegnet war. Vielleicht schwang bei ihnen ein entferntes Echo des Bolschewismus mit, aber auf jeden Fall waren ihre Worte nicht ohne die Macht vieler Stimmen. Und ob diese Stimmen nun zornig waren oder in sich gekehrt, sie hatten auf jeden Fall etwas Beunruhigendes. Irgend etwas wie von Marsmenschen schien in der Luft zu liegen – oder war es nur, daß sich nun endlich ein komplexes Lebewesen ganz enthüllte? Der PW war offensichtlich ebensowenig wie sonst jemand daran gewöhnt, daß Frauen sich in derart direkter Rede äußerten:

Eine junge Frau geht in der Stadt eine Straße entlang. Sie ist sich ihrer Erscheinung auf das peinvollste bewußt und ebenso der Reaktion jedes Entgegenkommenden auf diese Erscheinung (ob nun wirklich oder nur eingebildet). Sie geht an einer Gruppe von Bauarbeitern vorbei, die in einer langen Reihe am Stra-

ßenrand sitzen und Mittagspause machen. Ihr
Magen zieht sich vor Schreck und Abscheu zusammen. Ihr Gesicht verzerrt sich zu einer Grimasse aus
Selbstbeherrschung und gespielter Unbeteiligtheit.
Ihr Gang und ihre Haltung werden steif und de-
humanisiert. Ganz gleich, was sie auch zu ihr sagen
werden – es wird unerträglich sein. Sie weiß, daß
die Arbeiter sie nicht körperlich angreifen oder ver-
letzen werden. Sie werden das nur bildlich tun. Sie
werden sich ihr *aufzwingen*. Sie werden verlangen,
daß sich ihre Gedanken mit ihnen beschäftigen. Sie
werden mit den Augen ihren Körper benutzen. Sie
werden ihren Marktpreis abschätzen. Sie werden Bemerkungen über ihre Unvollkommenheit machen
oder sie mit denen anderer Vorübergehender vergleichen. Sie werden sie zur Mitwirkenden ihrer Phan-
tasie-Vorstellungen machen, ohne zu fragen, ob sie
das auch will. Sie werden sie dazu bringen, daß sie
sich lächerlich fühlt oder geradezu grotesk übersexua-
lisiert oder entsetzlich häßlich. Mehr als alles andere
jedoch werden sie ihr das Gefühl geben, daß sie nur
eine *Sache* ist.[1]

In einer solchen Situation waren das für eine Frau
völlig natürliche Gefühle – das mußte der Schriftsteller
zugeben. Aber gleichzeitig wurde ihm auch klar, daß
jeder Mann, der so bis unter die Haut ausgezogen
würde, einen unerfreulichen Anfall von Narzißmus
und Wahnsinn erleiden müßte. Innere Zustände von
derartiger Intensität waren bei ihm normalerweise für
den Krieg aufgespart oder für einen Raubüberfall
(wenn selbst die Möbelstücke einem ins Gesicht star-
ren), oder für den ersten Tag im Gefängnis. Aus der
Sicht des Mannes schien es, als müßten die Frauen stän-

dig an jener existentiellen Grenze leben, an der schon das Auftragen von Make-up wie ein fernes Echo des Urwaldes wirkt:

> Das unglaublich freudige Gefühl, wenn man in den Spiegel blickt (das Licht ist gerade richtig...) und nicht das wohlbekannte, gewöhnliche, lästige eigene Selbst sieht, sondern einen wunderschönen Gegenstand, nicht das eigene Ich, sondern etwas außerhalb Liegendes, ein wundervolles Objekt, das es wert ist, verehrt zu werden... niemand kann verhindern, daß er sich in solch ein Gesicht verliebt.[2]

Wenn Kühnheiten wie: »Um befreit zu werden, müssen wir uns von dem falschen Bild abwenden, das die Männer dazu bringt, uns zu lieben, und damit werden sie aufhören, *es* zu tun«[2], wirklich zählen, dann sind die eben zitierten Damen immer noch Frauen, die von ihrer Beziehung zum Mann beherrscht werden. Andere sind jedoch schon so weit gegangen, den Brennpunkt in sich selbst zu verlegen:

> ... ich brauche keinen Mann mehr. Bis vor kurzem, ja noch während ich um meine eigene Befreiung kämpfte, war ein Teil meines Ichs noch immer ›nur für Männer‹ reserviert. Ich hatte immer gedacht, daß ich eines Tages dazu kommen würde, mit einem Mann zu leben. Ich nehme an, daß das immer noch eine Möglichkeit wäre – aber jetzt ist es nur noch eine von vielen. Statt dessen denke ich daran, auch mit Frauen zusammenzuleben, weil der gefühlsmäßige und psychologische Austausch dabei so befriedigend ist. Ich habe damit begonnen, meinen Körper wieder für mich selbst zu beanspruchen, zu entdecken, was er alles vollbringen und wie stark er sein kann, und wie das Denken etwas ist, was durch-

aus nicht nur im Kopf stattfindet. Ich sehe mich nicht mehr nur durch die Augen der Männer, nur bestimmter Sachen fähig, sondern ich sehe mich mit meinen eigenen Augen, als ein gesundes Wesen, das eine Menge Ausdauer und Entschlossenheit hat, ohne beides bisher zu gebrauchen. Es gibt auch Anzeichen dafür, daß ich vielleicht noch darauf komme, was *Ich* gern tun möchte – und das ist etwas völlig anderes als der ständige Versuch, herauszubekommen, was die Männer und die Gesellschaft im allgemeinen von mir erwarten.[3]

Im nächsten Zitat spricht eine Frau, die (ihrer eigenen Beschreibung nach) sowohl häßlich ist als auch nicht mehr ganz jung:

Wenn Männer sich von mir angezogen fühlen, dann kommt es oft vor, daß sie sich schämen und ihre Gefühle verbergen. Sie benehmen sich so, als ob das etwas Lächerliches wäre. Und wenn sie sich mit mir einlassen, dann genieren sie sich immer noch und weigern sich zum Beispiel, sich mit mir in der Öffentlichkeit sehen zu lassen. Ihre Angst vor Spott ist enorm. Mit mir zu schlafen, hat nichts mit Prestige zu tun.

Da wir allesamt sexuell wesentlich vielseitiger sind, als wir es angeblich sein sollten, ergibt es sich nun öfters, daß ich die sexuelle Aufmerksamkeit jüngerer Männer errege. Die aber behandeln mich kaum anders als einen Homosexuellen, von dem sie sich angezogen fühlen – sie verwandeln ihre Gefühle in Abwehr und Feindschaft und beschimpfen mich.[4]

Zwar mußte der Schriftsteller sich auch durch langweilige und erbärmliche Traktate hindurcharbeiten, sich mit jämmerlichen und katarrhverstopften Stilen auseinandersetzen und mit den gravitätisch aufgerollten Darmschlingen jener Prosa, die sich am Schlimmsten orientiert, was je KP-Parteistil war. Zwar gab es, wenn man alles zusammennimmt, nur ein paar gute Bücher über das eigentliche Thema, und die lesenswerten Artikel verteilten sich auf zwanzig zu schönsten Hoffnungen berechtigende Magazine und vierzig *Underground*-Zeitungen – aber dennoch, der große Schock blieb.

Und er fand immer wieder Artikel, die ihn aufs neue zusammenzucken ließen. Schließlich war es unmöglich, sich der Schlußfolgerung zu entziehen: Ein paar dieser Frauen schrieben so, wie keine Frau je zuvor geschrieben hat. Wenn sich unter den jungen männlichen Schriftstellern in den letzten zehn Jahren ein Stil entwickelt hatte, der seine Entstehung zu einem guten Teil dem Ton der *Village Voice*, der *East Village Other* und einem weiteren Dutzend *Underground*-Zeitungen verdankte, die der Schriftsteller zwischen der Ost- und Westküste der USA kennengelernt hat, und wenn die Sprache der Schwarzen in diesem Stil aufgegangen war und auch die Sprache der Gefängnisse, des Rauschgifts und der Kritzeleien an den Wänden öffentlicher Toiletten, so war jetzt der Moment gekommen, in dem auch die Frauen diesen Stil übernahmen. Einige dieser Frauen schrieben wie hartgekochte Nutten. Und das war stilistisch außerordentlich wirksam. Es las sich, in seiner besten Form, wie die Spannung eines Zorns, der so tief sitzt, daß er nur unter der Oberfläche schwelt. Jedes Argument wurde mit einem Minimum an Worten vorgebracht. Ein harter Stil, ohne Frage. Er benutzte Obszönität mit derselben Genüßlichkeit, mit der sich eine Hure ihres Handtuchs bedient:

Ein richtiges Weibsstück beansprucht eine Menge psychologischen Ellbogenraum. Man weiß immer, daß es vorhanden ist. Ein richtiges Weibsstück läßt sich von keinem ans Bein pinkeln. Vielleicht kann es keiner leiden – aber ignorieren kann es niemand.[5]

Das Sexualleben der Spinnen ist außerordentlich interessant: Er vögelt sie. Sie beißt ihm den Kopf ab.[6]

... wenn man sich mal die Mühe macht, in die männlichen Texte der Rock-Musik hineinzuhören, dann erfährt man als Frau nur Vernichtendes. Wir sind weiter nichts als Fotzen, manchmal lächerlicher Art *(Twentieth Century Fox)*, manchmal geheimnisvoll *(Ruby Tuesday)*, manchmal aasig *(Get a Job)* und manchmal eben einfach nur Fotzen *(Wild Thing)*. Und diese gesamte sexuelle Energie, die anscheinend die Essenz der Rock-Musik ist – in Wirklichkeit ist sie nur eine Energie, die ihren Höhepunkt beim Vögeln von Frauen erreicht. Endlose Texte und dazu ein *Sound* voller Gefühle, von dem ich immer dachte, daß er mir etwas zu sagen hätte – aber dann konnte ich gar nichts damit anfangen – alles nur Reaktionen gegenüber Frauen, wie Hinlegen, Beherrschen, Drohen oder Stolz, Verächtlichkeit, wildes Herumgevögele und überhaupt nichts als Haß auf die Frauen, auf einer Million verschiedener Ebenen.[7]

Der Gefangene war, was *Underground*-Zeitungen betraf, ohne Illusionen, und er konnte sich vorstellen, daß ein Mann solche Texte schreiben könnte, um seine Vorstellungen davon loszuwerden, wie sich eine Frau nach seiner Meinung ausdrücken sollte. Aber die Redaktion der Zeitschrift *Rat* (aus der dieser Beitrag stammt) war im Handstreich von einem Stoßtrupp der *Women's Lib* besetzt worden. Und es ist kaum anzunehmen, daß derart militante Damen dann Artikel veröffentlichen würden, die ihnen unter der Tür hindurchgeschoben wurden. Es lassen sich noch andere Beispiele anführen:

Fotzenkraller

Und Ihr Mutter-Vögler dieser Welt:
Kriecht heraus aus Eurem stinkenden Schoß,
der kein Teil jener Frau ist, die Euch gebar,
und macht Euch ein paar Dinge klar über *mich*.
(Ich habe es satt, nach Eurer Flöte zu tanzen.)

Ihr sagt, daß ich, eine Frau,
empfindsamer sein sollte
gegenüber den vielen Arten, auf die Ihr
mich unterdrückt.

Gleichzeitig bin ich, eine Frau,
von Natur aus ein Aas.
Nun, Eure Kälte ist es,
die mich stündlich mehr zum Aas macht.

Die Schlange beißt sich in den Schwanz:
Frauen sind böse, tückisch und gemein.
Scheiße.

Ihr selbst habt das so eingerichtet.
Aber vielleicht treten morgen schon ein paar
Vater-Fickerinnen
Euch in den Arsch.   Pati Trolander

(Ich lebe erst seit vierzehn Jahren, was für Gefühle werde ich heute in zehn Jahren haben?)[8]

Auch den Atlantik hatte dieser Stil bereits überquert. Veröffentlicht in Upper James Street, Golden Square, London, war *The Female Eunuch* von Germaine Greer ein Werk, das »jede Frau inspirieren und gleichzeitig Stolz, Vorstellungskraft und moralisches Verantwortungsgefühl in ihr erwecken sollte«[9]. Aus ihm stammen die folgenden Zitate:

Der schlimmste Schimpfname, mit dem man jemanden bedenken kann, ist *Fotze*. Das Beste, was einer Fotze passieren kann, ist, daß sie klein und unauffällig bleibt. Die Sorge um die Größe des Penis läßt sich nur vergleichen mit der Sorge um die Kleinheit der Fotze. Keine Frau möchte eine Fotze wie ein Pferdehalfter haben. Sie ist bemüht, weder als schlampig zu gelten noch zu riechen, und sie tilgt gehorsam im Sinne des öffentlichen Anstands alle Spuren ihrer Menstruation.

Frauen kaufen ihre hygienischen Binden immer noch mit enormer Diskretion, und sie schleppen ihre Handtaschen mit aufs Klo, wenn sie eigentlich nur eine Binde in der Hand zu tragen brauchten. Vor der Vorstellung, während der Menstruation Geschlechtsverkehr zu haben, schrecken sie nach wie vor zurück, und sie halten das Blut, das sie vergießen, für ein Blut besonderer Art. Obwohl diese Vorstellung vielleicht nicht mehr so stark ausgeprägt ist wie zu jener Zeit, als dieses Blut noch in den Liebestränken der Hexen dem Teufel kredenzt wurde. Wenn du dich für emanzipiert hältst, dann beschäftige dich einmal mit der Vorstellung, wie wohl dein Menstruationsblut schmecken würde – wird dir bei dem Gedanken schon schlecht, dann hast du noch einen weiten Weg vor dir, Baby.[10]

In dieser Prosa wehte ein Wind, der schon gehörig unter die Schottenröcke der männlichen Eitelkeit fuhr. Deren Grundlage bestand einst darin, daß der Mann mit Wahrheiten leben konnte, deren Aufrechterhaltung für eine Frau auf die Dauer zu unsentimental war (deshalb war ja auch der Geist des Mannes, ebenso wie sein Kreuz, mit mehr Muskeln ausgestattet). Jetzt aber schrieben Frauen über Männer und über sich selbst in derselben Weise, in der früher einmal Henry Miller über die Frauen geschrieben hat – was bedeuten soll, daß sie es mit demselben Gusto taten, mit dem ein Tierarzt seinen Arm in die feuchtglänzende Fleischöffnung unter dem Schwanz einer Stute schiebt. Welch ein Schock! Dem Preisträger wurde wieder einmal klar, daß er selbst auf Gebieten, die er schon längst zu kennen glaubte, immer noch viel Neues zu lernen hatte.

2

Im Kern der *Women's Lib* steht eine Idee, die grundsätzlich radikal ist und die man daher nicht ignorieren
kann, wenn man nicht selbst den Anspruch aufgeben
will, als Revolutionär zu gelten. Nun, der Schriftsteller ist nur allzu bereit, diesen Anspruch aufzugeben,
er ist bereit in jeder seiner nicht mehr ganz jugend-
frischen Fasern – aber das Land ist es nicht. Der
verdammte Smog! Diese verdammte, schmutzige, ano-
male, von Gier fast erstickte, Ungeheuer gebärende
Maschinerie eines chaotischen Landes! Jeden Tag
zwingt sie einen zurück in das inzwischen schon fast in
Fetzen gegangene Kostüm des geistigen Revolutionärs.
Da ist sie also wieder, die Revolution, fast eine Farce
ist es ja, dieses von schlechtem Benehmen begleitete,
drogenverseuchte, spitzelverpestete und wahllose Herausreißen sämtlicher Wurzeln – verwöhnte junge Helden der *Middle Class*, mit Flöhen im Bart und zweifellos auch Exzemen am Sack, putschen sich gegenseitig
hoch, um gemeinsam Amerika in den schlichtesten Faschismus zu treiben, den man sich nur vorstellen kann.
Und Provokateure in jeder Zelle! Aber dennoch kann
der PW diese jungen Leute nicht verdammen. Denn
wenn man die Gesellschaft sich selbst überließe, in
einem Glückszustand, der keine Revolution kennt,
dann würde sie in einem Schwall hochliberaler Gefühle

und mit ungeheurem Gestank dahinsterben, würde eingehen im völligen ökologischen Zusammenbruch des Universums – wenn die irren wirtschaftlichen Gleichgewichtsstörungen der Städte sie nicht schon vorher in die Luft jagten. Und wer könnte mitten in diesem brodelnden Kessel wissen, ob an der Unfähigkeit der Männer, eine andere als diese selbstzerstörerische Welt aufzubauen, nicht letztlich jene Frauen die Schuld tragen, die das Beste im Mann und die besten Männer ständig aufbrauchen und erschöpfen? Oder tragen doch die Männer allein die Verantwortung? Die Sympathie des Schriftstellers gehört bis jetzt immer noch seinem eigenen Geschlecht. Wenn er seine Nachhilfe-Lektüre auch mit dem wohl unverrückbarsten männlichen Vorurteil begonnen hat, nämlich mit dem, daß die Frauen sowieso schon den besseren Teil des Lebens im Besitz haben, so fand er dann dennoch bei keiner der Autorinnen einen Funken des Verständnisses dafür, daß eine kräftige Erektion bei einem schmächtigen, anfälligen Jüngling immer ein abenteuerliches Zusammentreffen von Ego und Mut ist. Eines blieb also an der Einstellung der *Women's Lib* von vornherein abstoßend: nämlich die stumpfsinnige Annahme, daß die sexuelle Kraft des Mannes auf nichts anderem als dem Glücksfall seiner männlichen Geburt beruht. Und daß sie nicht sein edelstes moralisches Produkt ist, und wenn nicht das seine – hier kommt jetzt, mit Trompetengeschmetter, echte konservative Einstellung –, dann eine Gabe, die ihm von etwas Wohlgeschaffenem in seiner Mutter, seinem Vater, dessen Vater oder einem noch weiter zurückliegenden Vorfahren weitergereicht und verliehen worden ist.

Ja, die Männer sind verhältnismäßig gebrechlich. Das

läßt sich nicht bezweifeln. Der Schriftsteller hatte schon zu viele von ihnen gesehen, die von Frauen einfach fertiggemacht worden waren. Manche Frauen zogen dabei mit so meisterhaft angewandter Macht ins Feld wie Grant auf dem Wege nach Appomattox, und andere frustrierten einfach das Beste in ihren Lebensgefährten, jeweils im bestgeeigneten Augenblick – nicht umsonst hatte der Schriftsteller schon immer *The Short Happy Life of Francis Macomber (Das kurze, glückliche Leben des Francis Macomber)* für die beste Geschichte gehalten, die Hemingway je geschrieben hat. Angesichts der Abgründe an Raffinesse in einer attraktiven, aber unredlichen Frau – hat da ein ehrlich Liebender mehr Chancen als ein mutiger Stier in der Arena? Und angesichts der Abgründe von Wut in einer unattraktiven Frau kann der Mann nur noch gehen und sein häusliches Leben irgendwo in Stücken zusammensuchen.

Andererseits könnte man natürlich kaum mit dem Argument durchkommen, daß die Männer den Frauen gegenüber hilflos wären. Es war letzten Endes doch ein Krieg zwischen fast Gleichstarken, ein brutaler, blutiger Krieg, bei dem die Wunden im Innern aufbrachen und die Chirurgen an beiden Geschlechtern gut verdienten. Aber der Schriftsteller hatte schließlich, seiner Beurteilung nach, doch allzu viele Männer gesehen, die von einer Frau in den Grund gebohrt worden waren und deshalb nie ihr Ziel erreicht hatten. Und beinahe noch mehr Frauen hatte er erlebt, die niemals entdeckt hatten, was sie eigentlich selbst wollten – und die daher ihren Männern Fesseln aufzwangen, welche sie zu Krüppeln machten. »Die große Frage, die nie beantwortet worden ist und die ich trotz dreißig Jahre langem Forschen in der weiblichen Seele nicht habe beantworten können, ist die: ›Was will das Weib?‹« Nicht umsonst ist Freud der Urheber dieser Bemerkung, und nicht umsonst wird sie von den Frauen der *Women's Lib* ununterbrochen zitiert: Sie sind der Auffassung, daß sie jetzt eine Antwort auf diese Frage geben können. Aus dem Schweigen der Jahrhunderte kommt diese Antwort. Und sie lautet: Die Realität der Rippe ist gleich der Realität Adams. Wenn der Penis im Ruhezustand vielleicht einen Rauminhalt von zehn Kubikzoll hat und der Rauminhalt einer durchschnittlichen Frau oder eines durchschnittlichen Mannes vielleicht dreitausend Kubikzoll beträgt, dann sind demzufolge eben Männer und Frauen zu $99^2/_3$ Prozent gleich, identisch in 299 von 300 Teilen. Aber was – und wem fällt nicht sofort diese Frage ein! –, was ist mit Gebärmutter und Testikeln? Mit den Brüsten und ... aber natürlich existiert diese Argumentationsweise in Wirklichkeit noch gar nicht. Sie zeigt sich nur als Tendenz. Man höre sich das an:

Da das Leben in dieser Gesellschaft im besten Falle total langweilig ist und keiner ihrer Aspekte irgendwelche Bedeutung für die Frauen hat, bleibt einer politisch interessierten, verantwortungsbewußten und nach Erfüllung suchenden Frau nur ein Ziel: Die Regierung zu stürzen, das Geldsystem abzuschaffen, die totale Automation einzuführen und das männliche Geschlecht zu vernichten.

Es ist heutzutage technisch möglich, die Menschheit ohne die Hilfe der Männer fortzupflanzen (auch ohne Frauen, was das anbelangt) und nur weibliche Kinder zu produzieren. Wir müssen sofort beginnen, das in die Tat umzusetzen. Der Mann ist ein biologischer Zufall: Das männliche Y-Gen ist ein unvollständiges weibliches X-Gen, das heißt, es verfügt nur über einen unvollständigen Satz von Chromosomen. In anderen Worten: Der Mann ist also eine unvollständige Frau, eine herumlaufende Fehlgeburt, abgetrieben schon im Gen-Stadium . . .[11]

Diese Worte stammen von SCUM, der *Society for Cutting Up Men*, der Gesellschaft zur Vernichtung der Männer. Die Verfasserin, welche gleichzeitig auch den gesamten Mitgliederbestand dieser Organisation darstellt, ist Valerie Solanas. Sie war es, die eine Pistole auf Andy Warhol abfeuerte und ihn fast umbrachte. Es gereicht den Herausgeberinnen von *Sisterhood is Powerful*, einer Anthologie über *Women's Lib* (mit offensichtlich nach Totalitarismus schmeckendem Titel!), durchaus zur Ehre, daß sie das SCUM-Manifest in ihre Sammlung aufgenommen haben – wird es den Gegnern der Bewegung doch damit leichtgemacht, Punkte zu sammeln. Und doch ist dieses SCUM-Manifest, mag es auch extrem, das Extremste vom Extremen sein, eine Art von magnetischem Nordpol für die gesamte *Women's Lib*. Denn alle intellektuellen Magnetlinien der Bewegung fließen von Adams Rippe hinweg – diesem männlichen Manifest, daß die Frau weiter nichts ist als ein lebendiggewordener Phallus – und richten sich nach Valerie Solanas und ihrem Manifest aus. Allein schon die Abkürzung SCUM (Schaum, Abschaum. Anm. des Übersetzers) ruft in jeder Frau, die sich je an einen Mund voll Samen erinnert, den sie nicht schlucken wollte, einen Schauder hervor. »Da er eine unvollständige Frau ist«, fährt das Manifest fort,

verbringt der Mann sein Leben mit Versuchen, sich selbst zu vervollständigen, eine Frau zu werden. Er tut das, indem er sich ständig den Frauen nähert, mit ihnen Beziehungen anknüpft und versucht, durch sie zu leben und sich mit ihnen zu vereinigen, und indem er alle weiblichen Eigenschaften für sich selbst beansprucht – emotionelle Stärke und Unabhängigkeit, Beeindruckungsfähigkeit, Dynamik, Entschlußkraft, Kaltblütigkeit, Objektivität, Entschiedenheit, Mut, Integrität, Vitalität, Intensität, Charakterfestigkeit, Originalität und so weiter. Dagegen projiziert er auf die Frauen alle männlichen Charaktermerkmale: Eitelkeit, Frivolität, Plattheit, Schwäche und so weiter. Es muß jedoch auch erwähnt werden, daß es ein Gebiet gibt, auf dem der Mann glänzende Überlegenheit bewiesen hat – das Gebiet der *Public Relations*. (Er hat es auf brillante Weise fertiggebracht, Millionen von Frauen davon zu überzeugen, daß Männer Frauen sind und Frauen Männer.) Die männliche Behauptung, daß die Frauen ihre Erfüllung in der Mutterschaft und der Sexualität finden, ist nur eine Spiegelung dessen, was die Männer als Erfüllung empfänden, wenn sie Frauen wären.

In anderen Worten: Frauen hegen nicht etwa Penis-Neid – die Männer hegen Vagina-Neid . . .

Vagina-Neid! Dreiviertel aller Männer auf der Welt, verwirrt von komplexen Problemen, für die es keine Lösung gibt, keine Präzedenzfälle, keine Führer und keine Richtlinien, müßten inzwischen bereit sein, die schreckliche Last des Mann-Seins abzuwerfen und dafür die mühselige Bürde des Weibes auf sich zu nehmen. Vagina-Neid. Jawohl, dreiviertel aller Männer auf der Welt mögen ihn inzwischen hegen, dürften ihn ebenso heimlich in sich spüren, wie sich die herrschenden Klassen des neunzehnten Jahrhunderts gewünscht haben müssen, das einfache Leben des Bauern, des Arbeiters und des Ladenmädchens führen zu können. Ja – und damit beginnt das Argument, daß die Frauen eine gesellschaftliche und ökonomische Klasse sind, die von der herrschenden Klasse der Männer ausgebeutet wird, daß sie letztendlich die zahlenmäßig größte und am gründlichsten ausgebeutete Klasse darstellen, ausgebeuteter sind als Arbeiter, Kolonialvölker und Schwarze (denn Frauen werden überall ausgebeutet, und wenn sie dazu noch schwarz sind, der Arbeiterklasse oder einem Kolonialvolk angehören, dann ist ihre Ausbeutung doppelt) – damit also beginnt dieses Argument schließlich, sich im allgemeinen Bewußtsein des Tages seinen Platz zu erobern.

Ja, und während der Schriftsteller noch die Antwort der *Women's Lib* auf Sigmund Freuds Frage studierte, mußte er zugeben, daß selbst bei allen Vorurteilen zugunsten der Männer das positive Gewicht des grundsätzlichen Arguments immer noch auf seiten der Frauen lag: Denn wenn umgekehrt die Frauen in diesem Elementarkrieg wirklich nur die Aggressoren wären, was ließe sich dann überhaupt noch tun? Wenn Smog, Bürger- und andere Kriege, Drogen und die Tatsache, daß der Mann das Vertrauen zu sich selbst und zu seiner Fähigkeit verloren hat, die Welt vernünftig zu regieren, die Erfolge heimtückischer weiblicher Planung waren – dann war der Erfolg des Weiblichen überhaupt satanisch, und die Welt war verloren. Kam man aber zu dem Schluß, daß alles die Schuld der Männer war, dann zeigte sich sofort ein Hoffnungsschimmer: Eine Revolution der Frauen könnte in diesem Fall die Geschwüre aller sozialen Krankheiten öffnen und sie einem neuen menschlichen Licht heilsamer Untersuchung aussetzen. Es blieb ihm also nichts übrig, als sich ständig daran zu erinnern, daß er nicht etwa ausgezogen war, um nur die unterhaltsamsten Beispiele einer neuen intellektuellen Mode zu sammeln, sondern daß es ihm darum ging, die revolutionären Ideen zu ergründen, die aus diesen kollektiven Pamphleten, Büchern und Bibeln der *Women's Lib* hervorgingen. Und sie dazu alle in dem ständigen Bewußtsein zu studieren, daß sie ja außerdem auch Ideen des zwanzigsten Jahrhunderts und daher möglicherweise auf kunstvolle Art zu dem Zweck entwickelt waren, die Sache der am Horizont heraufziehenden Technologie des Staates zu fördern. Was für eine paranoide Voraussetzung war das doch! Und dennoch – wie angemessen. Paranoia und *Common Sense* gehen ineinander über, wenn die Welt verrückt wird.

3

Die Frauen sind in der Tat eine Klasse, wenn man sie von ihrer wirtschaftlichen Situation aus betrachtet. Die Statistiken sind klar und überwältigend eindeutig. Man könnte jetzt natürlich eine formgerechte Studie dieses Gegenstands anstellen – der PW kannte den Zeitschriftenleser unserer Tage gut genug, um zu wissen, daß ihm das technologische Zeitalter jeden Respekt vor Geschriebenem genommen hat, dem die Autorität der Statistik mangelt (auch wenn er dann die Zahlen einfach überspringt und sich schleunigst den Dialogstellen zuwendet). Er war es daher gewöhnt, dieser Tatsache seinen formellen Respekt zu erweisen, ein paar Zahlen anzubieten und ein paar Gesetzesvorschläge auf die Bühne zu rollen, und das tut er jetzt natürlich auch wieder, und zwar gleich! – aber er unterzieht sich dieser mühevollen Erklärungsarbeit andererseits nur mit Widerwillen, denn sie ist nichts als eine Konvention und ermuntert den Geist des Lesers dazu, eine Zeitlang in anderen Gefilden zu spazieren (was für einen Schriftsteller ungefähr so erfreulich ist wie die Feststellung für einen Liebhaber, daß genau an *diesem* Punkt des Liebesaktes das süße weibliche Köpfchen in seinen Armen an nichts Geringeres denkt als an die Liste für die Wäscherei).
Dennoch! Im Jahre 1964 betrug das Einkommen der

arbeitenden Frau 3710 Dollar – das des Mannes 6233 Dollar. Der durchschnittliche Lohn der weiblichen Arbeitskraft betrug also kaum 60 Prozent des Lohnes der Männer. Unter denjenigen Amerikanern, die mehr als 10 000 Dollar im Jahr verdienten, befanden sich nur zwei Prozent Frauen. Bei den freien Berufen waren sieben Prozent der Ärzte Frauen, drei Prozent der Rechtsanwälte und ein Prozent der Ingenieure. In Amerika – wo man solche Unterschiede ja eigentlich nicht erwarten sollte – sind sogar die ansonsten der *Women's Lib* gegenüber feindlich eingestellten Männer der Auffassung, daß die wirtschaftliche Ausbeutung der Frau ein Zustand sei, der dringend der Abhilfe bedürfe.

Aber unter dem Eindruck von Valerie Solanas wissen wir, daß die Auseinandersetzung noch viel tiefer geht. Auch der Preisträger wurde sich nach dem ersten Studium dieser wirtschaftlichen Argumente klar, daß er nur allzu bereit war, hier Ungerechtigkeit zuzugestehen, weil er gleichzeitig insgeheim hoffte, daß die Frauen mit deren Korrektur zufrieden sein würden – und dann mußte er an seiner eigenen Depression nach der ersten freudigen Erleichterung erkennen, daß es damit nicht getan war. Die Frauen verlangen gleichzeitig noch eine Kultur- und eine Sexualrevolution. Ihr eigentliches Argument basierte darauf, daß wirtschaftliche Gleichberechtigung für sie ohne sowohl das eine wie das andere nicht zu erreichen sein wird. Natürlich zögern die meisten Frauen (und darin gleichen sie dem männlichen Exemplar des *Homo politicus),* sich diesem eigentlichen Argument auch offen zu stellen. Der Schriftsteller sieht sich also hier zu der Bemerkung veranlaßt, daß sich ebenso wie bei den Negern, wo gleichfalls die größere Zahl in den gemäßigten Organisatio-

nen NAACP oder *Urban League* tätig ist und nur eine
Minderheit den radikalen Gruppen SNCC oder *Black
Panthers* angehört, auch die Frauen in Gruppen mit
ähnlicher Proportionalität aufteilen: Die Sympathie der
Mehrzahl ist eher auf seiten der Vertreterinnen des
Frauenrechts mit ihren gemäßigten Forderungen als auf
der Seite der Befreiungsbewegung mit ihren radikalen
Ansprüchen. (Und wir wissen natürlich genau, ob wir
lieber über die milde *Urban League* oder über die wilden *Black Panthers* in der Zeitung lesen.) Die größte
aller Gruppen innerhalb der Frauenbewegung – der
Schriftsteller kann seiner Informationspflicht nicht entgehen – ist von Betty Friedan gegründet worden, der
Autorin des Buchs *The Feminine Mystique (Der Weiblichkeitswahn)*. Sie hat nicht weniger als 5000 Mit-
glieder, nennt sich NOW *(National Organization for
Women)* und versucht ihre Ziele durch politische Tätigkeit und Änderung der Gesetzgebung zu erreichen.
Ihr Programm, das auf einer Bundeskonferenz in
Washington, D. C., formuliert wurde, enthält acht
liberale Kernpunkte, acht Druckpunkte für die Gesetzgebung, die von vornherein eine Garantie dafür bieten,
daß sich ihretwegen der rechte Flügel der Demokrati-
schen Partei mit dem linken Flügel in die Haare geraten
wird (wie jetzt auch der Geist des Lesers mit dem
Prosastil des Schriftstellers) – diese acht Punkte nämlich, selbst in abgekürzter Form vorgetragen, verlangen
einen Verfassungszusatz, der den Frauen vor dem Gesetz die gleichen Rechte garantiert, sie verlangen ein
Gesetz, das die Diskriminierung der Geschlechter am
Arbeitsplatz verbietet, weiterhin eine »sofortige Revision der Steuergesetze, um es arbeitenden Eltern zu ermöglichen, alle Unkosten für Hausbesorgung und

Kinderbetreuung abzusetzen«, die »Einführung von Kinderbetreuungs-Einrichtungen auf derselben gesetzlichen Basis wie der für öffentliche Parks, öffentliche Bibliotheken und Schulen«, »das Recht der Frau auf eine ihren Anlagen voll entsprechende Ausbildung, gleichberechtigt mit dem Mann ... auf allen Bildungsebenen«, eine Revision der Wohlfahrtsgesetze mit dem Ziel, den Frauen »mehr Würde, mehr Achtung vor ihrer Privatsphäre und mehr Selbstachtung« zu verschaffen, das Recht der Frauen, »nach der Geburt eines Kindes an ihre Arbeitsstelle ohne Verlust der vorher durch Dienstalter erworbenen Rechte zurückzukehren ... und für die Wöchnerinnenzeit in Form einer Art von Sozialversicherung bezahlt zu werden«, und schließlich noch »das Recht der Frauen, ihr Fortpflanzungsleben selbst zu bestimmen ... durch freien Zugang zu Verhütungsmitteln und allen sie betreffenden Informationen und durch Außerkraftsetzung aller gegen die Abtreibung gerichteten Strafgesetze«.[12]

Acht Kernpunkte – und wenn man so an den Vagina-Neid und seine Wirkungen denkt, dann kann es leicht noch viele Jahre dauern, ehe die letzte dieser vernünftigen Forderungen zur rechtlichen Selbstverständlichkeit geworden ist. Wobei man ja auch noch die verfilzten legislativen Wucherungen in Betracht ziehen muß, die der Verfassung so manchen Bundesstaates anhaften. Aber wehe dem liberalen Politiker, der sich nicht inzwischen mit diesen Forderungen vertraut macht und sie jederzeit vorbringen kann! Ja, wo die Bundesregierung sowieso nur gut dafür ist, die Bedürfnisse der Bevölkerung zu befriedigen, wird sie sich eben in der Zukunft auch immer mehr um die intimsten Einzelheiten dieser Bedürfnisse kümmern müssen. Im alten Krieg zwischen *Old Guard* und *New Deal* werden daraus immer neue Streitpunkte entstehen, auf Jahre, vielleicht auf Jahrzehnte hinaus – und das Programm der *National Organization for Women* steht dann immer hübsch im Zentrum aller dieser Auseinandersetzungen. Wunderschöne Perspektiven eröffnen sich da, man denkt an die Enthüllung von Korruptionsskandalen in Kinderbetreuungs-Zentren, an das Aufkommen einer modernen Ultra-Mafia in neugegründeten, gemischten Studentinnen- und Studentenheimen, an Wöchnerinnen-Urlaub und Steuersenkungen für arbeitende Eltern, die durch gleichzeitige Steuerprämien zugunsten der Ölgesellschaften als Belohnung für die Herstellung von Benzin ohne Abgasgifte ergänzt werden ...

Das zynische Blut des Schriftstellers wurde durch die Spitzen eines radikalen Pamphlets wieder in Wallung gebracht, und zwar war es ein bescheiden aufgemachter, hektographierter Artikel mit gelbem Umschlag, bescheiden sogar der Preis, nämlich 30 Cent, und die unauffällige Verlagsadresse: 3800 McGee, Kansas City. Die Verfasserin hieß Linda Phelps – ein Name, der ihm eigentlich nichts sagte. Ihr Artikel war auch nichts Berühmtes, aber er erinnerte an die besten Arbeiten der Leute, die in alten Zeiten für Sozialismus und Gewerkschaften geschrieben hatten, und brachte so dem Schriftsteller erneut die Tatsache ins Gedächtnis, daß jetzt anscheinend überall Frauen lernten, über einstmals typisch männliche Themen zu schreiben. Die einigermaßen leninistische Überschrift lautete: *What is the Difference?* *(Was ist der Unterschied?)* und der Inhalt erzeugte in seinem Innern ein Gefühl des Heimwehs nach jenen nicht mehr existierenden Zeiten, in denen er selbst ebenso geradeheraus gedacht hatte. Natürlich war dieser Artikel auch sehr präzise, wo es um den Unterschied zwischen liberalem und radikalem Feminismus ging:

Im Gegensatz zu NOW's konkreter Liste von Gesetzesvorschlägen scheint die Befreiungsbewegung vage, denn wir sprechen über Lösungen, die für die meisten Frauen nicht vorstellbar sind, Lösungen, die nirgendwo in den USA auch nur im Ansatz sichtbar sind, wohin man sich auch wenden mag – wie die Neue Familie, die Befreiung der Kinder, das Ende der traditionellen Vorstellungen von Maskulinität und Femininität. Aber das ist kein überraschendes Problem, wenn man bedenkt, daß dieselbe Situation ja auch dafür verantwortlich ist, daß die Frauen so lange auf dem gleichen Platz in der Gesellschaft beharrten. Es gibt für uns zwei grundsätzliche Widersprüche, die wir jedem Programm der Frauenrechts-Bewegung entgegenhalten – einmal die Tatsache, daß die Frauen auf keinen Appell reagieren werden, der sie auffordern will, dasselbe Leben zu leben wie die Männer, und zum anderen die Erkenntnis, daß es eine Krise in der Gesellschaft verursachen würde, wenn sie es in großer Zahl wirklich versuchten. Diese beiden Punkte stehen miteinander in Verbindung ... Die Frauenrechts-Bewegung wird niemals irgend etwas erreichen, so scheint es mir, solange sie ihr Problem in der gleichberechtigten Beteiligung am amerikanischen Leben sieht, denn die Frauen werden ihre gegenwärtigen Positionen der Sicherheit, was immer sie auch sein mögen, für nichts anderes riskieren, es sei denn für ein NEUES LEBEN.

Man muß das System als Ganzes sehen ... seit 1945 haben wir eine Billion Dollar für militärische Zwecke ausgegeben, und davon 25 Milliarden Dollar für Waffen, die schon bei ihrer Produktion veraltet waren. Es geht uns nicht in erster Linie um die Einrichtung von Pflegezentren und Krankenhäusern – es geht uns vor allem anderen um die Erhaltung unseres Imperiums, wie wir durch unsere Handlungen in Vietnam bewiesen haben. Es ist müßig zu glauben, daß die Frauen die Erfüllung ihrer Wünsche und ein Leben als vollwertige menschliche Wesen durchsetzen können, wenn sie sich nicht diesem ungeheuren System der Verschwendung und Ausbeutung, das unsere gegenwärtige Wirtschaftsordnung darstellt, stellen und es ändern.[13]

Linda Phelps hatte wahrscheinlich recht, dachte der Schriftsteller düster. Wieder einmal würden Frauen (ganz genauso wie Männer) nichts Grundsätzliches erreichen, wenn sie nicht gleichzeitig das wirtschaftliche System änderten. Und dennoch . . . hinter Linda Phelps drohte Valerie Solanas, so wie Robespierre hinter Rousseau stand. Eine mörderische Entzündung des Willens war unvermeidlich, wenn die Macht kam und der Revolutionär ihr nicht gewachsen war – genauso wie der Teufel gezwungen ist, sich von einer Pilzspore zum Fieber zu entwickeln, wenn ein Schreiberling versucht, sich mit der Majestät eines Königs zu schmücken. Ein dunkelviolettes Bild – aber der Schriftsteller war ja nicht umsonst ein Gefangener. Irgendwo am Ende aller dieser Entwicklungen stand das Rätsel der Revolution. Und es hatte eine Zeit gegeben, in der er selbst an die belebende Neuschaffung des Staates glaubte und seine Prosa mit vor Wut über das Establishment fliegenden Fingern niederschrieb. Aber inzwischen war ihm jener grundsätzliche Glaube an sich selbst verlorengegangen, der für die Vorstellung, daß man die Welt verbessern kann, von so kritischer Wichtigkeit ist. (Und er wußte, daß er diesen Glauben nicht mehr wiederfinden würde, ehe er nicht den Roman seines Lebens geschrieben und ein Urteil über sich selbst gefällt hatte – wenn das überhaupt möglich war.) Nein, jetzt gab es Tage, an denen er darüber nachdachte, ob diese seit der Renaissance fortschreitende Revolution der Vernunft nicht möglicherweise ein Krieg war, der den Menschen weniger befreite als mit dem Übermaß seiner eigenen Eitelkeit verseuchte, dieser gewaltigen wissenschaftlichen Eitelkeit, die in der Gegenwart selbst jede natürliche Handlung der Natur zerstört. Weiter so! Bis jetzt hatte *Women's Lib* immerhin eines geschafft: Er war in einen Zwang zurückgestoßen worden, von dem er sich eigentlich endlich hatte frei machen wollen – und zwar in den Zwang, darüber nachdenken zu müssen, ob die Revolution die großartigste oder die teuflischste Erfindung des Menschen war. Eine unerfreuliche Frage – Gedanken über die Revolution lagen bei ihm immer knapp neben Gedanken über seinen Bauchumfang und über den potentiellen Dampf, den er noch, oder auch nicht mehr, in der Hose hatte. Dennoch war er auf eine perverse Weise mit Solanas glücklicher als mit Phelps, glücklicher, weil man bei ihr die Möglichkeit hatte, über Männer wie Frauen gleichermaßen zu lachen, wenn man sah, wie sie sich die Vorgabe beim Rennen zum gemeinsamen Ziel gegenseitig streitig machten. Während Phelps mit ihrer bescheidenen Prosa hartnäckig Löcher in dicken Beton bohrte. »Und was ist, wenn sie wirklich recht hat?« dachte er noch einmal und wiederum düster.

Aber eine wohlgeformte Antwort wie die ihre hätte ihn

sowieso noch nicht zufriedenstellen können. Hinter der wirtschaftlichen Revolution und der kulturellen Revolution stand noch die sexuelle Revolution – von Phelps überhaupt nicht erwähnt. Könnte man vielleicht sagen, daß in ihrem Stil noch ein Hauch jener stillen Aversion gegen jede Diskussion sexueller Fragen zu spüren war, die von jeher den guten Sozialisten auszeichnete? Ja – hinter Phelps kam noch die sexuelle Revolution, und ein schönes Stück Arbeit stand bevor, wenn man mit der zu Rande kommen wollte. Um einen Vorgeschmack von ihr zu bekommen – an wen sollte man sich da wenden, wenn nicht an Kate Millett?

Das möglicherweise erste Erfordernis für eine sexuelle Revolution wäre die Abschaffung aller traditionellen sexuellen Hemmungen und Tabus, besonders jener, mit denen diejenigen Aktivitäten belegt sind, welche die patriarchalische und monogame Ehe am stärksten bedrohen: Homosexualität, ›Illegitimität‹, Jugend-Sexualität sowie vor- und außereheliche Beziehungen. Die negative Aura, mit der ganz allgemein jede sexuelle Betätigung umgeben worden ist, müßte notwendigerweise ebenso abgeschafft werden wie doppelbödiger Moralstandard und Prostitution. Das Ziel der Revolution wäre ein liberaler, allgemeiner Standard der sexuellen Freiheit, der nicht von der krassen und ausbeuterischen ökonomischen Grundlage der traditionellen Sexualverbindung korrumpiert wird.[14]

Der Stil erinnert an einen Rechtsanwalt, der in der Volkshochschule Vorträge hält und der nur kalorienarmes *Metrecal* schlürft, um sich schlank zu halten, und der deshalb so mit isolierten Proteinen, fabrikhergestellten Vitaminen, re-konstituierten Zyklamaten und künstlichen Aromastoffen angefüllt ist, daß man seine Sätze nur noch wie verwickelte juristische Vertragstexte entziffern kann. Und dabei verbergen sich ungeheuer viele Explosivstoffe in diesen leer dröhnenden Redewendungen, diesen Ketten von wohlbekannten Anhäufungen (aus Worten)!

4

Alle früheren Betrachtungen des Klassenkampfes gingen zumindest von der Annahme aus, daß die Konstruktion des Menschen ausreichend, einigermaßen ausgewogen und funktionell sei und nicht unbedingt der Änderung bedürfe. Man nahm an, daß die Arbeiterklasse nach der Übernahme der Funktionen der herrschenden Klasse immer noch imstande sein würde, mit Hilfe der konventionellen Mittel und Organe der Männerwelt zu herrschen. Die bis zum Letzten getriebene Logik der sexuellen Revolution jedoch verlangt, daß die Frau auch körperlich in jeder Hinsicht gleichberechtigt neben dem Mann stehe. Wie aber kann diese Gleichberechtigung erreicht werden, wenn die Frau, im Wettbewerb mit dem anderen Geschlecht um die Rolle des Künstlers, des Unternehmers, des Bürokraten und und Chirurgen, des Automechanikers, Politikers oder meisterhaften Liebhabers, immer wieder zwischendurch halt! rufen muß, weil sie für die Monate der Schwangerschaft und für die Jahre des unerfreulichen Zwiespalts zwischen Karriere und Kind der Schonung bedarf – oder anders ganz auf Kinder verzichten müßte, was in ihr wieder die Angst vor biologischen Schäden oder die Angst vor irgendeiner unnennbaren Schädigung des von ihrem Körper umschlossenen inneren Raums der Schöpfung hervorrufen muß?

Man könnte von Männern und Frauen als den Polen des Universums sprechen, dem universalen *Yang* und *Ying*, man könnte die Schöpfung in abstrakte Gleichnisse kleiden wie Samen und Schoß, Vision und Firmament, man könnte ein ganzes Feuerwerk an Predigten und Dichtungen hochschießen, die alle davon handeln, daß die Frau viel mehr fleischgewordenes Mysterium ist als der Mann – es würde den elektrischen Zorn in den Augen jener Frauen, deren revolutionäre Prinzipien jakobinisch sind, auch nicht um ein *Coulomb* mildern. Es scheint fast, als sei der hochgemute und grandiose *Geist* der Jakobiner wieder zu alter Größe erwachsen: »Es hat von Anfang an nicht ausgereicht, nur die Köpfe der Aristokraten abzuschlagen. Jetzt ist die Zeit gekommen, IHN, den ersten unter allen Aristokraten, zu fassen. ER hat die Frauen zu ihrem Nachteil entworfen, und solche Werke müssen von ihrem Sockel gestürzt werden.«

Was für ein Vorhaben! Männer sind, im Vergleich zu Frauen, nur wie ein einfaches Stück Fleisch. Männer sind lediglich menschliche Wesen, die mit der Fähigkeit ausgerüstet sind, in wechselnder Geschwindigkeit durch den Raum zu reisen – Frauen sind Menschen, die das gleichfalls können, die aber darüber hinaus noch einen geheimnisvollen Raum in ihrem Innern besitzen. Ihr Behältnis aus Fleisch birgt psychische Fühler, sendet Wellen hin zu einer in der Vorstellung existierenden Quelle des Lebens, hütet die Manifestation dieses Lebens, wie sie dem Menschen aus einem Jenseits zuströmt, das auf höchst hartnäckige Weise nach wie vor darauf besteht, im Diesseits ungreifbar zu bleiben. Frauen sind menschliche Wesen, genau wie Männer, aber sie sind einen Schritt, eine Ebene, einen Zug oder einen Sprung näher an der Schöpfung der Existenz als Männer. Sie sind – wenn man den machtvollen Sinn des Mannes für die Gegenwart bedenkt – dessen unentbehrliche und einzige Verbindung zur Zukunft. Wie kann eine Frau im Wettbewerb bestehen, wenn sie in sich selbst sowohl die Zukunft wie auch die Gegenwart trägt und daher ein physisches Leben auf der Grenze zwischen diesen beiden Räumen führt? Welche Strafe reist nach vorn, reist in die Zukunft mit dem Klang des Dampfhammers im Ohr? Welches ungeborene Wesen horcht mit auf die Tonveränderungen im Pfeifen der elektronisch-atmosphärischen Geräusche? Der Schoß ist ein verdammenswertes Handikap im Kampf mit dem Mann, ist ein launischer Sack des Schreckens für jede Frau, die in einem modernen Beruf gleichberechtigt neben dem Mann leben will. Denn die Technologie ist die Domäne der Zahlen, der Maschinen und elektronischen Schaltkreise, der Plastikflächen, der atmosphärischen Störgeräusche, der Vibrationen und des gesamten mit unserer Zeit verbundenen Lärms. Und gleichzeitig ist in all diesem Durcheinander die Technologie auf einer Konformität der Praxis aufgebaut. Sie paßt sich zwar den Rhythmen und den Gezeiten der Stimmungen an, dem Steigen und Sinken der Energie in den Männern und Frauen, die ihre Maschinen bedienen – aber jede solche Anpassung kommt sie gleichzeitig teuer zu stehen, denn jede Abweichung von dem einmal festgesetzten Takt erfordert ein neues, Geld verschlingendes Überwachungssystem. Der beste Diener für sie ist der uniforme Diener, und hier sind die Frauen mit dieser unaussprechlichen Höhle in ihrem Innern, mit diesem schwammigen Becken, dieser Zeitmaschine, auf der ein Fluch ständiger Wiederholung liegt, diesem Damm, hinter dem ein stetig fließender Strom von Blut rauscht, der in seinem Rhythmus irgendeiner undurchschaubaren Abmachung mit dem Mond folgt! Dieser Schoß, diese unerklärliche Verbindung mit dem Jenseits, wie macht er doch jeden Versuch zur Uniformität zunichte!

Frauen haben Automobil-Unfälle? Man kann sich darauf verlassen – die Hälfte dieser Unfälle ereignet sich in einer bestimmten Woche des Monats: den Tagen unmittelbar vor und unmittelbar nach der Menstruation. Auch die Hälfte aller Einlieferungen von Frauen in Nervenanstalten fallen in diese Woche, dazu mehr als die Hälfte aller Selbstmordversuche und die Hälfte aller von Frauen begangenen Verbrechen. »Doch ist ihr Wissen von der Gebärmutter rein akademisch: Die meisten Frauen haben eigentlich kein bewußtes Gefühl, was die Funktion ihrer Eierstöcke oder ihrer Gebärmutter angeht, bis da etwas schiefgeht, *was fast immer der Fall ist.* Viele Frauen, man könnte sagen, zu viele Frauen, sterben an Krankheiten der Organe, die sie ihr ganzes Leben lang buchstäblich ignoriert haben: Cervix, Vulva, Vagina und Gebärmutter.«[15] (Ein Mann, der sich das vorstellen wollte, müßte von einer Existenzvorstellung ausgehen, in der es fast ein normales Schicksal ist, daß Schwänze und Eier von Krebs befallen werden.) Ja, in einem Zeitfluß schwimmend, den sie selbst nicht sieht (dem Schoße gleich, war die Metapher von Thomas Wolfe!), ein Opfer der »Unerfreulichkeiten, der Gerüche und der Verunreinigungen, die bis zu den Wechseljahren zwischen einem Siebtel und einem Fünftel ihres erwachsenen Lebens beherrschen ... empfängnisbereit dreizehnmal im Jahr, wo sie doch nur zweimal in ihrem gesamten Leben ein Kind auszutragen beabsichtigt . . .«[15], ja – ein Opfer ihrer Beziehung zum dumpfen Murmeln der Ewigkeit, ist es für die Frau gar nicht unnatürlich, wenn sie mit Wut auf eine mystische Kommunion reagiert, die sie zu Windeln, Geschirrspülen und dem üblen Schrecken gnadenloser Krämpfe verurteilt. Ganz abgesehen von der ununterbrochenen Kette von Niederlagen, die sie bei dem Versuch erleidet, den Männern die Herrschaft über die Welt aus den Händen zu reißen. Ja, und diese Niederlagen waren unvermeidlich, waren sozusagen eingebaut.

> . . . sie war niemals frei. Ihre relative physische
> Schwäche und ihre Abhängigkeit vom Mann während ihrer ständigen Schwangerschaften verschafften
> diesem einen Vorteil, den er immer weiter ausbaute
> und niemals aufgab . . .[16]

An genau diesem Punkt war der Feminismus bis jetzt immer zum Halten gekommen, und alle Diskussionen über die Frau als Klasse pflegten angesichts des geheimnisvollen Vorteils und der geheimnisvollen Bürde, die sie in ihrem Schoß besaß, zum Stillstand zu kommen. Damit hörte sie auf, einer Klasse anzugehören, und wurde zu einem privilegierten Teil der Natur, den Mysterien näher als die Männer.

Dennoch war das alles für sie unerträglich. So tief war die Frau in den Geist der Zeit eingedrungen – in den Klang des Dampfhammers und in das Jaulen elektronischer Geräusche –, daß ihr keine intellektuelle Gabe so kostbar scheinen wollte wie das Recht, sich selbst als Klasse zu sehen. Für dieses Recht, diese Macht war sie bereit, den Geldbeutel umzudrehen. »Solche Werke müssen von ihrem Sockel gestürzt werden!« Die Forderungen der radikalen Frauen gehen über die sexuelle Revolution mit ihrem Ruf nach einem »allgemeinen

Standard der sexuellen Freiheit«, bei dem alles erlaubt ist, alle früheren Moralbegriffe in die Luft gejagt und alle Eschatologien abgeschafft sind, weit hinaus. Ja – schon bald befanden sich ihre Argumente weit jenseits der durchaus vorhersehbaren Zeit, in der Monogamie und Legitimität nicht mehr existieren werden, in der all die Unterscheidungen der Heterosexualität verschwunden sind und damit alle Begriffe von Heranwachsenden-Sexualität und außerehelicher Sexualität – und das alles aufgrund einer gewaltigen revolutionären Einsicht, nach der jegliche Art von Ficken, hoch oder nieder, in welches Loch oder welche Höhle auch immer, eben ein Vergnügen ist, und Vergnügen ist das Lieblingsbonbon der Vernunft. Und was der Vernunft im Weg steht, das ist von vornherein übel.

Nun, die Empfängnis steht der Vernunft im Wege, denn die Empfängnis ist wie das Besteigen eines Zuges, dessen Stationen Verpflichtung und Schuld sind. Das ist kein Vergnügen, genausowenig wie das Bluten des Schoßes.

Und damit wurde dann die Verhütungstechnik die ureigenste Einführung der Frau in die Fähigkeit der Technologie, delikate Probleme auf ihre Weise zu lösen. Wie unerfreulich, wenn man dann entdecken muß, daß selbst die Fähigkeiten der Technologie in diesem Falle beschränkt sind – »daß jeweils eine von drei Frauen ... durch die Pille chronisch deprimiert wird«[17]. Aber das Vertrauen in die Technologie wankt dennoch kaum. Schließlich geht es ja nur darum, mittelmäßige Techniken durch überlegene Methoden zu ersetzen. Eine Seitenentwicklung auf dem Gebiet der Hydraulik, zum Beispiel, bietet eine Hoffnung auf schnelle Abtreibungen:

Eine röhrenförmige Curette, mit einer Öffnung seitlich an der Spitze, wird in den Uterus eingeführt. An die Curette angeschlossen ist ein Schlauch, eine Vakuumpumpe und ein Behälter. Leichter Unterdruck löst den Fötus, welcher durch das Loch gesaugt wird und dann über den Schlauch in den Behälter gleitet. Der Vorgang dauert ungefähr zwei Minuten...[18]

DIE TECHNOLOGIE IST EIN FOTZENLUTSCHER – das ist ein Text, der niemals auf den Transparenten erscheinen wird, die die Frauen der *Women's Lib* bei ihren Demonstrationen mit sich tragen. Nein, erst muß das Werk des Aristokraten zerstört werden: SEine Gewölbe, SEine Strebepfeiler, SEin himmlischer Bogen – ja, Jauche und Vergessen über die Tage der ehrlichen Abtreibung, in denen die Fingernägel des Doktors noch schmutzig waren und das Herz der Frau schreiend in eine tiefe Höhle stürzte, wenn der Stahl an jener Stelle kratzte, an der sie mit dem Jenseits verbunden war. »Scheiße noch mal, nein«, sagen die Damen jetzt, »lutschen wir doch den Fickerling einfach raus.«

Denn was die Frauen haben wollten, waren nicht Träume von Schrecken und Schuld, sondern weit davon entfernt: Sie suchten nach einer Methode, die sich für sie zu einem brauchbaren Instrument entwickeln lassen könnte, zu einem Schneidewerkzeug für eine ausgebeutete Klasse. Erste Vorschläge kamen. Von einer Dame namens Dana Densmore zum Beispiel, in einem Journal, das sich *No More Fun And Games* betitelt:

Bei niederen Tieren ist es üblich, daß die neue Zelle im weiblichen Körper entsteht und dort auch die ersten Stadien ihrer Entwicklung durchmacht, wobei sie ihre Nahrung gleichfalls aus dem weiblichen Körper bezieht. Auch der weibliche Mensch ist für diese

Art der Fortpflanzung ausgerüstet. Es gibt jedoch keinerlei Grund mehr für ihn, diese von der anatomischen Bauweise her vorgesehene Bürde weiterzutragen.

Der Mensch hat sich von einer Bürde, einer Unbequemlichkeit, einer Unfähigkeit zur Anpassung sehr früh befreit: Er hat Kleider erfunden. Auf die gleiche Weise ist er ohne weiteres fähig, seine Vorstellungskraft und seine Technologie dafür zu verwenden, sich von der Bürde, der Unbequemlichkeit und der Unfähigkeit zur Anpassung zu befreien, die darin liegt, daß er immer noch jeden neuen Organismus für die ersten neun Monate seines Lebens im eigenen Körper ernährt. Es liegt nicht in der Natur des Menschen, die Beschränkungen der Natur passiv zu akzeptieren. Seine Vorstellungskraft sucht ständig nach neuen Wegen, sich von ihnen zu befreien.

Hier ist die Bedeutung noch verschwommen. Noch kann man sich kaum vorstellen, wie weit dieser Vorschlag eigentlich geht. Also ist es besser, sich gleich an den Chefingenieur der Frauentechnologie zu wenden, an den Generalarzt der weiblichen Befreiungsarmee. Ti-Grace Atkinson macht den Fall klar:

Der erste Schritt, der noch unternommen werden muß, ehe wir genau erkennen können, worin der Status des Geschlechtsverkehrs als reiner Praxis besteht, schließt auf jeden Fall eines ein: Die Eliminierung aller seiner institutionalisierten Aspekte, besonders der funktionellen. Der Geschlechtsverkehr muß einfach aufhören, als die Methode zu gelten, mit der sich die Gesellschaft erneuert. Diese Veränderungen kommen jetzt mit den Forschungen, die auf dem Gebiet der extra-uterinen Empfängnis und Inkubation

78

vorgenommen werden, in den Bereich unserer Möglichkeiten. Die Bedeutung dieser Forschungen für die Frauenbewegung ist jedoch noch kaum erkannt worden. Daher müßten jetzt konzentrierte Untersuchungen stattfinden, um diese extra-uterine Methode der pränatalen Entwicklung so schnell wie möglich zu perfektionieren, damit sie als eine echte Alternativmethode zur Verfügung steht, um es milde zu sagen.[19]

Dann werden sie also den Embryo aus dem Kerker des Schoßes herausheben, werden ihn mit derselben Vorsicht behandeln, die ein Gourmet der Auster angedeihen läßt, die gleich seinen Schlund hinuntergleiten wird – nur wird der Embryo in ein Reagenzglas rutschen, und dann wahrscheinlich in eine Art von Plastiksack mit einer Kultur-Plazenta in einer Petrischale, und der Sack hat wahrscheinlich vorne ein Plastikfenster, damit die befreite Mutter von Woche zu Woche die Fortschritte verfolgen kann. Die Metastasen der Technologie haben sich doch schon ziemlich weit gefressen, wenn jetzt auch schon die Frauen vor ihr in Ehrfurcht ersterben! Extra-uterine Fortpflanzung ist so recht ein Kunststück, das die Bewunderung von Mondkolonisten finden sollte. Und so scheint der Mensch bereit zu sein, eine Krankheit zu werden, die von Stern zu Stern weiterreist, während die Embryonen für zukünftigen Gebrauch (ungeheuer wichtig auf solchen Fahrten!) in Regalen mit der tiefsten Mutterleib-Tiefkühlung dahinschlummern. Ja, wir kommen nun wirklich zum Ende jenes ungemein langen Weges, an dessen Anfang das Einnehmen von Pillen zur Hebung und Kontrolle der eigenen Stimmung stand. Jetzt wird es immer wichtiger, daß das Ego auch der Kapitän des Schiffes bleibt. Aber die Atkinson will noch weiter gehen. Vielleicht verfügt sie über Kenntnisse von einer Logik, die keine Grenzen kennt?

> ... um ihr Los zu verbessern, müssen all jene Individuen, die heutzutage Frauen genannt werden, dafür sorgen, daß diese Definition ihrer selbst ausradiert wird. Die Frauen müssen also in gewissem Sinne zunächst Selbstmord begehen, und danach ist der Weg vom Frauentum zu einer Gesellschaft der Individuen immer noch lang und gefährlich.

Aber noch weiter: Trotz allem sieht es nicht so aus, als ob es damit auch zu einer Vergebung alter Sünden kommen könnte:

> Eine Hälfte der menschlichen Rasse verschaffte sich psychische Erleichterung auf Kosten der anderen. Die Männer haben die Menschheit säuberlich auf die Hälfte reduziert, als sie sich die *soziale* Hilflosigkeit jener Mitmenschen zunutze machten, die die Last des Fortpflanzungsprozesses tragen müssen. Die Männer drängten sich in das Wesen dieser Individuen, die nun einfach als Funktionen oder »Frauen« bezeichnet wurden, sie stahlen ihre menschlichen Charakteristiken und okkupierten ihre Körper.[20]

Wenn die Technologie eine Methode der Selbstbehauptung für jene Männer ist, die in der Kunst des Krieges und der Liebe nicht sonderlich begabt sind (und die daher ihr Männlichkeitsgefühl aus dem Wagnis beziehen, mit Kräften zu arbeiten, die sie nicht verstehen), dann ist die Virilität abstrakt geworden, hat sich zu einer Eigenschaft gewandelt, so nichtssagend wie Plastik, zu einer abstrakten Macht über die Anwendung der Technik. Die Virilität erkennt man nicht mehr »an der Wurzel des Bauches, wo der Phallus aufstieg, dick und sich wölbend ... gold-rot, lebendig ...« – nein, D. H. Lawrence ist überholt. Wer keine Macht über moderne Technik ausübt, der darf nicht mehr mitspielen.

Aber wenn alle vergangenen Revolutionen Versuche der Ausgebeuteten waren, sich selbst als Männer zu definieren, und alle gegenwärtigen Versuche dieser Art sich gleichzeitig darauf richten, die Macht über Techniken zu erlangen (da die Macht selbst ja jetzt technologisch ist), dann muß die weibliche Revolution, die *Women's Lib* selbst, eine ihr innewohnende Tendenz haben, die Frauen zu technologisieren. Und das, was bei Ti-Grace Atkinson am absurdesten erscheint, wird zum zukunftsträchtigsten Element ihrer Ideen – die Frauen werden sich eines Tages nicht nur als »Menschen (verstehen müssen), die die Last der Fortpflanzung tragen ...«, sondern als *Männer*. Es wird ihnen in der Tat gar nichts anderes übrigbleiben, wenn die Kraft eine spezifische Fähigkeit besitzt, das menschliche Ego zu maskulinisieren. Und was wird dann die Frucht dieser logischen Entwicklung sein?

Kaleidoskopbilder von einem Sieg der Frauen tauchen vor dem inneren Auge auf: Vielleicht würden die Frauen eiligst einen Kanal durch die Hinterbacken der Männer schneiden, damit die Fäkalien den Körper durch einen eingepflanzten Schlauch seitlich verlassen könnten. Und die Schleimhäute des Anus könnten dann bei allen Männern die Funktion einer Fotze übernehmen. Gleichzeitig nähten sie vielleicht außen ein Stück Perma-Fleisch aus Schwamm und künstlicher Haut an die große Schamlippe, zusammen mit einem Täschchen für Plastikhoden zum Aufpumpen. Dann hätten alle Männer und alle Frauen sowohl einen Phallus wie auch ein Loch. Eins ist sicher: Ins eigene Loch würden sie sich ganz gewiß nicht ficken, sondern wahrscheinlich nur noch dasitzen und das Loblied auf eine Logik singen, die keine Grenzen kennt.

Aber der PW ist jetzt offensichtlich zu weit gegangen. Indem er sich auf Vorstellungen eingelassen hat wie die von Frauen, die eigentlich auch Männer sind, welche von den anderen Männern okkupiert werden, ist er einfach nur von einem Gipfel der Diskussion zum anderen gesprungen und findet sich jetzt abgeschnitten an einer unmöglichen Stelle wieder, von der aus er sich nur noch in eine Friß-oder-werde-gefressen-Romanze mit Ti-Grace Atkinson und dem extra-uterinen Schoß stürzen kann oder aber zugeben muß, daß er nicht mehr weiter kann. Dann bleibt ihm nur noch, sich nach Hilfe umzusehen und wieder von vorne anzufangen. Denn jeder Versuch, die herannahende Revolution der Frauen zu verstehen und sich dabei zu rasch von der Frage zu entfernen, wer denn nun letztlich das schmutzige Geschirr spülen muß, läuft nur allzuleicht Gefahr, die Kernfrage der Diskussion zu übersehen, nämlich: Was ist ein Mann? Und worin besteht eigentlich die Leidenschaft des Männlichseins? Wer von diesen Begriffen keine Vorstellung hat, die Auffassung vertritt, die Frauen seien nicht weniger tüchtig als die Männer, der wird, wenn es um die Beendigung der Weltkrise und die Befreiung vom Umweltschmutz geht, schließlich zu einem Soldat in General Atkinsons Armee werden. Vielleicht ginge das nur Schritt für Schritt und unter lautem Protestgeschrei vor sich, aber schließlich wäre es gar nicht zu umgehen. Denn Atkinsons Logik ist unangreifbar. Es sei denn, daß die Leidenschaft, ein Mann zu sein (jedenfalls in der Form, wie man sie bei denjenigen Menschen sieht, die mit dem Phallus geboren sind), noch etwas mehr ist als nur Pfauenstolz, daß sie vielmehr eine Leidenschaft ist, die im Fleisch und in der Existenz einer Schöpfung wurzelt, die tiefer geht als die Vernunft. Die Diskussion wird daher jetzt zu einer Jagd, und das Wild ist nichts Geringeres als eben die Natur dieser Leidenschaft des Männlichseins. Der Preisträger ist wieder heruntergeklettert vom Atkinson-Gipfel und macht sich bereit, im nächstgeeigneten literarischen Moment seine Expedition loszuschikken. Er hat auch schon sein eigenes Kenia gefunden, sein Wildschutz- und Jagdgebiet: Es ist das Buch mit dem Titel *Sexual Politics (Sexus und Herrschaft)* von Kate Millett. Nachdem er es einmal gelesen hat, hätte er es wahrscheinlich auch dann für seinen Zweck ausgewählt, wenn er das Gesicht der Autorin niemals auf dem Titelblatt von *Time* gesehen hätte oder auf das Phänomen der enormen Publicity aufmerksam geworden wäre, die durch sein Erscheinen ausgelöst wurde. Denn dieses Buch ist unbewußt so besessen von der Frage nach der Natur des Mannes, wie vielleicht nur noch ein blindgeborenes Kind von der Frage besessen sein könnte, wie wohl eine Landschaft aussieht. Und wenn der PW auf den Seiten von *Sexual Politics* daher auch wenig Neues über die Frauen zu finden vermag, so kann er sich immerhin mit dem Gedanken trösten, daß er selbst in den Jahren seines Lebens ebenso wie durch den plötzlichen Schrecken über die neue weibliche Literatur einiges an Kenntnissen angesammelt hat – genug jedenfalls, um zu wissen, daß er seine aus den Angeln gehobene Betrachtungsweise der Damenwelt erst dann neu beurteilen kann, wenn er sich auch mit seiner eigenen Auffassung vom Manne neu beschäftigt hat. Und dafür hat er nun Millett-Land als Jagdgebiet.

Gott segne Millett! Es ist zwar ein ziemlich zerstückeltes Land, in dessen Topographie so mancher Abgrund und viele Schluchten einfach fehlen, aber es wird ihn dennoch hinführen zu den reichen, von Bergen und Dschungeln bedeckten Gebieten in den Werken von D. H. Lawrence, Jean Genet und Henry Miller. Seine eigenen nicht zu vergessen. Ja – die Entdeckung der Leidenschaft des Männlichseins muß beim eigenen Selbst beginnen. Und natürlich ist für den Schriftsteller daher Kate Milletts Buch das geeignetste Material – es enthält schließlich fünfundzwanzig Seiten nur über seine Person!

Aber ehe er nun mit seinem Werk beginnen kann, wird ihm mit Unbehagen klar, daß zwischen der Atkinson und dem Millett-Land noch ein großes Gebiet liegt, das es zunächst zu durchqueren gilt – nämlich das verfilzte Dickicht aus Polemiken und Vorstellungen, die sich um Freud drehen, um Penis-Neid und um Wert oder Unwert des Klitoris-Orgasmus. An jeder Wegbiegung schlängeln und wiegen sich die Sexualtheorien wie Bauchtänzerinnen.

5

So wie die Räume, in denen man sich der Liebe hingibt, einander immer mehr gleichen (denn ein Motelzimmer in Hongkong sieht auch nicht mehr anders aus als ein Motelzimmer in Dubuque), so ist auch die Sexualität zur freien Währung geworden. Es ist daher nicht schwierig, sich einen allgemeinen Standard der sexuellen Freiheit als Grundlage für einen freien Sex-Markt vorzustellen, für eine Art von primitivem Kapitalismus, in dem der Unternehmer mit den besten technischen Kenntnissen, der größten Initiative und den umfangreichsten sexuellen Mitteln auch die höchsten Profite einstreichen kann – Profite in Form von Bewunderung durch zahllose Partner und Geliebte in jener allgemeinen Welt der Bisexualität, in der Männer und Frauen so austauschbar sind wie Pfennige oder Markstücke. Natürlich wird das erst noch kommen. Der allgemeine einheitliche Sexual-Standard steht erst am Anfang seiner Entwicklung. Bis jetzt enden seine Verfechter immer noch als Junkies in Harlem, und auf den Titelseiten der Zeitungen macht sich Manson breit. Die Welt der Technologie da draußen hat zunächst noch anderes im Sinn. Aber je intensiver der Schriftsteller darüber nachdachte, desto mehr stieß er auf eine fundamentale Doppeldeutigkeit hinter dem Begriff dieses einheitlichen allgemeinen Sexualstandards: Ist er nun der Anfang der Technologisierung des Sex, oder ist er ein Schrei aus der Tiefe? Angesichts der Entwicklung dieses freien Marktes der Sexualität denkt man an Parodien des Kapitalismus, wird der Kapitalismus selbst zu einem Versuch, den fundamentalen Lebenswettbewerb einzig auf die Gebiete der Arbeit, des Geldes, der Familie und der Kirche abzuleiten. Ja – es wäre sogar möglich, daß die Furcht vor einem offenen sexuellen Wettbewerb überhaupt erst zur Entwicklung der Zivilisation geführt hat, daß die Zivilisation selbst als erster und größter Deich gegen die wilden und ungebärdigen Wasser des Weiblichen errichtet wurde:

Masters und Johnson ... begannen damit, eine Anzahl von Paaren mit schwerer chronischer Frigidität oder Impotenz zu behandeln ... Für die Frauen, von denen nach vier oder fünf Ehejahren noch keine je einen Orgasmus erlebt hatte, bestand die Behandlung darin, daß der Ehemann in der Anwendung der für alle Frauen wesentlichen, und dann noch in den für seine eigene Frau besonders angebrachten Techniken sorgfältig unterwiesen wurde ... Täglicher ehelicher Verkehr wurde verordnet, dem längere Anwendungen des künstlichen Phallus folgten (drei bis vier Stunden, oder noch länger). Bis jetzt, nach der Behandlung von fünfzig Frauen, haben alle Patientinnen außer einer innerhalb von längstens drei Wochen, meistens aber schon nach ein paar Tagen, positiv reagiert. Ihre Orgasmen waren von Anfang an intensiv und wiederholten sich häufig.[21]

Die durchschnittliche Frau mit optimaler Erregung ist im allgemeinen nach drei bis fünf manuell hervorgerufenen Orgasmen befriedigt. Mechanische Stimulation jedoch, wie zum Beispiel mit einem elektrischen Vibrator, ist weniger ermüdend und regt die Frau dazu an, sich über einen längeren Zeitraum hinweg, über eine Stunde oder auch länger, zu stimulieren, wobei sie unter Umständen zwischen zwanzig und fünfzig aufeinanderfolgende Orgasmen erlebt. Sie hört erst dann auf, wenn sie völlig erschöpft ist.[22] Ohne Zweifel ist die weitreichendste Hypothese, die sich aus diesen biologischen Daten extrapolieren läßt, die Existenz eines ... Unvermögens der Frau, jemals den Zustand völliger sexueller Sättigung zu erreichen, auch nicht bei der intensivsten, wiederholten orgasmischen Erfahrung, und ohne Rücksicht darauf, in welcher Weise die Stimulation stattfindet. Theoretisch gesehen könnte eine Frau also auf unbestimmte Zeit ständig einen Orgasmus nach dem anderen erleben, wenn die physische Erschöpfung sie nicht daran hinderte.[23]

Sollten diese vorläufigen Erkenntnisse sich als haltbar erweisen ... ist das Ausmaß der auf die moderne Menschheit zukommenden psychologischen und sozialen Probleme nur schwer vorstellbar.[24]

Wenn die Frau in der Vergangenheit nicht befriedigt werden konnte, sich in der Gegenwart nicht befriedigen läßt und in der Zukunft vielleicht gar nicht mehr befriedigt sein will, dann muß die Furcht vor dieser Natur-Frau einst im Herzen des Gelüstes existiert haben, eine Kultur zu bauen. Warum denn eigentlich wünscht diese Frau eine solche endlose Befriedigungskette? Will sie dem Universum das Mark aussaugen, oder will sie ein Kind empfangen, das mächtiger ist als alle Kinder je zuvor? Als Mann kann man ein ganzes Leben damit verbringen, nach einer Antwort auf diese Frage zu suchen.

Alle verwendbaren Daten aus der Zeit zwischen 12 000 und 8000 v. Chr. weisen darauf hin, daß die Frau der präzivilisierten Periode sich völliger sexueller Freiheit erfreute und oft total außerstande war, ihre sexuellen Triebe unter Kontrolle zu halten. Ich möchte daher annehmen, daß die lange Verzögerung der Entwicklung zwischen den ersten Ansätzen des Ackerbaus (ca. 12 000 v. Chr.) und dem Beginn des urbanisierten Lebens sowie dem Auftauchen der ersten schriftlichen Zeugnisse (ca. 8000–5000 v. Chr.) zumindest zu einem Teil auf die unbeherrschbaren zyklischen Sexualtriebe der Frauen zurückzuführen ist. Erst nachdem diese Triebe nach und nach durch den mit Zwang eingeführten strikten sozialen Kodex unter Kontrolle gebracht worden waren, konnte sich das Familienleben als jener stabilisierende und schöpferischere Schmelztiegel entwickeln, aus dem der moderne, zivilisierte Mensch hervorging.[25]

Die männliche Kraft des Maßhaltens hatte also über die Frau triumphiert, aber was ist Maßhalten anderes als die Kraft der gewöhnlichen Vernunft, eingetaucht in ihre eigene Paranoia? Und wie Paranoia gleichzeitig auch die Fähigkeit ist, von einer sorgfältig herausgeschälten Ursache her die Wirkung vorauszusagen, so hat die Kraft des Maßhaltens auch jene Technologie mitgeschaffen, die mit ihrem eigenen Mangel an Maßhalten die Welt noch ersticken wird.

Und deswegen mußte der PW sein unerfreuliches Hinabtauchen in die Argumente der befreiten Frauen zwangsläufig fortsetzen. Die Geheimnisse des weiblichen Orgasmus, so wie er in der Literatur der *Women's Lib* beschrieben wird, spülten über ihn hinweg. Welchen Schimpf muß ein Mann doch ertragen! Aber der Gegenangriff hatte begonnen: Er las den folgenden Absatz aus *The Sexually Adequate Female* fast mit einer Art von Heimweh nach der pompösen freudianischen Sicherheit der fünfziger Jahre:

... wenn eine Frau nicht imstande ist, den Orgasmus auf dem Wege des Koitus zu erlangen, wobei vorauszusetzen ist, daß ihr Mann ein adäquater Partner sein kann, wenn sie (statt dessen) die Reizung der Klitoris jeder anderen Form der sexuellen Betätigung vorzieht, dann ist sie als jemand zu betrachten, der unter Frigidität leidet und psychiatrischer Hilfe bedarf.[26]

Die ideologischen Amazonen lassen sich natürlich auf so etwas von vornherein gar nicht erst ein.

Die Fakten der weiblichen Anatomie und ihrer sexuellen Reaktion erzählen eine andere Geschichte. Es gibt nur ein Gebiet, mit dessen Hilfe der sexuelle Höhepunkt erreicht werden kann – neben vielen anderen Gebieten, die nur der sexuellen Erregung dienen: Dieses Gebiet ist das der Klitoris. Jeder Orgasmus nimmt von ihr seinen Ausgang. Da die Klitoris in den konventionellen Positionen des Geschlechtsverkehrs nicht unbedingt ausreichend gereizt wird, verfallen wir in die »Frigidität«.[27]

Und auch hier würden sie kaum ihr Lager aufschlagen.

Alles dies führt zu ein paar interessanten Fragen hinsichtlich der konventionellen Sexpraktiken und unserer Rolle bei ihnen. Die Männer erreichen den Orgasmus im wesentlichen durch Reibung in der Vagina und nicht im Gebiet der Klitoris, denn diese liegt außen und kann keinen so starken Reibungsreiz ausüben, wie ihn das Eindringen erzeugt. Frauen sind also sexuell gesehen immer im Sinne dessen definiert worden, was den Männern Vergnügen bereitet. Unsere eigene Biologie ist niemals richtig analysiert worden. Statt dessen füttert man uns mit dem Märchen von der befreiten Frau und ihrem Vaginal-Orgasmus – einem Orgasmus, den es in Wirklichkeit überhaupt nicht gibt.

Es ist unsere Aufgabe, unsere Sexualität neu zu definieren.[27]

Sie jubeln geradezu auf, diese Frauen, wenn sie die Minderwertigkeit der Vagina im Verhältnis zum Stolz der Klitoris darlegen.

Die Klitoris ist im kleinen ein Gegenstück zum Penis, wenn man von der Tatsache absieht, daß sie nicht von der Harnröhre durchbohrt wird wie das Glied des Mannes. Ihre Erektion entspricht der männlichen Erektion, und ihr Kopfteil weist dieselbe Struktur auf und hat dieselbe Funktion wie der Kopfteil des Penis. G. Lombard Kelly sagt in *Sexual Feeling in Married Men and Women:* »Der Kopfteil der Klitoris besteht gleichfalls aus erektilem Gewebe und weist ein sehr empfindliches Epithelium beziehungsweise eine empfindliche äußere Umhüllung auf, in der besondere Nervenenden eingebettet sind, die man genitale Korpuskeln nennt. Sie sind besonders berührungsempfindlich ... Kein anderer Teil der weiblichen Geschlechtsorgane verfügt über derartige Korpuskeln.« Die Klitoris hat keine andere Funktion als die, dem sexuellen Vergnügen zu dienen.[27]

Und sie beeilen sich, darauf hinzuweisen, daß das Innere der Vagina, jenes Innere, das nach der Auffassung der Anhänger Freuds der wahre und einzige Sitz des Orgasmus ist, in Wirklichkeit

... ebenso wie fast alle anderen inneren Körperstrukturen nur spärlich mit berührungsempfindlichen

Endorganen ausgestattet (ist). Der interne entoder-mische Ursprung der Auskleidung des Vaginaltraktes macht ihn dem After und anderen Teilen des Ver-dauungstraktes vergleichbar.

Das Maß der Berührungs-Unempfindlichkeit innerhalb der Vagina ist so hoch, daß

... von den Frauen, die im Rahmen unserer gynäko-logischen Versuchsgruppe getestet wurden, nur 14 % überhaupt bemerkten, daß sie berührt worden wa-ren.[27]

Diese Test-Frauen hatte Kinsey untersucht. Man kann sich die Laboratoriumsbedingungen vorstellen, unter denen das stattfand, dazu die Lähmung aller Sinne, die diese Frauen befallen haben muß, wie sie da mit geöff-neter Vagina so gefühlstot wie ein frischgezogener Zahn unter dem prüfenden Instrument und den sterili-sierten Augen des Untersuchenden lagen. Aber den-noch! Nur 14 % haben überhaupt etwas gespürt! Was für eine Verwirrung! Welch ein Schlag für das Selbst-bewußtsein eines jeden Mannes! »Die große Mehrheit der Frauen, die vorgibt, einen Vaginal-Orgasmus zu erleben, täuscht das nur vor, um« – wie sich Ti-Grace Atkinson ausdrückt – »›den Job zu kriegen‹.« Ver-dammte, heißgelaufene Klitoris! Was ist aus Blakes reizendster Idee geworden, daß »Umarmungen Zärt-lichkeiten sind, von Kopf bis Fuß«? Und was ist mit der eigenen, kümmerlichen Erfahrung des Schriftstellers? Alles Lügen? Er verspürte geradezu einen Haß auf die Legionen der Vaginal-Frigiden, die jetzt da draußen in der Welt mit dem drängenden, aufgestauten Ton eines Bienenstocks summten, die auf Millionen Volt hoch-gejagte Klitoris jederzeit sprungbereit! Ja, es gibt Frauen, die kommen so, als hätte ein Blitz ihren Körper quer durch den Raum geschleudert, aber es gibt auch Frauen, die kommen schon nach dem allerzärtlichsten Streicheln ihrer innersten Vagina; es gibt Frauen, die kommen auf alle nur möglichen Arten, und es gibt sogar welche, die anscheinend niemals kommen und doch behaupten, sie täten es, und sie leiden offensichtlich gar nicht darunter! Ja, und es gibt Frauen, die schnurren, wenn sie kommen, und Frauen, die schreien – es gibt Frauen, die kommen, als hätte sie ein zärtlicher Finger eine kilometerlange Straße entlanggekitzelt, und solche, die am Ziel mit einem festen, offenen Gruß anlangen, wie der Händedruck eines Gentleman; ja – Frauen kommen auf alle nur möglichen Arten, man kann nicht vierzig Jahre alt werden – oder sagen wir lieber gleich siebenundvierzig, eigentlich schon bald achtundvierzig –, ohne auf diesem Gebiet wenigstens etwas gelernt zu haben, selbst die bescheidensten, schüchternsten Männer sind da nicht ausgeschlossen! Wie soll man also die Behauptung auffassen, daß der Vaginal-Orgasmus ein Märchen sei und daß nur Reibung an der Klitoris die aufgestaute Spannung lösen könne? Wie alle anderen Männer war der Schriftsteller bis jetzt so dahingezottelt und hatte versucht, eine Balance zu halten zwischen der feststehenden Behauptung, daß der beste Orgasmus für die Frau vaginal sei, und seiner eigenen Erfahrung, die eher auf eine Welle ganz verschiedener Orgasmen hindeutete, die sich gar nicht so leicht definieren lassen, Orgasmen, die hin- und herriefen und einander die Hand reichten, Orgasmen, die von Gott weiß woher kamen (unausgesprochen war natürlich immer die Hoffnung, daß sie der Himmel schickt). Und jetzt also die bittere Pille: Frauen kommen ausschließlich durch Klitorisreizung. Punkt. Der

Weisheit letzter Schluß. Alles andere ist gelogen. Frauen, so erschallt der Ruf, befreit euch von der Tyrannei der Vagina! Sie ist nichts als ein Speichellecker der Männer!

Die Männer fürchten, daß sie sexuell entbehrlich werden, wenn die Klitoris statt der Vagina zum Zentrum weiblichen Lustempfindens wird. Tatsächlich ist daran vieles richtig, wenn man es rein *anatomisch* betrachtet. Die Position des Penis in der Vagina ist zwar ideal für die Fortpflanzung, aber sie erzeugt bei der Frau nicht notwendigerweise einen Orgasmus, weil die Klitoris sich außerhalb der Vagina und weiter oben befindet. Frauen müssen sich in der »normalen« Position auf indirekte Stimulierung verlassen. Die Vertreter der lesbischen Sexualität könnten aus den anatomischen Fakten ein ausgezeichnetes Argument für die Abschaffung des männlichen Geschlechtsorgans gewinnen. Albert Ellis sagt etwas in diesem Sinne, wenn er davon spricht, daß ein Mann ohne Penis ein ausgezeichneter Liebhaber für eine Frau sein kann.[28]

Und wie heißt diese Autorin? Nun, ihr Name ist nicht etwa Schnipp-Schnapp, sondern einfach Koedt:

Abgesehen von den rein anatomischen Gründen, aus denen Frauen sich andere Frauen als gleichwertige Geliebte suchen könnten, gibt es noch eine zweite Furcht auf seiten der Männer – daß Frauen nämlich auch auf rein menschlicher Basis die Gesellschaft von Frauen vorziehen könnten. Die Anerkennung des Klitoris-Orgasmus als Tatsache würde die *Institution* der Heterosexualität bedrohen. Denn sie würde bedeuten, daß sexuelles Vergnügen sowohl durch einen Mann wie durch eine Frau vermittelt werden kann, wodurch die Heterosexualität den Charakter des Absoluten verliert und nur noch eine von verschiedenen Auswahlmöglichkeiten ist. Damit aber eröffnet sich die Frage einer *menschlichen* sexuellen Beziehung, die weit über die Begrenzungen des gegenwärtigen männlich-weiblichen Rollensystems hinausgeht.[28]

Die zartfühlende Besorgnis dieser Betrachtungsweise versetzt den Mann gegenüber der Klitoris in die Situation eines zuckenden Fingers am Schalter eines Dynamos, und da kann er sein Selbstgefühl auch nicht unbedingt dadurch wiedererlangen, daß man ihm ein paar schäbige Brosamen zuwirft. Außerdem muß er sich zu diesem Zwecke durch alle möglichen medizinischen Beschreibungen hindurchrätseln und vor seinem inneren Auge die kurvigen Draperien der Vagina zum Beispiel mit diesem lateingespickten Text in Einklang bringen:

... Klitoris, Labia Minora und das untere Drittel der Vagina funktionieren als eine einzige, säuberlich integrierte Einheit, wenn durch das männliche Organ während des Koitus auf die Labia ein Zug ausgeübt wird. Die Stimulierung der Klitoris wird durch den rhythmischen Zug an der ödematösen Vorhaut bewirkt.[29]

Somit wird die Vagina also wieder in ihre Rechte eingesetzt, zu einem Drittel etwa wird sie wieder rehabilitiert, aber der Mann muß immer noch die restlichen oberen zwei Drittel abschreiben, mögen sie noch so zucken – jetzt sind sie dazu verurteilt, neutral und empfindungslos zu sein. Dem Schriftsteller kam eine Ahnung, wie sich die Tories in England gefühlt haben müssen, als Indien endgültig verloren war.

War er nun für einen Gegenangriff vorbereitet? Um es gleich zu sagen – er konnte sich kaum noch zurückhalten. Es war Zeit, diesen Damen mal mit ein bißchen männlicher Ironie zu kommen und vielleicht über die Größe der Klitoris im Vergleich zum Penis zu sprechen, o ja, wie eine Erbsenschote, eine aufgerollte Sardine, ein Krabbenschwanz neben einer Salatgurke sah sie da nämlich aus, Größenverhältnisse waren das, welche die Damen lieber gleich zu ignorieren vorzogen! Und schon stieg wieder neuer Ärger in ihm auf bei dem Gedanken an den alles unter sich begrabenden Schwall von Orgasmen, den die befreiten Frauen mit einem Plastikschwanz hervorrufen konnten, mit dem Laboratoriums-Dildo, mit einem elektrischen Vibrator! Da war für ihn noch eine ganze Menge über den weiblichen Orgasmus zu sagen, vielleicht hatte er mehr zu sagen als die Frauen selbst, o ja, genau das! Aber sein Ärger beruhigte sich dann wieder angesichts der kleinen, miserablen Erkenntnis, daß er eigentlich gar nicht so unglücklich war, gerade jetzt der sanften, immerhin aber liberalen Sexologie von Germaine Greer begegnet zu sein, Germaine Greer, Englisch-Dozentin an der Warwick-Universität and Upper James St., Golden Square – es ist eine Alterserscheinung, wenn man schließlich in den Kompromissen des liberalen Herzens seinen Frieden sucht:

Die Verbannung der Phantasievorstellung vom Vaginal-Orgasmus ist letztlich eine gute Sache, aber die Ersetzung der wahren Befriedigung durch Klitoris-Zuckungen wird sich möglicherweise noch als ein Unglück für die Sexualität erweisen. Die Schlußfolgerungen von Masters und Johnson haben ein paar unerwartete Nebeneffekte hervorgerufen, wie zum Beispiel die buchstäbliche Klitoromanie, die Mette Eiljersens Buch *I Accuse* durchdringt. Während Eiljersen vom weiblichen Orgasmus als einem Ergebnis des »richtigen Drucks auf den Knopf« spricht, verurteilt sie die Sexologen, die (verunglimpfend) »... die Stimulierung der Klitoris als einen Teil des Vorspiels vor der ... ›eigentlichen Sache‹ bezeichnen. Denn was für sie die ›eigentliche Sache‹ ist, hat keinerlei Reizwirkung für die Frau.«

»Und das ist der Kern der Sache! Die bescheidenen, scheuen, zum Dienen bereiten Frauen haben ihn jahrhundertelang geheimgehalten.«

Nicht alle Frauen in der Geschichte sind in diesem Maße bescheiden und zum Dienen bereit gewesen. Es ist Unsinn, wenn man behauptet, eine Frau fühle überhaupt nichts, während ein Mann seinen Penis in ihrer Vagina bewegt. Der Orgasmus ist qualitativ anders, wenn die Vagina sich wellenförmig um einen Penis zusammenziehen kann und nicht nur um einen leeren Raum.[30]

»Qualitativ anders«. Wie der blinde Samson oder der niedergeschmetterte Ödipus darf sich der Stolz des Mannes jetzt vor dieser milden Gabe verbeugen, die ihm die Dame Greer zuwirft, weiß Gott, sie sagt sogar: »Wenn die richtige Kettenreaktion einsetzt, dann kann die Frau auch feststellen, daß die Klitoris viel direkter am Geschlechtsverkehr beteiligt ist und daß der Höhepunkt durch eine viel weniger gekünstelte und gezielte Methode erreicht wird, als sie die mechanische Reizung darstellt.« Und in ihrem Willen, dem Manne ein wenig Gleichberechtigung zuteil werden zu lassen, gesteht sie sogar zu:

Der sich fortsetzende intensive Sex-Genuß der Frau, der weit über den Orgasmus hinausgeht und vom Mann mit Verwunderung betrachtet wird, basiert nicht auf der Klitoris, die auf ununterbrochene Stimulation nicht besonders gut reagiert, sondern auf einer allgemein sinnlichen Reaktion. Wenn wir die weibliche Reaktion insgesamt nur auf die Klitoris zurückführen, dann zwingen wir den Frauen damit dieselbe sexuelle Beschränktheit auf, die die sexuelle Reaktion des Mannes verkrüppelt hat. Das männliche sexuelle Ideal der Virilität ohne zärtliche Mattigkeit und ohne Liebesbedürfnis ist von tiefster Trostlosigkeit: Wo die Erfüllung mechanisch erreicht wird, da wird sie auch nur mechanisch gesucht. Sex wird zum Masturbieren in der Vagina.

Viele Frauen, welche die Schlußfolgerungen von Masters und Johnson mit Ausrufen begrüßt haben, wie: »Das habe ich dir ja gleich gesagt!« und »Ich bin völlig normal!«, werden diese Kritik jetzt als Verrat empfinden. Sie haben das sexuelle Vergnügen entdeckt, nachdem es ihnen lange verweigert worden war. Aber die Tatsache, daß sie die Erfüllung einzig und allein auf dem Wege der Klitorisreizung finden können, ist ein Beweis für meine Auffassung, denn es zeigt sich darin das Ausmaß der De-Sexualisierung des gesamten Körpers, die Verdrängung der Sexualität durch reine Genitalität.[31]

Groß wäre jetzt die Versuchung, durch diese Bresche in den Linien der Frauen mit dem Ruf zu stürmen: »Wieder einmal seid Ihr des ursprünglichen Verbrechens schuldig, Ihr alle gleicht doch nur derselben alten Eva mit Eurem Neid auf den Penis, den Ihr nicht besitzt!« Und der Schriftsteller verspürte diese Versuchung, denn dieser Schlachtruf wäre nicht ohne Klang. Auch hatten ihn die rauhen Stimmen der Frauen inzwischen geradezu wundgerieben. Aber da gab es nun eine Schwierigkeit: Er selbst glaubte nicht an den Penis-Neid. Es ist kaum einzusehen, warum ausgerechnet der Penis-Neid den Kern der weiblichen Psyche bilden sollte – es sei denn, die Frauen wären die Erben eines buchstäblichen Fluches, der über Generationen ihres Geschlechtes direkt zurückführt bis zu ihrer Erschaffung aus der Rippe des Mannes im Paradies. Nein. Schlichter, einfacher Penis-Neid, schon im Alter von vier Jahren bei der Betrachtung eines nackten, dreijährigen Jungen, dem die Windeln heruntergerutscht sind – das ist nicht vorstellbar.

> ... es dürfte wohl so sein, daß sich Mädchen schon lange bevor sie den Penis ihres Bruders zum ersten Male sehen, der männlichen Überlegenheit bewußt sind. Das ist so sehr ein Teil ihrer Kultur, so umfassend allgegenwärtig in der Günstlingswirtschaft von Schule und Familie, in dem Bild, das alle Medien, die Religion und jedes für sie verständliche Modell der Erwachsenenwelt ihnen von der Rolle der beiden Geschlechter vorzeichnen, daß eine Verknüpfung dieser Vorstellung mit dem genitalen Unterscheidungsmerkmal des Jungen angesichts der tausend anderen inzwischen auf sie einstürmenden sexuellen Unterscheidungsmerkmale entweder überflüssig oder unwesentlich erscheint. Konfrontiert mit so vielen konkreten Beweisen der männlichen Überlegenheit und mit dem Gefühl der ihnen von allen Seiten entgegengebrachten Geringschätzigkeit, sind die Mädchen nicht auf den Penis neidisch, sondern nur auf die sozialen Ansprüche, zu denen er berechtigt.[32]

Jawohl, besser kann Millett gar nicht sein, und der Penis-Neid ist ebenso eine Verleumdung der komplexen Natur der Frau, wie der Vagina-Neid des Mannes bestenfalls eine Zeitungsente darstellt. Nein – es wäre viel natürlicher, daran zu glauben, daß Gott den Mann und die Frau als eine Asymmetrie von Kräften geschaffen hat, welche die Lebenskraft des Ästhetischen ist: Der Mann mit seinem Penis, die Frau mit ihrem Schoß. Ja, das muß einfach in der Konzeption des Projektes »Menschheit« eingeschlossen sein, soweit der Mensch (mitsamt Frau) überhaupt eine wesentliche Rolle in den Werken des HErrn spielt.

Erfüllt von derart herrlichen und volltönenden Gefühlen sieht sich der pw zu der Schlußfolgerung veranlaßt, daß es die Repressionen von Getto-Jahrhunderten sind, die bei Sigmund Freud im grausamen und ungerechtfertigten Zupacken der Begriffe fühlbar werden. Welchen Krampf verursacht doch der Kastrationskomplex jeglicher Philosophie mit seinem Beharren darauf, daß allen verborgenen Ängsten des Mannes die Furcht zugrunde liegt, er könne seines Penis verlustig gehen! Nein: Schon oft hat der pw die Versuchung verspürt, parallel zu Millett darüber zu schreiben, daß die Furcht vor dem Verlust des Penis weniger andere Ängste erzeugt als selbst vielmehr das Endprodukt verschiedener sozialer Ängste ist, daß man sich zum Beispiel – ein schönes Beispiel, freuen wir uns daran! – vor einer wildgewordenen Amazone in einer dunklen Seitenstraße nicht etwa so sehr deswegen fürchten würde, weil man seit seinem dritten Lebensjahr in der Schreckensvorstellung lebt, möglicherweise mit einem einzigen Schnitt den Penis zu verlieren, sondern deswegen, weil dieses heranstürmende riesige Mörderweib einfach so gefährlich und so gefräßig ist, daß nichts und gar nichts, und nicht einmal der eigene versteckte Schwanz vor ihr sicher wäre! Im Gegenteil: Schon oft hat der pw darüber nachgedacht, daß der Kastrationskomplex möglicherweise ein Trauma ist, das Freud selbst erlitten hat, von dem er wie von einem Blitz getroffen wurde – und zwar im Augenblick seiner Beschneidung. Und kein geringes Trauma: daß der erste sengende, die Sinne durchschneidende Schmerz nach der Geburt ausgerechnet von dort kommt, von *dort!* aus *jener* Region des Körpers! – das wäre schon Grund genug für eine spätere Kastrationsfurcht. Freud hat es niemals für nötig befunden, das Ritual der Beschneidung anzuzweifeln. Aber wir können uns vorstellen, wie sich sein Unterbewußtsein ständig mit der Möglichkeit auseinandergesetzt haben muß, daß die Beschneidung die rascheste von allen Möglichkeiten sein könnte, die Libido von den Genitalien auf Gehirn und Mund zu verlagern. (Das ist natürlich Wasser auf die Mühle jener Eiferer, die immer behauptet haben, die New Yorker wären aalglatt und hätten eine schnelle Zunge. Aber da die Beschneidung inzwischen zur ständig geübten Praxis in vielen Krankenhäusern geworden ist – »Die hatten seinen kleinen Stiel schon abgeknipst, ehe ich auch nur die Zähne auseinanderkriegen und sagen konnte: ›Laßt die Finger von dem Jungen‹«, stöhnte der protestantische Südstaatler –, verstärkt sich der Verdacht immer mehr, daß die Zivilisation dieses Ritual übernommen hat, weil die Technologie eine Bevölkerung braucht, deren Kopf-Energie ihrer Genital-Energie überlegen ist, eine Bemerkung wie eine Bombe ist das natürlich! Wenn man sie einmal gemacht hat, gewinnt sie so rasch an unerfreulicher Masse, daß man sich den Rücken verrenken kann bei dem Versuch, sie wieder aus dem Bewußtsein herauszuwuchten.)

So neigt der PW also nun dazu, die Möglichkeit zu verfolgen, daß Freud sein Beschneidungs-Trauma unterdrückt hat und dadurch zu der grandios irrigen Annahme gekommen ist, daß sein ganz persönliches System von Blockaden, Hemmungen und ungeformten Ängsten zusammen mit dem Niemandsland der knurrenden Feindschaft zwischen seinem Kopf und seinen Lenden ein universaler Kastrationskomplex wäre (und in der Tat weist ja auch sein bescheidenes Sexualleben mehr als deutlich auf ganze Gebiete der Begierde in seinem Innern hin, die so weit abgestumpft waren, daß man sie auch als verschwunden und amputiert bezeichnen könnte). Der Möglichkeit beraubt, seine Genitalien auch nur in herkömmlicher und durchschnittlicher Weise zu benutzen, könnte er leicht dem verständlichen Fehler erlegen sein – das ist durchaus vorstellbar –, seinen eigenen Neid, mit dem er die Penisse anderer Männer betrachtete, auf die Frauen umzuprojizieren. Aber wie dem auch immer sei (ob es die edelsten Motive waren oder nur ein unglückliches Zusammentreffen), wir haben nun einmal den Begriff des Penis-Neides ererbt. Und jetzt soll also dieses Etikett der unglaublichen Vielfalt von feindlichen Gefühlen angehängt werden, deren eine Frau gerechter- oder ungerechterweise einem Mann gegenüber fähig ist – und zwar als Definition für den Augenblick, in dem der Mann erkennt, daß er es mit einer ihm direkt entgegengesetzten und völlig liebeleeren Kraft zu tun hat? Mit einer Frau, kurz gesagt, die sich wie ein männlicher Muskel verhält, oder auch wie ein männliches Ego, wenn's erlaubt ist? Ja, aber ist es denn Penis-Neid, was wir in diesem Augenblick im harten, gesammelten Blick ihrer Augen erkennen, ist es nicht viel eher Penis-Verachtung? Die männliche Verachtung für die Vagina ist uns ja hinlänglich bekannt, und seit kurzem wissen wir nun auch, was Vagina-Neid ist. Jetzt können wir dieser Sammlung auch noch die Penis-Verachtung hinzufügen. Der Blick im Auge der Frau nämlich beklagt die Tatsache, daß sie kein Mann ist, aus einem bestimmten Grund: Wenn sie einer wäre – oder, besser noch, wenn sie eine Frau wäre, der ein Phallus anvertraut ist –, dann würde sie auch wissen, wie er zu benutzen wäre, bei Gott, sie würde es besser wissen als ein Mann! Das ist eine ziemlich faire Darstellung dessen, was eine Frau über den Abgrund des Sex hinweg denkt: Ein Mann dagegen weiß, daß ein Phallus kein einfaches Instrument ist, sondern ein widersprüchlicher, treuloser, allzu spontaner Lebemann, der häufig denjenigen Teil des eigenen Selbst ausdrückt, der sich nicht der zentralen Selbstkontrolle unterordnen will, der nur allzuoft dem Willen Widerstand leistet. Und wenn den Frauen das vielleicht merkwürdig oder übertrieben erscheint, dann sollte man sie daran erinnern, daß in dem untergründigen Vagina-Neid der Männer ein simpler, vielleicht sogar sentimentaler Verdacht enthalten ist: daß es nämlich einfach sein muß, eine Frau zu sein. Man braucht sich nur zurückzulegen, und der ganze Himmel zieht in die Fotze ein. Frauen, die das lesen und sich darüber amüsieren, wie weit doch eine solche simple Annahme von den zum Wahnsinn treibenden Regionen der Frustration entfernt ist, die zwischen einer offenen Vagina und der vollen Befriedigung liegen – diese Frauen täten besser daran, sich einmal klarzumachen, daß auch die Ansprüche an den Mann sehr kompliziert sind.

Damit kommt der PW wieder zum Rätsel des Orgasmus und seiner nagenden Furcht, ihn niemals zu verstehen. Und wenn er schon weit davon entfernt ist, dieses Phänomen auch nur bei sich selbst zu erfassen, wie will er dann für die Erkenntnis qualifiziert sein, aus welchen Gründen eine Frau kommt? Aber wenn das Leben schon von Geheimnissen wimmelt (und er wäre der erste, der das mit Leidenschaft bejaht!), dann muß man auch versuchen, so scheint es ihm, diese Geheimnisse zu erfassen – und zwar auf demselben Wege, auf dem man auch zum Glauben kommt: durch einen Sprung (das war vielleicht der Grund, weshalb er niemals den Gedanken loswerden konnte, daß ein Selbstmord durch Sprung aus dem neunzehnten Stock eigentlich eine religiöse Handlung wäre, und nichts Geringeres). Wir sind alle von Ideen erfüllt, die im Grunde genommen extrem sind – und sei es auch nur, um der Paranoia zu entgehen, die auf den Schultern derjenigen hockt, die sich an den gesunden Menschenverstand klammern, und so zieht der Schriftsteller den Glauben vor, daß der HErr, der Meister der existentiellen Vernunft, nicht dermaßen dem Absurden verhaftet sein kann, den Orgasmus ohne einen Grund profundester Art mitten in den Schöpfungsakt hineinzupflanzen. Denn wenn Mann und Frau zusammen befruchten und empfangen, wäre es dann nicht gut, wenn sie einen transzendenten Augenblick lang sich auch gegenseitig sehen könnten, damit dann vielleicht später die Seele dessen, was in diesem Augenblick geschaffen wird, in hellerem Licht leben möge? Eine herrliche Idee – gedruckt und der Luft ausgesetzt, gerinnt sie sofort: Sex ist Vernunft, Sex ist gesunder Menschenverstand, Sex ist Ego und Umsicht und Schleim auf dem Bettuch, wenn du beim Herausziehen das Handtuch nicht findest, Sex ist: Komm du auf deine Art und ich steh' auf meine, Sex sind fünfzig Hiebe für die Klitoris, und die pulsen durch wie der Nerv in einem defekten Zahn; arme, verwirrte, schlichte

Middle-Class-Hausfrauen, ihre Libido rumort wie eine Ölquelle unter dem gepflasterten Hinterhof noch verwirrterer Fotzen; arme, bescheidene, kirchenfromme Frauen mit dem vibrierenden Plastik-Kunst-Penis! Der Segen sämtlicher Wissenschaften ruht auf ihnen, weiß und steril und pharmazeutisch ist die Masse und schwarz wie Ziegendreck blubbert darunter die Libido auf den Liegebetten der Laboratorien, und das Gehirn wird durchspült vom Sieger-Adrenalin des Ego: »Ich bin eine Frau mittleren Alters, aber ich bin fünfzigmal gekommen!« Ja, die Geschichte der Lady im Labor ist gleichzeitig die Geschichte der O: Eine Frau ist dafür gebaut, daß sie kommt, wenn sie sich geöffnet hat – ob man sie foltert oder verwöhnt: Wenn sie offen ist, muß sie kommen. Aber das Sich-Öffnen ist es auch, was es dem Mann schließlich ermöglicht zu kommen, es gibt eine Überfülle von Möglichkeiten, von denen her man kommen kann, es mag auch wie eine Straße sein, von der es keine andere Abzweigung gibt – wie man kommt, das ist der Spiegel für den Charakter der Seele, die sich über den Hügel schwingt und in ein neues Gewand kleidet. Wie kann die Technologie dieses Sein-im-Sein messen wollen – mit dem Menschen als Einheit und den aus diesen Einheiten gebildeten Blöcken für soziale Zwecke? Eine sexuelle Technologie wäre am besten mit Orgasmen bedient, die sich genau nach dem Rhythmus der präzisesten Maschinen richten, über die die Gesellschaft verfügt. Aber welchen Wert hätte der Spiegel des sexuellen Augenblicks denn noch, wenn sich der Orgasmus in seiner Periodizität messen und zählen ließe? Was könnte man von einem Orgasmus halten, der so niedergedrückt, so gemein und bösartig verraten und zertreten und verkrampft wäre wie das Leben der Männer und Frauen, deren Geschichte Tag für Tag aus Qual und Pein besteht? Oder von Theorien, deren Anwendung es ein für allemal verhinderte, daß noch jemand so weit in die Lüfte kletterte wie die Töne einer Arie, daß er die Spannung der Jagd verspürte und den eiskalten, satanischen Griff des Sprungs in die Tiefe, Orgasmen wie ein Lastwagen-Zusammenstoß, oder so sanft herniedersinkend wie Schneeflocken, oder hereintretend wie der Reichtum eines Königs in der Staatsrobe, auch das gibt es für manche, oder plötzlich gleitend mit dem heimtückischen Hitzestoß eines Ausrutschers auf schlüpfrigem Hang – das Auge deines eigenen Lebens blickt auf dich zurück in einem solchen Moment, aber wer will schon den Blick dieses Auges erwidern, wenn es ärmlicher ist als das eigene? Nein – man muß den Sprung wagen, ohne wirklich zu wissen, man muß sich emporschwingen und hinweg über diese ganze medizinisch-klitorinische Polemik, hinweg über den Schrotthaufen des Sexuell-Technischen, um dann mit beiden Füßen in der Erkenntnis zu landen, daß ein Mangel an Nerven im Oberlauf der Vagina nichts mit einer angemessenen Lokalisierung des Orgasmus zu tun hat; ebensowenig, wie etwa die Tatsache, daß auch eine gewisse graue Masse in der Schädelkapsel nicht von Nerven durchzogen wird, gleich bedeuten muß, daß der Kopf nicht der Sitz des Denkens ist. Nein, je außerordentlicher der Orgasmus, desto höher erhebt er sich über die Nerven dort in der pressenden Hitze der Umarmung, und ob die Erfüllung in einem dünnen Rinnsal kommt oder mit einer transzendenten Woge: Die ureigensten Körperteile des Menschen können über Drähte miteinander sprechen, die es gar nicht gibt. Genau wie die Telepathie dem Telefon vorzuziehen ist.

Damit ist der Vaginal-Orgasmus also gesichert – zumindest noch für den Schriftsteller. Von einem Netz aus Metaphern wird er gehalten, das von einem nicht-existierenden Seil gespannt wird. Aber dennoch hat der Schriftsteller sein Bildungsmaterial mit nicht geringer Furcht im Herzen gelesen, und diese Furcht hält an, während er weiterliest – es ist die Furcht vor der Wildheit dieser fünfzig losgelassenen Laboratoriums-Klitoris-Orgasmen, die in den Plastik-Äther irgendeiner kochendheiß verbrühten, libidinösen, galledurchtränkten psychosozialen Atmosphäre eingegangen und verloren sind. Was wird aus ihrer Botschaft werden, wo wird sie wieder auftauchen? Denn nichts, glaubt der Schriftsteller, ist jemals ganz verloren – kein Fluch und auch nicht der Aufschrei einer verschwendeten Erfüllung. Und damit sind wir schon wieder direkt bei den Männern und bei der Leidenschaft, männlich zu sein. Engel und Teufel kommen zusammen und umarmen sich in den Hallen der Revolution.

3
Der Advokat

1

Von jeder höheren literarischen Perspektive her betrachtet besteht das Land Millett aus unfruchtbarem
und minderwertigem Boden, seine Flora erinnert an die
Blüten einer Doktorarbeit, seine Straßen sind die der
gewundenen Argumentation, und sein Horizont ist eng.
Aber dann gibt es da noch eine Geschichte, die man sich
über Kate Millett erzählt, wenn draußen der Sturm tobt
und die Lampe kurz vor dem Erlöschen noch einmal
aufzuckt. Wenn dann die letzten Flämmchen wie
Hexenschleier um den Docht tanzen, hebt einer an und
berichtet, wie Kate an ihrer Universität das Podium
betrat, um ihre Thesen öffentlich zu diskutieren. Und
wie dann ein gelehrter Professor an ihrer Behauptung
Anstoß nahm, in einem Buch mit dem Titel *An American Dream* hätte die Frau des Titelhelden Rojack mit
ihrem Mann und verschiedenen Liebhabern Sodomie
getrieben.
»Nein, nein«, rief der Professor, »ich kenne den Autor,
ich kenne ihn gut, und ich habe die betreffende Szene
mit ihm mehr als einmal diskutiert. Es ist nicht Sodomie, was sie praktiziert, sondern Analverkehr. Und dafür wird sie dann umgebracht, weil das ein weitaus
zerstörerischeres Vergehen ist, mit den Augen des Geistes gesehen.«
Es heißt, daß Kate daraufhin blaß wurde und daß sich

auf ihrer Haut kleine Schweißtröpfchen zeigten. Aber sie war nicht umsonst die zukünftige Führerin von Millionen – ihre These basierte auf Sodomie, und die Kunst des Argumentierens besteht ja schon von alters her in der Methode, einfach alles wegzulassen, was nicht paßt. Ihr Buch erschien und enthielt diesen schönen Absatz:

> ... hier muß man auf die wichtige Rolle eingehen, welche die Sodomie in diesem Buch spielt. Sie gibt zu, daß sie sich auf diese Weise mit ihren neuen Liebhabern vergnügt hat. Nun ist die Sodomie etwas, worauf unser Held besonders stolz ist. Obwohl er ihr ins Gesicht sagt, daß seine eigenen Geliebten ihr auf diesem Gebiet weit überlegen sind, übersteigt doch die Vorstellung, daß seine eigene Frau sodomitischen Ehebruch betreibt, offensichtlich seine Geduld ... er schlägt prompt zurück, indem er die das ihr zustehende Maß überschreitende Frau erwürgt. Da aber Mrs. Rojack eine von diesen keltischen Sportstypen ist, ist das gar keine leichte Arbeit ...

Nun, man könnte Kate zugute halten, daß sie immerhin faule Witze macht – und das ist wenigstens etwas, da sie ja sonst an literarischer Qualität kaum etwas zu bieten hat. Ihr Mangel an Wortgenauigkeit gegenüber dem Material, das sie zitiert, läßt sich nur mit der Autorität vergleichen, mit der sie es dann interpretiert – jawohl, Analverkehr ist dasselbe wie Sodomie –, und das Sinngeschlinge ihrer Entstellungen läßt sich hübsch hinter den Rußwolken ihrer Entrüstung verbergen. Und ihr Land ist stinkend und trostlos für den, der es überqueren muß – es ist ein knickriges Land, dessen hinterhältige Einwohner (wären das vielleicht die Verben und Phrasen ihres Buches?) höhnisch über Schwierigkeiten lachen, die doch oft den Kern der Sache ausmachen, in dem die einzigen Mahlzeiten in den Restaurants aus Büchsen mit ideologischem Fett bestehen und sich auf allen Hügeln Thesen-Fabriken erheben, die komplizierte Jargon-Maschinen produzieren und mit ihren Wortwolken den Himmel vernebeln, während der Fluß mit dem musikalischen Geräusch intellektueller Blähungen dahinplätschert. Überall liegen die Leichen zerhackter Zitate, und der Boden dampft von ihrem Blut. Wohin man auch blickt: Alles ist so arrangiert, daß der Mann schuldig sein und die Frau siegen muß.

Aber was ist denn aus dem Versprechen geworden, daß wir uns in ein vielgestaltiges Land aus Bergen und Dschungeln begeben, eine Expedition unternehmen wollten durch die Werke der Schriftsteller, die für ihre Beschäftigung auch mit den Nöten der Männer bekannt sind? Fällt das jetzt ganz weg, oder ist es vielleicht so, daß eine Wanderung durch Milletts Sumpfland mit seinen Mooren und Wüsten aus rieselndem Prosa-Sand zunächst nur ein Dahinschlittern ist über eine rhetorische Haut und dampfendes literarisches Geschlinge, während sich dann beim Nachgraben eine ganz andere Welt zeigt, ein ganzer Zirkus von unterirdischen Attraktionen? Das mag sein – aber wir werden da nur herankommen, wenn wir jedes einzelne Zitat herauswühlen, das Millett in ihrem Buch vergraben hat. Denn jedes von ihnen ist so rüde niedergemacht und dann so lieblos verscharrt worden, daß sie nun alle wie Märtyrer unter dem Rasen liegen, eingehüllt in Leichentücher aus phosphoreszierenden literarischen Lichtern, in einer Landschaft metaphorischer Tempel. Wenn wir aber wirklich eine solche literarische Welt finden, und wenn der Zutritt zu ihr nur dann möglich ist, wenn man die Toten aus ihren Gräbern wieder auferstehen läßt – was soll man dann über die Arbeitsmethode der Millett sagen? Ist sie vielleicht der Musterstudent irgendeiner okkulten Schule für Ritualmörder (die jetzt unter dem Einfluß der *Women's Lib* auch weibliche Studenten aufnimmt)? Durchaus möglich. Denn Kate ist der perfekte Totschläger. Es ist, als ob sie gar nicht weiß, warum sie mordet, als ob sie nur spürt, daß jetzt hier zugeschlagen werden muß, und dann dort. Als ob irgendein Tyrann die einzelnen Zitate befingert hätte, um dann zu sagen: »Die kommen hier der göttlichen Bedeutung ein bißchen zu nahe – schaufle da mal lieber einen Haufen Scheiße drüber, Kate-Baby.«

Kate-Baby nickt und geht. Eine abgesägte Schrotflinte ist ihr Werkzeug. Und die feuert sie ab auf Henry Miller:

> Wie alle Amerikaner wissen, ist die Welt der Wirtschaft ein Schlachtfeld. Wenn Angestellte von der Firma »abgefickt« werden, dann können sie sich rächen, indem sie ihre Sekretärinnen »ficken«. Die von Miller ist ein »Halbnigger« und »so verdammt froh, daß sie jemand fickt, ohne rot zu werden«, daß man sie auch an Curley, den Freund des Chefs, verleihen kann. Schließlich begeht sie Selbstmord, aber im Geschäftsleben heißt es eben »ficken oder gefickt werden«, wie Miller feststellt, womit er uns einen köstlichen Einblick in die Vielzahl der Bedeutungen vermittelt, die wir diesem Wort geben.[33]

»Ficken oder gefickt werden«, schreibt Millett und zitiert Miller. Nur ist es nicht Miller – auch wenn sie ihm diese Worte in den Mund legt und mit Anführungszeichen versieht. Hat irgendein Lektor vielleicht die Unstimmigkeit entdeckt? Es findet sich eine Fußnote:

»So der Sinn der betreffenden Passage.« Aber er ist es eben nicht. Miller schreibt: »Vereint in dem Wunsch, die Gesellschaft um jeden Preis zu bescheißen (wörtlich: zu *ficken*, hier aber im Sinne von bescheißen, s. Anm. 33), waren wir eine lustige Bande. Und während wir die Gesellschaft beschissen, fickten wir alles, was uns vor die Flinte kam . . .«[34] Das ist eine fröhliche Betrachtungsweise, und keine bittere. Die Version von Kate eignet sich jedoch viel besser, im Leser den Eindruck zu erwecken, daß Miller ein Rassist ist, der über den Tod seiner Sekretärin spottet: »Schließlich begeht sie Selbstmord, aber im Geschäftsleben heißt es eben ›ficken oder gefickt werden‹, wie Miller feststellt« – obwohl wir nun wissen, daß er das gar nicht tut. Um genauer zu sein, der Selbstmord wird an dieser Stelle im *Wendekreis des Steinbocks* gar nicht erwähnt, das geschieht erst achtundzwanzig Seiten später, und zwar in einem völlig umgekehrten Zusammenhang: Miller entdeckt, daß seine Sekretärin entlassen werden soll, weil einer seiner Vorgesetzten keine Neger in der Firma wünscht. Er kommt ihr zu Hilfe und bezeichnet sie sogar seinem Chef gegenüber als »ungemein intelligent und tüchtig«. Bei sich selbst denkt er: »Sie war herrlich, wenn sie zornig war.« Denn er ist dabei, sich in sie zu verlieben. Aber erfreuen wir uns doch ruhig an der vollständigen Szene:

. . . worauf ich ihr ruhig erklärte, daß ich ebenfalls gehen würde, falls man sie feuere. Zuerst wollte sie es nicht glauben. Ich beteuerte, es sei mir ernst, und es sei mir gleichgültig, was passiere. Sie schien ungemein beeindruckt: sie ergriff meine Hände und drückte sie zärtlich, während Tränen ihre Wangen herunterliefen.

Damit fing die Sache an. Ich glaube, es war gleich am nächsten Tag, daß ich ihr einen Zettel zusteckte, auf dem stand, ich sei ganz verrückt nach ihr. Sie las den Zettel, während sie mir gegenübersaß, und als sie ihn gelesen hatte, sah sie mir gerade in die Augen und sagte, sie glaube mir nicht. Aber wir gingen an diesem Abend wieder zusammen zum Essen, tranken und tanzten, und beim Tanzen preßte sie sich wolllüstig an mich. Das Glück wollte es, daß meine Frau zu der Zeit gerade Vorbereitungen traf, eine weitere Abtreibung an sich vornehmen zu lassen. Ich erzählte es Valeska beim Tanzen. Auf dem Heimweg sagte sie plötzlich zu mir: »Warum darf ich Ihnen nicht hundert Dollar leihen?« Am nächsten Abend brachte ich sie zum Essen mit nach Hause und ließ sie meiner Frau die hundert Dollar aushändigen. Ich war platt, wie gut die beiden miteinander auskamen. Ehe der Abend um war, wurde vereinbart, daß Valeska am Tag der Abtreibung ins Haus kommen und sich um unser Kind kümmern sollte. Der Tag kam; ich gab Valeska den Nachmittag frei. Ungefähr eine Stunde, nachdem sie gegangen war, beschloß ich, mir ebenfalls einen freien Nachmittag zu machen. Ich ging los, um mir in der Vierzehnten Straße ein Varieté anzusehen. Als ich etwa noch einen Häuserblock vom Theater entfernt war, änderte ich plötzlich meine Absicht. Schuld daran war der Gedanke, daß mir, wenn etwas passieren würde – wenn meine Frau abkratzen sollte –, nicht ganz so wohl zumute wäre, wenn ich den Nachmittag in einem Varieté verbracht hätte. Darauf trieb ich mich ein wenig in den Spielhallen herum und ging dann heim.

Es ist seltsam, wie die Dinge sich entwickeln. Bei

dem Versuch, das Kind zu unterhalten, erinnerte ich mich plötzlich an ein Kunststück, das mein Großvater mir gezeigt hatte, als ich noch ein Kind war. Man nimmt Dominosteine und baut daraus Schlachtschiffe; dann zieht man behutsam am Tischtuch, auf dem die Schlachtschiffe schwimmen, bis sie sich dem Tischrand nähern, zieht dann ruckartig, und die Schlachtschiffe fallen auf den Boden. Wir drei übten das noch und noch, bis die Kleine so schläfrig wurde, daß sie ins Nebenzimmer hinauswatschelte und sofort einschlief. Die Dominosteine lagen verstreut auf dem Boden, und da lag auch das Tischtuch. Plötzlich lehnte sich Valeska gegen den Tisch, ihre Zunge halb in meinem Schlund, meine Hand zwischen ihren Beinen. Als ich sie auf den Tisch legte, schlang sie ihre Beine um mich. Ich spürte einen der Dominosteine unter meinem Fuß – einen Teil der Flotte, die wir mehr als ein dutzendmal zerstört hatten.

An diesem Punkt gerät Miller ins Träumen und sinnt über seinen Großvater und seine Jugend nach (was seine Methode ist, den Liebesakt zu verlängern). Eine wehmütige Gedankenkette folgt, mit Erinnerungen an Fotografien in Büchern seiner Kindheit, Bilder von Teddy Roosevelt, San Juan Hill, der *Maine*, Admiral Dewey, Schley und Sampson. Dann schreibt er weiter:

... Wir waren kaum fertig, als die Klingel läutete: es war meine Frau, die aus dem Schlachthaus zurückkam. Ich knöpfte noch an meinem Hosentürchen, während ich durch die Diele ging, um die Türe zu öffnen. Sie war so weiß wie Mehl. Sie sah aus, als wäre sie nie imstande, das noch einmal durchzumachen. Wir brachten sie ins Bett, dann sammelten wir die Dominosteine auf ...

Ja, gefickt hat er sie also in der Tat, noch dazu, während seine Frau eine Abtreibung durchmacht, und er hinterläßt bei uns den Eindruck eines weißen Mannes, der eine schwarze Frau liebt und dabei an San Juan Hill denkt, und einhundertzwanzig Seiten weiter hat er sie dann auch tatsächlich an seinen Freund Curley weniger verliehen als eigentlich verloren – aber die Vorstellung, die uns die Millett von einem Boß gegeben hat, der schamlos seine schwarze Sekretärin benutzt und sich dann über ihren Selbstmord lustig macht, die bleibt immer noch eine Verzerrung. »Sie war so verdammt froh, daß jemand sie fickte, ohne dabei rot zu werden«, das ist dem Zusammenhang nach die bittere und schmerzliche Bemerkung eines Mannes, der Liebe für eine Frau empfand, die zu Lebzeiten »auch blankgenagt (wurde), von menschlichen Würmern, die vor nichts Achtung haben, was eine andere Farbschattierung, einen anderen Geruch hat«.

Diese letzte Bemerkung ist natürlich antik. Nur ein Liberaler mit komischer Begabung würde heutzutage noch von Respekt für Menschen mit anderen »Farbschattierungen« sprechen. Aber der *Wendekreis des Steinbocks (Tropic of Capricorn)* erschien 1939 und handelt eigentlich von den Zwanzigerjahren, in denen es noch als radikal galt, an die Möglichkeit der Liebe zwischen Schwarzen und Weißen zu glauben – überhaupt sind die Werke Millers geradezu ein Baedeker durch die bemerkenswerte Sexualität dieser Jahre, und man sollte annehmen, daß ein Buch mit dem Titel *Sexual Politics*, das einen ganzen Abschnitt mit der Überschrift: »Die sexuelle Revolution, erste Phase 1830–1930« enthält, sich doch immerhin mit dieser Zeit und auch mit den Werken Henry Millers in Beziehung auf sie beschäftigen müßte. Aber »Die sexuelle Revolution, erste Phase 1830–1930« enthält zwar immerhin eine kurze Geschichte des Feminismus, dazu einen Überblick über die Einstellungen zur Frau im neunzehnten Jahrhundert, wie sie sich in den Werken von Brontë, Mill, Ruskin, Meredith, Hardy, Wilde und Engels zeigt, im übrigen jedoch ist der Titel eine grobe Irreführung. Denn es findet sich nichts über die Zeit von 1900 bis 1930, nichts über den Ersten Weltkrieg und die Zwanzigerjahre, nichts über Fitzgerald, Aleister Crowley und Caresse Crosby, nichts über die Prohibition, den Surrealismus, über Daisy Buchanan, Brett Ashley, Hollywood, Jazz oder den Charleston, kein Wort über die Zeit von 1920 bis 1930, über dieses Jahrzehnt, das doch für die Emanzipation der Frau ganz sicherlich mindestens ebenso interessant war wie irgend sonst ein Zeitraum seit dem Fall des Römischen Reiches. Aber alles dies einzuschließen, hätte wahrscheinlich weiterer hundert Seiten bedurft, und die hatte Millett vermutlich einfach nicht mehr im Kopf. Denn die Zwanzigerjahre sind selbst für Thesen-Macher, die mit der Axt vorgehen, ein nur schwer zu durchdringendes Dickicht. Deshalb vielleicht sieht sie Miller auch nicht ein einziges Mal als eine Art von wanderndem Troubadour der Zwanzigerjahre an, der die sexuelle Revolution durch die Städte der Neuen und der Alten Welt trug, nein, Miller wird mit einem Etikett versehen, das ihn zum »konterrevolutionären Sexualpolitiker« stempelt, er gehört in jenen säuberlichen Teil ihrer These, der auf hübsche Weise die Zeit von 1930 bis 1960 zu einer Zeit der sexuellen Konterrevolution macht. Millett wäre kaum willens, da ja ihre Pläne alle von vornherein festgelegt, die einzelnen Grundstücke bereits ausgemessen und verkauft sind, sich mit der für sie donnerschrecklichen Vorstellung zu befassen, daß Miller in Wirklichkeit den Archetypus des Menschen der Zwanzigerjahre darstellt, daß er in der Tat der wahre Sexualrevolutionär ist, wenn wir einmal davon ausgehen, daß jede dem Renaissance-menschen gleichende Gestalt aus diesem Grunde auch revolutionär sein muß, weil ja keine Revolution jemals ohne eine gleichzeitige profunde Veränderung im festgelegten Bewußtsein der Zeit an Schwung gewinnt. Die Renaissance war eine Zeit, in welcher es sich der Mensch wie vielleicht nie zuvor in der Geschichte erlaubte, der Linie seiner eigenen Gedanken zu folgen und sich der Forschung in dem Glauben zu widmen, daß eine derartige Betätigung aus sich heraus gut und berechtigt sei und daß sie also nicht durch eine Genehmigung von außen her angeregt werden müsse oder aber gezwungen wäre, im Schatten unverletzlicher Tabus dahinzuschleichen. Durchaus nicht: Für den Menschen der Renaissance war die Welt ein Theater und die Natur ein Laboratorium, das jedem Abenteuer des fragenden Geistes offenstand. Und ebenso waren auch die Zwanzigerjahre eine Art von Periode der sexuellen Renaissance, in welcher der Mensch aus der langen mittelalterlichen Nacht der viktorianischen Sexualität mit ihren Perversionen, Heucheleien und ihrer stillschweigend geduldeten Kultivierung des Bordells wieder auftauchte und sich daranmachte, nicht etwa die Welt, sondern sich selbst zu erforschen. Und zwar nicht den Menschen der viktorianischen Vernunft mit seinem tief in der Tasche vergrabenen Sex, sondern sich selbst, den Menschen Henry Miller, mit seinem Gehirn und seinen Eiern im persönlichen und fortgesetzten Dialog des täglichen Lebens. Was bedeutet, daß er der Leitlinie seiner eigenen sexuellen Impulse folgte, ohne einen Blick zurück auf das, was als moralisch, verantwortungsbewußt oder auch nur im mindesten Sinne als wünschenswert für die Gesellschaft galt. Daß er sich aufmachte, seinen Schwanz zu füttern (wie der Mensch der Renaissance sich darangemacht hat, seinem Gehirn Nahrung zu geben). Und da ein solches Unterfangen im echten und wahrhaften Sinne eine Pioniertat war, weil ja kein literarischer Mensch, der die Kraft besaß, sein eigenes Bewußtsein zu verändern, sich vorher jemals so eingehend mit den Extravaganzen und offenen Widersprüchen eines steifen Penis beschäftigt hatte, ohne daß nicht immer noch ein Körnchen Gewissen beteiligt gewesen wäre, hatte auch niemals einer sich vorzustellen gewagt, ein solches Leben könne ebenso amüsant und glücklich verlaufen wie irgendein anderes, und daß das Heidentum des Großstadt-Völgers sein eigenes, selbständiges Gleichgewicht besaß, so daß ein solcher Mann seinen eigenen totalen Krieg führen und anstelle seines Geistes mit dem Phallus als Suchscheinwerfer den Sturm auf die Geheimnisse antreten könnte! Denn alle sexuelle Erfahrung ist gültig, wenn man sie genau besieht; keine Vögelei ist je ganz umsonst; jawohl, eine sexuelle Renaissance war das ohne Zweifel, und sie hing von einer rigorosen, ja sogar begeisterten Ehrlichkeit ab, die eigenen Fehler in allen Einzelheiten herauszustellen und keine Scheiße zu schreiben – was bedeutet, beim Schreiben die eigene Scheiße sehr genau zu betrachten. Miller hatte den wahren amerikanischen Geist, er wußte, daß bei einer Nation aus Transplantaten und Unkräutern das Beste immer direkt neben dem Schlimmsten liegt und daß direkt nach der Scheiße der duftende Scheibenhonig kommt. Für ihn war alles gleich, weil er verstand, daß nichts je gleich ist – mitten im Himmel ein Loch, und aus dem schleimig-glänzenden Lächerlichen erwächst eine Perle. Er ist wie ein Dämon, wenn er über schlimme Vögeleien mit demselben Gusto schreibt wie über gute; keine Vögelei ist umsonst, denn die Luft ist vielleicht am Rande des Erbrechens am transparentesten, oder wenn nicht, dann wird die Übelkeit vielleicht ein sonst unentdeckt gebliebenes Projekt ans Tageslicht bringen, wenn das Schwindelgefühl des Geistes wieder aufgehört hat. Und so taucht Miller hinab in das Schmutzige und Schäbige, beschreibt Männer und Frauen, wie sie kaum je zuvor gezeichnet worden sind – ein Mädchen bekommt ihre Periode mitten während einer Orgie, Schwanz, Eier, Knie, Schenkel, Fotze und Bauch, alles ist mit Blut überschmiert, dann Handtuch und Seife und freundliches Verabschieden ringsum – einen oder zwei Sätze weiter befindet er sich schon wieder mitten in einer zehnseitigen Beschreibung darüber, wie er mit seiner Frau schläft, und die geht durch viele Stimmungen hindurch. Bis hinunter in die tiefsten Tiefen klettert er, kein Keller hat Ratten oder Würmer, die groß genug sind, um ihn das Fürchten zu lehren. Er kann sogar über das total fertiggemachte, stiefelzertretene Ende der eigenen Lust schreiben, über das Vögeln, wenn man zu erschöpft zum Vögeln ist, und dabei immer noch eine wichtige Bemerkung hervorbringen. Lassen wir uns von Kate Millett einführen:

Ein erinnerungswürdiges Beispiel für den Sex als einen auf ökonomischer Basis geführten Abnutzungskrieg ist die Fünfzehn-Franc-Hure, die Miller und sein Freund Van Norden nachts in Paris mieten und aus der nun, trotz des völligen Mangels an Appetit bei den beiden und obwohl das Mädchen vor Hunger erschöpft ist, auf jeden Fall der Gegenwert herausgepreßt werden muß.

Sehen wir einmal nach, wovon Millett hier redet. Hier kommt Miller:

Und dann beginnt sie eine Jammergeschichte vom Krankenhaus, der rückständigen Miete und dem Baby auf dem Lande. Aber sie übertreibt es nicht. Sie weiß, daß unsere Ohren taub sind. Aber das Elend sitzt in ihr, liegt ihr wie ein Stein auf der Brust, und es ist kein Raum für andere Gedanken. Sie versucht nicht, an unser Mitgefühl zu appellieren – sie verlagert nur diese schwere Last in ihr von einer Stelle zur anderen. Sie gefällt mir recht gut. Ich hoffe zu Gott, daß sie keine Geschlechtskrankheit hat.

Im Zimmer trifft sie mechanisch ihre Vorbereitungen. »Es ist nicht zufällig ein Stück Brot im Haus?« fragt sie, während sie über dem Bidet hockt. Van Norden lacht darüber. »Da, trink einen Schluck«, sagt er und schiebt ihr eine Flasche hin. Sie will nichts trinken, ihr Magen ist schon kaputt, klagt sie. »Das ist ganz ihre Art«, sagt Van Norden. »Laß dich nicht rühren. Jedenfalls wollte ich, sie würde von was anderem reden. Wie, zum Teufel, soll man Leidenschaft aufbringen, wenn man eine hungrige Pritsche vor sich hat?«[35]

Bis zu diesem Punkt ist Kates Beschreibung eine vertretbare Zusammenfassung. Aber nun fährt sie fort:

Da Sex nicht nur eine Ware, sondern auch eine Geldart ist, lesen sich Millers Abenteuer wie ... Siege bei scharfer Konkurrenz. Sie bersten vor Freude über gut geführte Konten und operieren auf der simplen Voraussetzung, daß Quantität auch Qualität ist.

»Wie, zum Teufel, soll man Leidenschaft aufbringen, wenn man eine hungrige Pritsche vor sich hat?« Wir befinden uns auf den höchsten Höhen der Ritterlichkeit. Kann ein Autor sich nach einer solchen Bemerkung je wieder erholen und weitermachen? Aber Miller folgt seiner Logik, wohin sie ihn auch führt – aus den tiefsten Verliesen führt die Logik des Schwanzes ihn hinauf in die Türme der Metaphern:

Ganz recht! In uns regt sich nicht die geringste Leidenschaft, in keinem von beiden. Und was sie betrifft, so könnte man ebensogut erwarten, daß sie ein Diamantenhalsband zum Vorschein bringt als einen Funken Leidenschaft. Aber da sind die fünfzehn Francs, und etwas hat dafür zu geschehen. Es ist wie im Krieg: Sobald die Bedingungen festgelegt sind, denkt keiner mehr an was anderes als Frieden und Schluß damit. Und doch hat keiner den Mut, die Waffen niederzulegen, zu sagen: »Ich habe die Nase voll . . . ich bin fertig damit.« Nein, irgendwo sind die fünfzehn Francs, für die niemand mehr einen Pfifferling gibt und die am Schluß doch keiner kriegt, aber die fünfzehn Francs sind wie der Urgrund der Dinge, und lieber als auf seine eigene Stimme zu hören, lieber als vom Urgrund abzugehen, beugt man sich der Situation, mordet und mordet weiter, und je feiger einem zumute ist, desto heldenhafter gebärdet man sich . . . Es ist genau wie im Krieg – ich kann es nicht aus dem Kopf bekommen. Die Art, wie sie sich an mir zu schaffen macht, um einen Funken Leidenschaft in mir zu entzünden, läßt mich denken, was für einen verdammt armseligen Soldaten ich abgeben würde, wenn ich je dumm genug wäre, so in die Falle zu gehen und mich an die Front schleppen zu lassen.

Ich für mein Teil weiß, daß ich alles preisgeben würde, einschließlich der Ehre, um aus dem Schlamassel herauszukommen. Mir liegt das ganz einfach nicht, mehr gibt's dazu nicht zu sagen. Aber sie hat sich die fünfzehn Francs in den Kopf gesetzt, und wenn ich nicht darum kämpfen will, zwingt sie mich, darum zu kämpfen. Aber man kann einem Mann keine Kampflust einblasen, wenn er keine Kampflust hat.

Siege bei scharfer Konkurrenz? Freude über gut geführte Konten?

Van Norden scheint eine normale Einstellung dazu zu haben. Die fünfzehn Francs scheren jetzt auch ihn keinen Pfifferling. Ihn interessiert die Lage als solche. Sie scheint eine Schaustellung aller Kräfte zu verlangen – seine Mannesehre steht auf dem Spiel. Die fünfzehn Francs sind verloren, ob wir nun zum Ziele kommen oder nicht. Noch etwas mehr steht auf dem Spiel: vielleicht nicht gerade seine Mannesehre, sondern der Wille. Es ist wieder wie bei einem Mann im Schützengraben: er weiß nicht mehr, warum er weiterleben soll, denn wenn er jetzt davonkommt, wird es ihn später erwischen, aber trotzdem macht er weiter, und obwohl er die Seele einer Küchenschabe hat und sich das auch eingesteht: gib ihm ein Gewehr oder ein Messer oder auch nur seine bloßen Fingernägel, und er mordet und mordet weiter, er würde lieber eine Million Menschen ermorden als aufhören und fragen, warum.

Während ich Van Norden zusehe, wie er sie bearbeitet, ist es mir, als betrachte ich eine Maschine, deren Zahnradantrieb ausgerastet ist. Sich selbst überlassen, könnten sie ewig so weitermachen, ewig mah-

lend und gleitend, ohne daß etwas dabei herauskommt. Bis eine Hand den Motor abstellt. Der
Anblick der beiden, wie sie sich wie die Ziegen ohne
den geringsten Funken von Leidenschaft kopulieren
und sich aus keinem anderen Grund als dem der
fünfzehn Francs abmühen und abmühen, tilgt in mir
jedes andere Gefühl, außer dem unmenschlichen,
meine Neugier zu befriedigen. Das Mädchen liegt auf
dem Bettrand, und Van Norden ist wie ein Satyr über
sie gebeugt, beide Füße fest auf den Boden gestemmt.
Ich sitze hinter ihm auf einem Stuhl und beobachte
ihre Bewegungen mit einer kühlen, wissenschaftlichen Losgelöstheit. Meinetwegen kann es ewig dauern. Es ist, als sehe man einer dieser verrückten Maschinen zu, die Zeitungen mit ihren bedeutungslosen
Schlagzeilen nach Millionen und Billionen und Tril-
lionen herausschleudern. Die Maschine scheint, verrückt, wie sie nun einmal ist, vernünftiger zu sein
und ist faszinierender anzusehen als die Menschen
und das Tun, dem sie ihr Dasein verdanken. Mein
Interesse an Van Norden und dem Mädchen ist gleich
Null. Ich sähe keinen Unterschied zwischen diesem
Phänomen und dem Fallen des Regens oder dem
Ausbruch eines Vulkans. Solange dieser Funken Leidenschaft fehlt, haftet dieser Verrichtung keine Bedeutung an. Es ist interessanter, die Maschine zu
beobachten. Und diese zwei sind wie eine Maschine,
deren Zahnräder ausgerastet sind. Sie bedarf des Zu-
griffs einer menschlichen Hand, um in Ordnung zu
kommen. Sie braucht einen Mechaniker. Ich lasse
mich hinter Van Norden auf die Knie nieder und
betrachte die Maschine aufmerksamer. Das Mädchen
legt ihren Kopf auf die eine Seite und wirft mir einen

gekrönten Gipfel seine Stimme durch den Ozon der höchsten Lust erschallen lassen. Und während Fotzen für diese Lust nur Tränken sind, Weideland und Futtertröge, so sind sie doch gleichzeitig, ganz gleich, ob man sie verachtet oder nicht – das ist eine private, ganz kleine Erkenntnis der Lust –, auch jener unentbehrliche Schritt näher an das Jenseits, ohne den keiner auskommt. Und der alte Priapus, der rammelnde Bock, gibt daher zu: »Vielleicht ist eine Fotze, wenn sie auch noch so riecht, dennoch eines der wichtigsten Symbole dafür, daß alle Dinge zusammenhängen.«

Damit hat er uns einen Anhaltspunkt zugespielt. Ein Hinweis auf den Grund jener Lust, mit der der Mann sich die Eier zerwetzt und den Rücken verbiegt, bis ihn das Trommelfeuer, dem er seine Organe ausgesetzt hat, fast zu Tode bringt. Bis er die Tode erleidet, durch die er nun irgendwelche Zukünfte seiner Seele schleppt. Ein Anhaltspunkt ist das, der es geradezu klar und deutlich sagt, daß irgendwo in den irren Leidenschaften der Männer eine gewaltige Sehnsucht danach verborgen ist, in den Sitz der Schöpfung vorzudringen, ein Zipfelchen der Schöpfung mit den Händen zu greifen, den Schwanz bis zum Schaft hinein zu versenken, so oft und wo immer es geht: Denn der Mann ist der Natur entfremdet, die ihn hervorgebracht hat, er besitzt nicht, wie die Frau, einen inneren Raum, der ihn mit der Zukunft verbindet. Und deshalb muß er vordringen, muß eindringen, um diesen Raum seinerseits zu besitzen, er muß, wenn nötig, sich fast den Kopf abreißen lassen um dieses Besitzes willen. »Vielleicht ist eine Fotze, wenn sie auch noch so riecht, dennoch eines der wichtigsten Symbole dafür, daß alle Dinge zusammenhängen.«

Kate natürlich drückt das alles auf eine etwas weniger verständnisvolle Art aus:

Auch bei den zwei Frauen Maud und Mara, die inmitten von tausend billigen Karikaturen auftreten, bleibt ihr Wesen und ihr sexuelles Verhalten so völlig beziehungslos zueinander, daß man gut andere Namen an ihre Stelle setzen könnte. Das Ziel bleibt stets dasselbe: es ist eine Demonstration von selbstbewußter Distanz, in die sich der Held angesichts einer niedrigeren Lebensordnung zurückzieht. Während einer epischen Zusammenkunft mit Mara, der einzigen Frau, die Miller je liebte, verhält er sich ihr gegenüber ebenso klinisch wie Ida gegenüber. Und Mara ist ebenso grotesk: »Und an diesem roten und schlüpfrigen Ding wand sich Mara wie ein Aal. Sie war nicht länger mehr eine Frau in Hitze, sie war nicht einmal eine Frau – sie war nur noch eine Masse von undefinierbaren Umrissen, die sich schlängelte und krümmte wie ein Stück frischer Köder, den man in einer stürmischen See verkehrt herum in einem konvexen Spiegel sieht.«

»Ich hatte schon lange das Interesse an ihren Verrenkungen verloren; ausgenommen jenen Teil von mir, der in ihr steckte, war ich kühl wie eine Gurke und fern wie der Sirius ... und gegen Morgen – Morgen im östlichen Teil der Staaten – sah ich an dem gefrorenen, kondensmilchartigen Ausdruck ihres Kinns, daß es soweit war. Ihr Gesicht machte alle Phasen des embryonalen Lebens durch, nur in umgekehrtem Ablauf. Mit dem letzten erlöschenden Funken sank es zusammen wie eine durchstochene Blase, die Augen und Nasenflügel dampften wie geröstete Eicheln in einem leicht gerunzelten See blasser Haut.«

Da Kate ja nur als Sprecher für eine festliegende Vorstellung auftritt, hält sie es nicht für nötig, hier mitzu-
teilen, daß es sich wiederum um eine von Millers Beschreibungen einer Alptraum-Vögelei handelt, um eine
Marathon-Lust-Vögelei, aus der er nicht heraus kann
und die er verabscheut. Die Szene ist, um ganz genau
zu sein, nicht einmal typisch für seinen Liebesakt mit
Mara. Hier folgt, was Miller schreibt, ehe er zu der von
Millett zitierten Passage kommt:

> Als ich zurückkehrte, um die Zerreißprobe wieder
> aufzunehmen, fühlte sich mein Glied an, als sei es
> aus alten Gummibändern gemacht. Ich hatte über-
> haupt kein Gefühl mehr darin, es war, als schiebe
> man ein steifes Stück Talg in ein Abflußrohr. Aber
> noch schlimmer: es war keine Ladung mehr in der
> Batterie. Wenn jetzt noch etwas käme, dann höch-
> stens so etwas wie Galle und lederige Würmer oder
> ein Tropfen Eiter in Quarkwasser. Was mich über-
> raschte, war, daß er weiter wie ein Hammer stand.
> Er hatte das Aussehen eines Geschlechtsorgans ganz
> verloren. Er sah ekelhaft aus, wie ein Plunderding
> aus einem Einheitspreisladen, wie der rote Schwim-
> mer ohne Köder bei einer Angel. Und an diesem
> roten und schlüpfrigen Ding wand sich Mara wie ein
> Aal.[36]

Es ist merkwürdig, daß Millett diese außerordentlichen
Beschreibungen der Schrecken eines fast tödlichen, eiskalten Rein-und-Raus-Zwangsgevögels so hassenswert
findet, als sei sie die Bannerträgerin einer neuen Prü-
derie. Dabei ist sie doch immer noch das Trompeten-
signal, das jenen einheitlichen Sexualstandard fordert,
nach dem das Arschloch eines Mannes auch nicht mehr
Rechte als Steuerzahler hat als die Vagina der Frau!

(Wenn man das jetzt erweitert, könnte man als Mann die These aufstellen, daß der Dickdarm dem Uterus gleichberechtigt ist.) Wogegen sie protestiert, das ist natürlich die Verunglimpfung der Frau, ihre Reduktion zum reinen Objekt, zum Fleischtopf für den Schwanz, ist die Betrachtung der Frau als Kreatur zum Kommen, als Kreatur, die den Schwanz auflädt und es den Männern gestattet, ihre selbstsüchtigen Antennen auf die Verbindung aller Dinge auszurichten – es ist Millers Mangel an Achtung vor der Frau als Persönlichkeit, den sie zu verabscheuen vorgibt. In einem anderen Teil von Millett-Land jedoch, auf Seite 117 von *Sexual Politics* (S. 139 ff. der deutschen Ausgabe), lobpreist dieselbe Kate die Sexologen Masters und Johnson aber geradezu, denn sie »haben gezeigt, daß die Frau im Zyklus der sexuellen Reaktionen mehrerer Orgasmen in schneller Aufeinanderfolge fähig ist, während beim Mann die Detumeszenz nach der Ejakulation mit einem Nachlassen der Erektion verbunden ist. Wenn eine Frau ... richtig stimuliert wird, kann sie in vielen Fällen nach ihrer ersten Klimax eine zweite, dritte, vierte und sogar fünfte und sechste haben ...«, wiederholt sie begeistert und kann sich kaum noch zurückhalten. Dann fährt sie fort und singt von der Klitoris als dem einzigen menschlichen Organ, »das ausschließlich für den Sexualakt und die Lustgefühle bestimmt ist«. Ja, hier wird der glühendrote Druckknopf der Lust einmal richtig gewürdigt, gibt Millett doch gleichzeitig damit auch den in der Masters-und-Johnson-Studie angewandten Techniken ihre Zustimmung, jawohl, diese Vibratoren und Plastikschwänze sind ehrbare Werkzeuge sexualwissenschaftlichen Wirkens, im Gegensatz zu der üblen, frauenhasserischen Ziegenbocks-Rübe des guten Henry.

Welch ein Schaum von Heuchelei schon auf der Oberfläche ihres Denkens: Tapfere Sexualrevolutionärin, die nicht einmal zugeben kann, daß jede sexuelle Revolution viel mehr mit den unkontrollierbaren Metamorphosen zwischen Liebe und Lust zu tun haben muß als mit einer zivilisierten Form des Händchen-Haltens! Es ist der Schrecken der Lust, und doch gleichzeitig ihre Berechtigung, daß sie mit der Wildheit eines blinden Wahnsinnigen zur Schöpfung hindrängt und Zeuge wird von solchen profunden Bedeutungssignalen wie: »Ihr Gesicht machte alle embryonalen Phasen durch, nur in umgekehrtem Ablauf.« Und wieder werden wir an jenen Augenblick der Transzendenz erinnert, in dem die Seele im Gewölbe des Liebesaktes steht und sich im Moment des Höhepunktes spiegelt. Ja, und auch fünfzig Höhepunkte der weißglühenden Vibrator-Laboratoriums-Lust sind Spiegel (wenn auch nur der äußeren Sternsysteme der Übelkeit), und sie haben nichts mit Liebe zu tun, sondern sie sind reine Lust, gute, solide, wissenschaftliche Lust, genauso pur wie die Lust im wilden Furz des Satyrs.

Wie haßt doch Kate den guten Henry dafür, daß er es wagt, ein dynamischer Wissenschaftler zu sein, ohne dazu den weißen Kittel anzuziehen! Daß er seine Forschungsarbeiten nicht im Laboratorium vornimmt, sondern überall, und dabei doch so wissenschaftlich vorgeht, daß seine Liebschaften so genau dokumentiert sind wie Krankengeschichten! »Wesen und sexuelles Verhalten bleiben so völlig beziehungslos zueinander, daß man gut andere Namen an ihre Stelle setzen könnte.« Wie sie auf ihn einschlägt! »Miller ist ein Kompendium aller amerikanischen Sexual-Neurosen«, sagt die Laborantin Kate. Miller artikuliert »den Ab-

scheu, die Verachtung, die Feindlichkeit, die Gewalttätigkeit und das Gefühl von Schmutz, mit dem unsere ... männliche Empfindsamkeit die Sexualität um-
gibt«. »Reine Phantasie ... ausbeuterische Charaktere
... unreifer Egoismus ... brutalisierte Jugendlichkeit
... Beklemmungen und Verachtung ... Masturbations-
Träumereien ... völlige Unpersönlichkeit ... Grausamkeit und Verachtung ... demütigend und erniedrigend
... sadistische Absicht ... unglaublicher Egoismus ...
völlige Abstraktion ... in der Entwicklung steckenge-
bliebene Halbwüchsigkeit ... kulturelle Homosexualität ... zwanghafte heterosexuelle Betätigung ... auto-
ritäre Arrangements ... völlige Ungehemmtheit ...
wahrhaft obszöne Rücksichtslosigkeit ... virulente Sex-
Besessenheit ... eine kindische Machtphantasie ...«
Man stelle sich diese Peitschen der Beleidigung vor,
lebendig wie Nervenenden zucken sie über zwanzig Seiten hinweg. Welch ein wahrer Apostel der Gewaltlosig-
keit ist doch diese Dame!
Und dabei will es die Ironie, daß man durchaus einen
»Fall« Henry Miller konstruieren könnte. Er ist in seinen besten Werken so sehr ein »Alter Meister« (genau
gesagt, er ist der einzige Alte Meister, den wir Amerikaner haben), daß es ein großer Verlust für alle ist,
für Miller selbst, für die Literatur und für uns, jetzt
sehen zu müssen, wie seine Spätwerke die früheren
Arbeiten nicht mehr erreichen. Denn Miller hat in der
Sexualität des Mannes etwas sichtbar gemacht, das in
dieser Form vorher noch nie erkannt worden war –
nämlich genau die Tatsache, daß es die männliche Ehrfurcht vor der Frau ist, die Furcht des Mannes vor der
Position der Frau einen Schritt näher an der Ewigkeit
(denn in diesem Schritt liegt ihre Macht), die ihn dazu

bringen, sie zu hassen, zu schmähen und zu erniedri-
gen, symbolisch seinen Kot über sie zu verspritzen und
alles zu tun, sie so weit herunterzuholen, daß er es
wagen kann, in sie einzudringen und sein Vergnügen
an ihr zu finden. »Seine Scheiße riecht auch nicht wie
Eiscreme«, sagt in einem Roman ein Soldat über einen
General, und das ist der Aufschrei eines gegen seinen
Willen Eingezogenen, dessen Ego Luft und Gleichberechtigung zum Atmen braucht. Ebenso trachten auch
die Männer danach, in einer Frau jede Eigenschaft zu
zerstören, die ihr männliche Kraft und Macht geben
könnte, denn sie ist in männlichen Augen bereits mit
einer Macht beliehen, die alles Vorstellbare übersteigt –
nämlich mit der, auch Männer zu gebären. Die frühe-
sten Aufzeichnungen der Erinnerung gehen zurück auf
die Frau, zwischen deren Beinen der Mann gezeugt,
genährt und in der Stunde der Geburt fast erwürgt
wird. Und wenn Frauen auch Frauen gebären, dann
erhöht das nur die ehrfürchtige Angst, denn es bedeutet, daß durch denselben Vorgang, durch den sie selbst
auf die Welt gekommen sind, auch aus ihnen wieder
etwas hervortritt, was ihnen selbst gleicht – und damit
ist die Frau ein Teil der sich immer wieder ergänzen-
den Verschachtelung des Universums, während der
Mann nur eine einzelne Schachtel ist, abgetrennt und
einsam. Es ist daher gar nicht unnatürlich, daß die Männer, vielleicht der Großteil aller Männer, durch die
Jahre ihrer sexuellen Beziehungen zu Frauen mit einer
Art von konzentrierter Distanziertheit der Lust gehen,
die es ihnen überhaupt erst ermöglicht, so wild und
furchterregend zu sein, wie es jede im großen Ozean
des Fickens auf- und abwogende Frau von vornherein
ist – wo es dem Mann so erscheint, als sei sie mit gewal-

tigen, das männliche Maß weit übersteigenden Kräften im Bündnis.

Das ist es, was Miller erkannt und für uns sichtbar gemacht hat: daß man auf Geheimnisse stößt, wenn man die ungewöhnliche Faszination eines Aktes zu erklären versucht, den man mißbrauchen und herabwürdigen, auf den man urinieren und spucken kann, und der dennoch immer weiter faszinierend bleibt – er treibt uns bis zur Besessenheit, als sei er der Spiegel dafür, wie wir uns Gott durch unsere Unvollkommenheiten nähern: *Heiß*, voll der gewöhnlichsten, beschissenen Lust. Mit allen seinen gesichtslosen, charakterlosen, wimmelnden Weibern, mit allen diesen Fotzen, die mit den Schlängelbewegungen von Aalen zucken, diesem so genau beschriebenen Gebräu aus Suppe und Fett und Mark und Wein – immer sind uns die Fotzen näher als die Gesichter – mit allen diesen demütigenden Stellungen und erniedrigenden Situationen, diesem endlosen Darstellen der Frau mit in die Luft gestrecktem Hintern als einem Gegenstand der schlichten Posse tut Miller weiter nichts, als mit barbarischem Röhren seine totale Bewunderung der Macht, der Glorie und der Größe des Weiblichen im Universum hinauszuschreien. Und sein Genie zeigt uns, daß diese Macht jede Situation und jeden Mißbrauch überleben kann.

Aber entspannen wir uns einen Augenblick lang bei der moralisierenden Millett:

> Es sind jedoch keine Betthasen, es sind automatische Puppen. So läßt sich Miller von Mann zu Mann über einen anderen »Fick« aus: »Ich bewegte sie hin und her wie eines dieser beinlosen Spielzeuge, die das Prinzip der Schwerkraft veranschaulichen.« Absolu-

ter Sieg ist eine überflüssige Beleidigung; die Freude
an der Erniedrigung des Sexgegenstandes macht viel
trunkener als der Sex selbst. Millers Protegé Curley,
zum Beispiel, ist ein Fachmann in dieser Art von
Behandlung. Im folgenden Auszug behandelt er auf
diese Art eine Frau, die beide Männer für kriminell
ehrgeizig halten und die sich auf eine höchst unbe-
kömmliche Weise nicht der Tatsache bewußt ist, daß
sie nur eine Büchse ist:
»Es machte ihm Spaß, sie zu demütigen. Ich konnte
ihm das kaum zum Vorwurf machen, sie war ein so
geziertes, affektiertes Weibsstück in ihren Straßen-
kleidern. Man hätte beinahe schwören mögen, sie
habe keine Möse, nach der Art zu urteilen, wie sie
sich auf der Straße bewegte. Wenn er mit ihr allein
war, ließ er sie natürlich für ihr hochnäsiges Gehabe
büßen. Er besorgte das kaltblütig. ›Fisch ihn heraus‹,
befahl er und öffnete ein wenig seinen Latz. ›Fisch
ihn mit der Zunge heraus!‹ ... wenn sie erst einmal
den Geschmack im Munde spürte, (konnte man) alles
mit ihr anfangen. Manchmal ließ er sie auf den Händen gehen und schob sie wie einen Schubkarren im
Zimmer herum. Oder er trieb es mit ihr auf Hunde-
art, und während sie stöhnte und sich wand, zündete
er sich lässig eine Zigarette an und blies ihr den Rauch
zwischen die Beine. Einmal, als er es ihr auf diese
Weise besorgt hatte, spielte er ihr einen schmutzigen
Streich. Er hatte sie in einen solchen Zustand versetzt, daß sie außer sich war. Jedenfalls, als er ihr,
von hinten orgelnd, fast den Hintern abgehobelt
hatte, zog er seinen Pint so, als wolle er ihn abkühlen, einen Augenblick heraus und schob ihr ... eine
dicke lange Mohrrübe zwischen die Hinterbacken.«

Der letzte Satz müßte eigentlich heißen: » . . . zog er seinen Pint so, als wolle er ihn abkühlen, einen Augenblick heraus und schob ihr dann sehr langsam und leise eine dicke lange Mohrrübe zwischen die Hinterbacken.« Aber Millett wollte offensichtlich ihre Verurteilung nicht dadurch abschwächen, daß sie genau zitierte und damit die Wucht, mit der die Mohrrübe hineingeschoben wurde, abqualifizieren mußte. Aber damit hat sie Miller wieder einmal völlig fehlverstanden: Millers Arbeit tanzt auf dem Seil seiner Dialektik daher. Millett jedoch haßt jeden Anflug von Dialektik. Sie hat einen Geist wie ein Bügeleisen, was heißen soll, einen völlig maskulinen Geist. Ein Plastik-Schutzhelm ist noch flexibler als ihr Kopf. Sehen wir uns doch an, wie die Scheußlichkeit der von Kate Millett ausgewählten Beschreibung durch den unmittelbar darauf folgenden Absatz bei Henry Miller gänzlich andere Nuancen bekommt:

. . . schob ihr dann sehr langsam und leise eine dicke lange Mohrrübe zwischen die Hinterbacken. »Das, Miß Abercrombie«, sagte er, »ist ein Doppelgänger meines Pints.« Und damit macht er sich los und zieht mit einem Ruck die Hosen hoch. Die Cousine Abercrombie wurde davon so aus dem Häuschen gebracht, daß sie einen fürchterlichen Furz fahren ließ und flupp! die Mohrrübe herausflog. So wenigstens erzählte es mir Curley. Freilich war er ein beispielloser Lügner, und vielleicht ist an der ganzen Geschichte kein wahres Körnchen, aber es läßt sich nicht leugnen, daß er eine Neigung zu solchen Streichen hatte. Was Miß Abercrombie und ihr Narragansett-Getöne angeht, so muß man bei einer solchen Pritsche auf das Schlimmste gefaßt sein.

Eine Seite weiter wird Miller dann von seiner Dialektik direkt in eine Geschichte katapultiert, mit der er den besten »Fick« beschreibt, den er je gehabt hat, und hier sind die Einzelheiten des Falles wiederum reiner Henry, denn das Mädchen ist »eine Taubstumme, die ihr Gedächtnis verloren hatte, und mit dem Verlust des Gedächtnisses hatte sie ihren Kühlschrank, ihre Brennschere, ihre Haarwickel und ihre Handtasche verloren. Sie war . . . nackter . . . sogar schlüpfriger als ein Fisch . . . Manchmal war es zweifelhaft, ob ich in ihr war oder sie in mir.« Miller ist im Himmel. Nie hat Miller seine These besser dargelegt:

Sie stand nur still da, und als ich meine Hand zwischen ihren Beinen hochschob, bewegte sie ein wenig den Fuß, um ihre Spalte ein bißchen weiter zu öffnen. Ich glaube nicht, daß ich je in meinem Leben die Hand in eine so saftige Spalte gesteckt habe. Es lief ihr wie Kleister die Beine herab, und wenn Plakate zur Hand gewesen wären, hätte ich mindestens ein Dutzend ankleben können. Nach ein paar Augenblicken beugte sie sich, ebenso natürlich, wie eine Kuh den Kopf zum Grasen senkt, über mich und nahm ihn in den Mund. Ich hatte vier Finger in ihr drin und schlug Schaum. Ihr Mund war gestopft voll, und der Saft lief ihr die Beine herunter. Wie gesagt, keiner von uns beiden sprach ein Wort. Wir waren nur eben ein Paar stummer Verrückter, die wie Maulwürfe im Dunkeln wühlten. Es war ein Fickparadies, und ich wußte es und war bereit, nur allzu bereit, mich, wenn nötig, um den Verstand zu ficken. Sie war vermutlich der beste Fick, den ich je gehabt habe. Nicht ein einziges Mal machte sie ihre Klappe auf, nicht in dieser, auch nicht in der nächsten oder sonst einer Nacht. Sie schlich sich im Dunkeln herunter, sobald sie mich dort allein witterte, und stülpte ihre Möse ganz über mich aus. Es war eine riesige Möse, wie ich mich erinnere. Ein dunkles, unterirdisches Labyrinth, ausgestattet mit Diwans und gemütlichen Ecken, Gummizähnen und Fliederbüschen, sanften Ruheplätzen, Eiderdaunen und Maulbeerblättern. Ich bohrte mich wie der Einsiedlerwurm hinein und verkroch mich in einer kleinen Ritze, wo es völlig still und so weich und friedlich war, daß ich wie ein Delphin auf den Austerbänken dalag. Ein kleiner Ruck, und ich befand mich zeitunglesend im Pullman oder aber in einer Sackgasse, wo es bemooste runde Kopfsteine und kleine weidengeflochtene Gatter gab, die sich automatisch öffneten und schlossen. Manchmal war es, als fahre man Wasserbahn, ein steiles Tauchen und dann ein Sprühregen von prickelnden Seekrabben, die Binsen wiegten sich fieberhaft, und die Kiemen kleiner Fische streiften mich wie das Register einer Mundharmonika. In der riesigen dunklen Grotte spielte eine Seifenorgel eine raubtierhafte, düstere Musik. Wenn sie in Erregung geriet, den Saft voll laufen ließ, gab es eine purpurviolette, tief maulbeerfarbene Färbung wie Zwielicht, ein bauchrednerisches Zwielicht, wie es Zwerginnen und Kretins genießen, wenn sie menstruieren. Es ließ mich an blumenkauende Kannibalen denken, an Amok laufende Bantus, an wilde Einhörner, die sich in Rhododendronbüschen paaren ... Die Möse der Mösen, eine regelrechte Antillenperle ... im weiten Pazifik des Geschlechts als ein silbern schimmerndes, von menschlichen Anemonen, menschlichen Seesternen und Korallen umgebenes Riff.[37]

Aber es ist Miller nicht gestattet, sich lange auszuruhen. Millett wartet schon auf ihn, die Insektenspritze im Anschlag. Irgend etwas im Schwung seiner Phantasie ist für sie so ekelhaft wie ein Wasserfloh.

Es fällt einem nicht nur die vulgär-opportunistische Anwendung von Lawrences Hokuspokus auf, dazu bestimmt, das Gehirn zu entleeren, um das »Blutbewußtsein« zu erreichen, sondern man fühlt auch, wie beide Fassungen derselben Idee von der pathologischen Furcht durchtränkt sind, mit einer anderen und vollständigen menschlichen Persönlichkeit zu tun zu haben ... Es fällt auf, daß der Mann nach Ansicht des Autors nicht nur ein telepathisches Instrument besitzt, sondern auch ein Hirn, während das perfekte weibliche Wesen eine Begriffsvertauschung ist, reine Möse, von menschlicher Mentalität vollkommen unbefleckt.

Aber warum ist Kate denn jetzt so prüde? Führt der einheitliche liberale Sexualstandard denn nicht auch zur Entpersönlichung über das Bums-und-Lutsch der Orgie? Kate erinnert an eine der altjüngferlichen Geißeln, die früher die letzten Seiten der *New York Times Book Review* tyrannisierten, ja, es scheint, als ob sie sich von Miller mit seiner prächtigen Beschreibung einer Fotze persönlich des Rechts beraubt sähe, einen Geist zu haben. Jawohl – genau wie jeder hart arbeitende Intellektuelle der Fünfzigerjahre schon bei der Andeutung wütend wurde, daß ein paar Schwarze vielleicht stärker genital orientiert sein könnten, als es Freud für die Menschheit allgemein vorgeschrieben hatte, genauso ist Millett jetzt in aller Züchtigkeit entflammt. Vollgepumpt mit Adrenalin für Overkill und fast gelähmt von der Furcht, daß die Frauen vielleicht

doch irgendeine geheime, aber fundamentale Überein-
stimmung mit Millers Lust in sich tragen könnten und
gerade dadurch immer wieder in diese absurden Situationen gerieten, trifft sie niemals den Kern der Sache,
sondern stößt immer wieder in jene gewaltsam kon-
struierte Domäne der Gleichheit vor, in der die Geschlechter – wie sie es ausdrückt – »an sich und von
Natur aus gleich sind, mit Ausnahme der Fortpflanzungsorgane, der sekundären Geschlechtsmerkmale, der
Orgasmus-Kapazität und der genetischen und morpho-
logischen Struktur. Vielleicht das einzige, was sie als
Besonderheit untereinander austauschen können, sind
Samen und Sekrete.« Die liebe Laborantin Kate. Sie ist
eine Technologin, die sämtliche Sümpfe trockenlegt, nur
um dann festzustellen, daß damit das ökologische
Gleichgewicht ruiniert worden ist. Außerdem ist sie
einer von den bis in den Kern totalitären Köpfen, die
hysterisch werden und zu Beschimpfungen Zuflucht nehmen (und am Ende zu Liquidierungen übergehen), wenn
man ihnen zumutet, ihre geistigen Vorstellungen auf
mehr als nur eine einzige Prämisse zu gründen. Der »Fall
Henry Miller« basiert nicht darauf, daß er völlig
unrecht hätte und daß Schwänze und Fotzen weiter
nichts wären als biologische Einzelteile ansonsten gleicher menschlicher Wesen, so daß wir am Ende den
Samen nicht mehr von dem Schleim unterscheiden können, den eine verschnupfte Nase absondert – nein, alles
dreht sich darum, daß Miller recht hat, aber ebenso
auch Ibsens Nora, wenn sie sagt: »Ich habe noch eine
Pflicht, genauso heilig... die Pflicht mir selbst gegenüber... ich glaube, daß ich vor allem anderen ein
menschliches Wesen bin – genau wie Du... oder ich
will wenigstens versuchen, eines zu werden.« Hätten

wir nicht eher dadurch etwas verloren, daß in Millers Romanen niemals eine Figur wie Nora gegen die männlichen Helden gestellt wird? Es ist doch unsere moderne Erfahrung, daß Männer mit allem Verständnis für Sex und Frauenrecht auf Frauen treffen, die dasselbe Verständnis haben, und dennoch geht der Krieg weiter, mit allen möglichen neuen Abwandlungen, die nur der Romancier nach und nach erforschen kann – ist doch der Romancier der einzige Philosoph, der mit Emotionen am äußersten Rande des Wortsystems arbeitet und sich daher weit jenseits aller Wissenschaftler, Doktoren und Psychologen befindet. Sogar – wenn er gut genug ist – jenseits aller seiner Zeitgenossen, die sich mit der Philosophie selbst beschäftigen. Und wenn es leicht ist, sich über ihn lustig zu machen, wenn er wie Miller in die Gefahr kommt, über den Rand des Wortsystems hinauszustolpern, so wissen wir doch auch, daß seine besten und wildesten Ideen zu allererst von literarischen Technologen wie Millett angegriffen werden, weil sie sich am besten dazu eignen, von ideologischen Hackmühlen in Konfetti verwandelt zu werden. Miller, ein doppelter Held – einmal dafür, daß er so spät mit dem Schreiben begonnen hat, und zum anderen deswegen, weil er beim Schreiben keinen Anlaß zu der Hoffnung hatte, daß irgend jemand je seine Bücher veröffentlichen würde – Miller, ein Schriftsteller mit der Individualität eines Riesen, hat sich dennoch in der Einsamkeit seiner dunklen Mitternachtsbegriffe derart zerrieben, daß seine späteren Werke oft zu verdünnten Parodien seiner früheren geraten. Und er hat seine Mondanker schließlich in jenen Gründen fallenlassen, die für uns inzwischen zu den ewiggleichen literarischen Feldern von Fleisch und Fotze geworden sind.

Denn das Verständnis unserer Zeit ist anders. Für Miller sind jene Felder eine Schatzkammer ohne Boden, wir aber haben das Problem der Liebe in unserer Zeit zu lösen. Und so können wir nur noch den Hut lüften vor ihm – wir suchen nach einem Übereinkommen der Geschlechter, während er nach einer antagonistischen Konfrontation verlangt: »Der ewige Kampf mit der Frau verschärft unseren Widerstandswillen, entwickelt unsere Stärke, erweitert den Umkreis unserer kulturellen Errungenschaften.« Ja, er ruft uns zu: »Der Verlust der sexuellen Polarität ist ein wesentlicher Bestandteil eines weit größeren Zerfallsprozesses, er reflektiert den Tod der Seele und fällt zusammen mit dem Verschwinden der großen Männer, der großen Anliegen und der großen Kriege.« Der rammelnde Bock ist von seiner Gratwanderung als Prophet zurückgekehrt, und in seinen Händen hält er die Gesetzestafeln: »Setzt die Frau wieder zurück auf ihren rechtmäßigen Platz!«

Aber die Männer auf ihrem stillen Rückzug lassen den Prophet am Wegrand stehen. Es ist zu spät, sich darüber Gedanken zu machen, ob er recht hat oder nicht. Die Frauen haben eine gewaltige Bresche in die Linien geschlagen, und die einzige Frage ist, wie weit die Männer zurückgehen müssen, ehe sie eine neue Front bilden können. An allen Straßenkreuzungen herrscht Verwirrung. Wird der Weg vielleicht sogar bis zurück zu Lawrence führen?

2

Manchmal neigt der PW zu der Auffassung, daß die Frauen etwa um dieselbe Zeit begannen, den Männern ihren Respekt zu versagen, um die auch die Schwangerschaft ihre Gefährlichkeit verlor. Denn als Dr. Semmelweis einmal den Erreger des Kindbettfiebers entdeckt hatte und die Hebamme am Wochenbett dem Arzt wich, als Anästhesie und Antiseptik, medizinische Geburtshilfe und die schnelle Geburt im Licht von Neon-Röhren an die Stelle von kochendem Wasser, der Lampe am Bett und des dunklen Trommelwirbels endloser Wehen treten konnten, da begann auch die Isolierung der Frauen von der dramatischen Möglichkeit eines tödlichen Ausgangs der Geburt. Und wenn man sich ins Gedächtnis ruft, daß diese Möglichkeit einstmals völlig real war, daß sie einer Frau Grund genug bot, ihren Partner – sei es mit Augen der Liebe, sei es mit Augen des Hasses – als denjenigen zu sehen, der vielleicht einmal die Ursache ihres Todes sein würde, dann kann man sich klarmachen, wieviel Gewicht der Liebesakt dadurch verloren haben muß und wie damit das Ansehen des Mannes geschwunden ist – von einem Wesen, das für die Frau gleichermaßen geheimnisvoll war (konnte es doch in ihr etwas zum Leben erwecken, das möglicherweise zu ihrem eigenen Untergang führte), wurde er zu dem Kerl, der bei Masters und Johnson

Unterricht in der Kunst nimmt, seine Frau zu befriedigen, und der sich mit einer Verbeugung vor dem ihm überlegenen Meister zurückzieht – vor dem Vibrator (welcher, eingedenk all der von den Großfirmen in den Plastikabteilungen sämtlicher Supermärkte konzentrierten Macht, offensichtlich die Virilität hat, bei den Damen auf den im jeweiligen Fall genau richtigen Knopf zu drücken). Aber genug! Zum dritten Mal ist jetzt das Plädoyer vorgetragen worden, und nun kann es zu den Akten gelegt werden. Es ist, wie jede Argumentation, eine Übertreibung. Worauf es viel mehr ankommt, ist Milletts Bemerkung, daß die Geschlechter »an sich und von Natur aus gleich sind, mit Ausnahme der Fortpflanzungsorgane«, usw.

»Liebe Schwester Kate«, würde hier jede beliebige Dame aus vergangenen Jahrhunderten sagen, »die Fortpflanzungsorgane, die machen doch schon mehr als die Hälfte!«, und damit könnte sie recht haben, denn was beeindruckt uns Menschen schon mehr als die Gefahr des eigenen Todes? Aber die Technologie hat, während sie die Herrschaft des Mannes über die Natur begründete, gleichzeitig den Mann der Frau gegenüber reduziert. Milletts Satz ist nicht mehr absurd – er ist weiter nichts als die Zusammenfassung einer Denkweise, die sich zu beweisen bemüht, daß der Unterschied zwischen Männern und Frauen immer übertrieben worden ist. Daß er eigentlich kulturell bedingt ist, durch die Verhältnisse geformt wurde, daß er geprägt wurde von Bedingungen, unter denen menschliche Wesen-mit-Phallus im allgemeinen in einer maskulinen Kultur aufwuchsen, und menschliche Wesen-mit-Vagina in einem femininen Milieu. Die Unterschiede wurden dadurch vergrößert und übertrieben. Noch ehe die Kinder sprechen konnten, wurde ihnen die Trennung zwischen sich und dem anderen Geschlecht eingeprägt, und zwar durch die Art, wie man sie behandelte – ob eher rauh-burschikos oder zart-mädchenhaft: »Na Junge, wie geht's? ... Was für ein süßes kleines Mädchen!«, und in der Sprache, das lernten sie bald kennen, gab es zahllose Kleinigkeiten, die der Bewußtseinsformung dienten – eines mehr maskulinen Bewußtseins für Jungen und eines mehr femininen für Mädchen. (Und wenn man bedenkt, daß die englische Sprache für ihre Hauptwörter keinen männlichen oder weiblichen Artikel hat, dann könnte der Gedanke auftauchen, daß die feministische Bewegung vielleicht deshalb ihren Ursprung in England und Amerika genommen hat, weil in der Sprache dieser beiden Länder die Hilfsmittel für die Beeinflussung in maskuliner oder femininer Richtung nicht so ausgeprägt sind.) Nun, die Kultur hat ganz offensichtlich einen Teil der Polarität zwischen Männern und Frauen geschaffen, genug jedenfalls, um Millett Mut zu diesem Satz zu geben: »Was immer die wahren Unterschiede auch sein mögen – wir werden sie kaum kennenlernen, ehe die Geschlechter nicht anders, das heißt, völlig gleich behandelt werden.« Aber wenn man den Stil der Zeit als Beweis anführen will, dann ähneln die Geschlechter sich schon jetzt immer stärker, denn ob man nun mit einem Phallus ausgerüstet ist oder mit einer Vagina – man kommt in Hosen und mit langen Haaren daher. Und dieser Uni-Sex entwickelt sich schon eine ganze Weile.

Als Student im fortgeschrittenen Semester an der Harvard-Universität nahm ich vor ein paar Jahren an einem Seminar teil, in dem die Aufgabe gestellt wurde, bei zwei Stapeln von Testbögen des klinischen TAT-Tests zu entscheiden, welcher Stapel von Männern stammte und welcher von Frauen. Nur vier von insgesamt zwanzig Studenten identifizierten die Bögen korrekt, und das nach anderthalb Monaten intensiven Studiums der Unterschiede zwischen Mann und Frau. Da dieses Resultat unter der Zufallsgrenze liegt, was heißen soll, daß sich dieses Resultat durch Zufall etwa viermal bei tausend Versuchen wiederholen würde, können wir schließen, daß sich hier endlich eine Folgerichtigkeit ergibt: Studenten urteilen über die Unterschiede zwischen Mann und Frau aufgrund der ihnen vermittelten einschlägigen psychologischen Lehrsätze. Und diese Lehrsätze selbst sind einfach irrig.[38]

Oder ist es vielleicht auch möglich, daß sich die Frauen inzwischen so sehr mit den Werten und Qualitäten identifizieren, die die Kultur den Männern zuschreibt, daß ihre Antworten repräsentativer für das sind, was als männlich und erstrebenswert bezeichnet wird, als die der Männer selbst? Aber gleichzeitig muß der PW auch in Betracht ziehen, daß »die Möglichkeit für Experten mit reicher klinischer Erfahrung, auf der Basis von drei vielfach angewendeten klinischen Projektions-Tests – Rorschach, TAT und MAP – männliche Heterosexuelle von männlichen Homosexuellen zu unterscheiden, *nicht über der Zufallsquote liegt*«. Latente Homosexualität schlägt sich also in den Antworten auf die Testfragen in der gleichen Form nieder wie offene, woraus man schließen könnte, daß, mit psychischem Maß gemessen, die Heterosexuellen bereits genauso homosexuell sind wie die Homosexuellen. Entweder das, oder solche Begriffe wie maskulin und feminin, heterosexuell und homosexuell existieren überhaupt nicht in der Form, wie wir sie verstehen. Wie natürlich also für Millett, von dem Argument, daß Sex nicht so sehr eine Sache der Organe als vielmehr der Geistesverfassung sei, vorzustoßen bis zu einer These, nach der »man wirklich weitergehen und darauf dringen muß, daß jene sozial wünschenswerten Merkmale unter den Angehörigen beider Geschlechter verbreitet werden, die bis jetzt nur auf das eine oder andere Geschlecht beschränkt waren, während gleichzeitig die nutzlosen Eigenschaften der Kampfeslust beziehungsweise übergroßen Passivität bei den Geschlechtern zu eliminieren wären«. Mit dieser Bemerkung öffnet sich das Tor zur Eugenik, und dahinter zeigt sich dann gleich die ganze Apparatur der experimentellen Kontrolle im extra-uterinen Schoß. Man kann den liberalen Technologen ebenso wie den totalitären Linken daran messen, daß der eine wie der andere die soziale Lust zu erkennen gibt, die Menschen zu Einheiten zusammenzufassen – eine Art von zerebraler Leidenschaft, die an die Frühzeit der Bürgerrechte erinnert, als die am allerwenigsten von den Schwarzen verstehenden Liberalen am eifrigsten darauf bestanden, daß die Unterschiede zwischen Negern und Weißen nur auf Umwelteinflüsse zurückzuführen wären. Und es waren die Schwarzen, welche schließlich selbst darauf bestehen mußten, daß »wir schwarz waren, noch ehe wir geboren wurden«[39]. Dennoch lassen sich die Beweise für die Tatsache nicht ignorieren, daß Mann und Frau sich vom biologischen Standpunkt aus viel mehr gleichen, als der Schriftsteller bis jetzt geglaubt hat – während Greer fröhlich erklärt, daß das »Maß der Unterscheidungsmöglichkeit zwischen den Geschlechtern veränderlich ist und von einer kaum erkennbaren Geringfügigkeit bis zu einem so gewaltigen Unterschied gehen kann, daß auch Wissenschaftler in manchen Fällen über lange Zeit hinweg die männliche und weibliche Form einer bestimmten Spezies als vollkommen verschieden klassifizierten, während sie doch in Wirklichkeit zusammengehörten«[40]. Immerhin, und wie man es auch betrachtet – jedes Säugetier, ob männlich oder weiblich, lebt in den ersten Wochen seines embryonalen Daseins im weiblichen Stadium. Was bedeutet, daß wir alle als Frauen angefangen haben. Erst im zweiten Monat verschiebt die Hormoneinwirkung die Entwicklung menschlicher Embryonen mit Y-Chromosomen hinüber auf die männliche Seite:

> Bis zur siebenten Woche weist der Foetus keinerlei sexuell differenzierende Charakteristiken auf, und wenn die geschlechtliche Entwicklung beginnt, folgt sie bei beiden Geschlechtern einem bemerkenswert gleichartigen Muster. Klitoris und Peniskopf gleichen sich am Anfang sehr stark, und bei beiden Geschlechtern bildet sich die Harnröhre als Furche heraus. Bei den männlichen Kindern bildet sich aus der Genitalschwellung das Skrotum, bei den weiblichen die Labia.[40]

Jawohl, die Gleichartigkeit im embryonalen Stadium ist ungemein. Wenn man nämlich die Keimdrüsen eines weiblichen Embryos vor dem Ende der sechsten Woche entfernt, dann entwickelt er sich dennoch zu einem normalen Mädchen und kann normal die Pubertät durchlaufen, wenn man als Ersatz für die dann fehlenden Eierstöcke Hormone spritzt. Wenn man aber, gleichfalls vor Ablauf der ersten sechs Wochen, einem männlichen Embryo die Keimdrüsen herausoperiert, dann entwickelt er sich zu einem weiblichen Kind ...

Es ist niemals empfehlenswert, auf Dingen eine These aufzubauen, über die man von vornherein zu wenig weiß. Wer wird wohl weniger respektiert als der Philosoph, der sein Denksystem auf wissenschaftliche Schlußfolgerungen gründet, die er selbst nicht beurteilen kann! Wie absurd sind zum Beispiel jene Argumente, die die Macht der Männer mit der Erklärung heiligen wollen, der Mann bestimme schließlich das Geschlecht des zukünftigen Kindes, denn sein Sperma enthalte sowohl männliche wie weibliche Chromosomen, und nur entweder die einen oder die anderen könnten das Ei erreichen! Wenn er in solche Argumente verstrickt wird, dann juckt es den Schriftsteller jedesmal, umgekehrt zu argumentieren – die mit solchen Resultaten aufwartenden Wissenschaftler würden ja auch nicht dem weiblichen Ei die Macht zusprechen, vielleicht über die verebbenden Meeresfluten hinweg zu rufen: »Hier, hier, liebes kleines X-Mädchen-Chromosom, komm her zu mir«, oder: »Bleib wo du bist, du ekelhaftes, eitles, geschwollen-egoistisches Y-Mist-Chromosom.« Es scheint dem PW offensichtlich, daß die Geschlechtsbestimmung des zukünftigen Kindes wahrscheinlich ebensosehr von der Frau abhängt wie vom Mann – in der Tat, es ist ganz angenehm, sich vorzustellen, daß sie vielleicht sogar von Kräften hervorgerufen wird, die beim Ficken freiwerden. Aber mit solchen Theorien wird ihm wieder die etwas krampfhafte Einstellung klar, die er gegenüber diesen ultramikroskopischen biologischen Angelegenheiten hat – was vielleicht einer der Gründe für seinen Zynismus gegenüber der absoluten Sicherheit jener Wissenschaftler ist, die unerschütterlich erklären, daß die Geschlechter im embryonalen Zustand tatsächlich so gleichartig sind, wie es den Anschein hat. Und daß wir, von dem einzigen Y- oder X-Chromosom abgesehen, an einem bestimmten Punkt tatsächlich alle gleichen Geschlechtes sind. Gleichzeitig aber kann er sich nicht helfen, er glaubt das doch, er glaubt, daß die Geschlechter ursprünglich eins waren – wenn auch nicht aufgrund des wissenschaftlichen Beweismaterials, welches erdrückkend dürftig ist, sondern aufgrund eines metaphorischen Gefühls, aufgrund der metaphysischen Strömungsrichtung, wenn man das so sagen kann, seines eigenen Denkens. Denn das findet die Annahme ganz vernünftig, daß die primären Eigenschaften des Mannes nur eine Behauptung sind, und damit letztlich eine Isolierung. Daß man sich selbst von der Natur entfremden muß, um ein Mann zu werden, daß man aus der Natur austreten, vielleicht beinahe oder ganz und gar in Opposition zu ihr treten, möglicherweise überhaupt das Instrument einer stärkeren Macht werden muß in jener blinden Bockslust, die alle weiblichen Wesen herabwürdigt und die Frauen zu Fotzen macht, daß es in diesem extremen Sinne ganz und gar nicht natürlich ist, ein Mann zu sein, nicht, wenn man die Stille des ruhigen Meeres als den Grundzustand der Natur betrachtet – daß der Mann ein Geist der Unruhe ist, der weniger männlich wird, wenn er aufhört, sich zu mühen. Und der Phallus ist das perfekte Symbol des Mannes, denn er kann zwar in voller Größe konstitutionell ungeheuer machtvoll sein, aber er ist ebenso konstitutionell bedingt auch jederzeit imstande, den Mann völlig im Stich zu lassen. Und deswegen würde es den Schriftsteller gar nicht überraschen, wenn der biologische Sex im Mutterleib begänne, und zwar genau an dem Punkt, an dem alle Embryonen weiblich sind –

mit Ausnahme des einzelnen Chromosoms mit dem Y. Wer weiß denn schon, welche Dramen der Wahl in den ersten Lebenstagen des Embryos stattfinden, und wer könnte beurteilen, ob die Möglichkeit, männlich zu sein, nicht vielleicht schon in der Macht des gerade entstandenen Embryos liegt, der ja manchmal mit einer Seele gezeugt wird, die zu wählen imstande ist oder sogar einen Missionssinn hat? Wer könnte etwas darüber sagen, ob es dem Embryo so ganz unmöglich ist, aus den Kommunikationswellen des Mutterleibes und der in ihn überströmenden Nährflüssigkeit der Mutter entweder Vertrauen in die Zukunft oder völlige Abscheu zu beziehen und damit zu der gewaltigsten Entscheidung befähigt zu werden, die für das kommende Leben zu treffen ist – der Entscheidung, sich so weit von der Natur zu entfernen, daß er ein Mann wird? Passiert das alles mit einem Streich, ohne daß im Elektronenmikroskop irgendwelche Beweise für die Metamorphose von X zu Y – oder von Y zurück zu X – erkennbar sind? Denn solches Theoretisieren setzt ja letzten Endes genausogut voraus, daß auch eine Entscheidung gegen das Männlich-Werden getroffen werden könnte! Ja, eine derartige Betrachtungsweise beschwört ganze Meere von Wahlmöglichkeiten zwischen männlich und weiblich herauf, so groß und so tief sind diese Meeresgründe, daß ihre Oberfläche beim Mann und ihre Oberfläche bei der Frau (und das soll heißen, der jeweilige Teil ihres Wesens, der auf Tests anspricht) einfach von vornherein dazu tendieren, sich über der Tiefe zu schließen und in jeder, sei es auch einer simulierten Form der Gleichheit ineinander überzugehen, mit der die Zivilisation ihre Gehirne geimpft hat. Denn die Furcht des Zivilisierten vor den Konsequenzen einer zwar verborgenen, aber dennoch gewaltigen Kluft zwischen Mann und Frau ist größer.

Natürlich sind solche Ideen unkontrolliert und wild, und man wird sie betrüblich finden. Aber der Schriftsteller hat einfach eine Aversion gegen die liberale Annahme, daß es gut sei, wenn sich die Geschlechter immer ähnlicher werden: Es überfällt ihn bei diesem Gedanken eine Art von ästhetischer Übelkeit, die ähnlich schleichend und gleichzeitig total ist wie das Gefühl der Bodenlosigkeit, das einen im Flugzeug überkommt, wenn man feststellt, daß die liebe und sanfte Seele auf dem Nebensitz eigentlich nur das Produkt chirurgischer Meisterleistungen ist, die sie am Leben erhalten haben.

Und warum denkt der PW in diesem Augenblick geradezu mit Bewunderung an Millett? Warum denn an die solide Millett neben einem solchen Invaliden und bei einer derartigen Aversion? Es muß die Bewunderung für ihr politisches Genie sein, mit dem sie erfaßt hat, daß jede Technologisierung der Geschlechter in Richtung auf Zwillings-Einheiten für das Leben mit abhängbaren Unter-Einheiten (Kinder!) sich vielleicht immer noch mit dem Werk von D. H. Lawrence auseinandersetzen muß. Natürlich nicht etwa wegen der Kinderliebe – erst in seinem letzten Buch läßt Lawrence eine seiner Romanzen damit enden, daß die Heldin schwanger, still und erfüllt ist. Nein – Lawrences Liebesgeschichten wehen eigentlich mehr daher wie der Wind von den Wuthering Heights, aber nie zuvor hat ein männlicher Schriftsteller so tröstlich über Frauen geschrieben – über Herz, Widerspruch und Seele. Noch nie hat ein Romancier die Frauen so sehr geliebt, ist den Gezeiten ihrer Gefühle so nahe gewesen und hat sie gleichzeitig so bereitwillig der Ermordung ausgeliefert – weshalb sein Werk für sie von ungeheurer Faszination war und ist. Da er letzten Endes auch der sakrale Dichter eines sakralen Aktes ist – denn er glaubt, daß nichts Menschliches so bedeutungsvoll ist wie die zärtliche Majestät eines Mannes und einer Frau, die mit Liebe ficken –, wird er gleichzeitig und zwangsläufig zum übelsten Verräter für die Advokaten eines einheitlichen und alles tolerierenden Sexual-Standards: Die Orgie, die Homosexualität und die unvermeidliche Promiskuität, die mit dem sexuellen Suchen verbunden ist, waren ihm ein Greuel – was sie vielleicht auch für viele junge Leute sein werden, wenn ihnen einmal die Gleichheit der Geschlechter langweilig wird.

In der Tat! Welche auch noch so kampfgehärtete Guerilla-Kriegerin der *Women's Lib* wird wohl keine ganz private Träne vergießen, wenn sie die folgende Passage liest:

> Und wenn du auch in Schottland bist und ich in den Midlands und ich meine Arme nicht um Dich legen kann und nicht meine Beine um Dich schlingen, habe ich doch etwas von Dir. Meine Seele wiegt sich sanft mit Dir in der kleinen Pfingstflamme – wie im Frieden des Fickens. Wir haben eine Flamme ins Sein gefickt. Sogar die Blumen sind ins Sein gefickt von der Sonne und der Erde. Doch das ist eine schwierige Sache und braucht Geduld und die große Pause.
>
> So liebe ich denn jetzt die Keuschheit, weil sie der Friede ist, der dem Ficken entspringt. Ich liebe es, jetzt keusch zu sein. Ich liebe es, wie Schneeglöckchen den Schnee lieben. Ich liebe diese Keuschheit, die die friedvolle Pause unseres Fickens ist und jetzt zwischen uns steht wie ein Schneeglöckchen aus zün-

gelndem, weißem Feuer. Und wenn der wirkliche Frühling kommt und unser Beieinandersein, dann können wir die kleine Flamme zu strahlender, gelber Helle ficken . . .[41]

Jawohl – welche hartgekochte Parteigängerin der *Befreiung* könnte wohl derartige Worte lesen, ohne in Erinnerung an eine bitterlich abgebrochene Liebesbrücke der Vergangenheit für einen Augenblick weich zu werden? Lawrence ist gefährlich. Er ist ein gleichzeitig so diffiziler und so schwer schlagbarer Feind für die Sache der Befreiung, daß man sich, um ihn fertigzumachen, an die Millett persönlich wenden mußte. Und sie geht mit Lawrence vorsichtiger um als mit Miller, sie führt sich weniger auf wie ein literarischer Molotow, ihr Mangel an Respekt vor der korrekten Widergabe von Zitaten ist in seinem Fall mit Vorsicht ummantelt, sie erfüllt sogar ihre Funktion als Kritikerin und gibt uns Fingerzeige hinsichtlich der Bedeutung des Lebens und des Werks von Lawrence – aber sie wird auch doppelt tüchtig, wenn es schließlich darum geht, das eigentliche Beweismaterial zu verstecken. So erhebt sie sich also über die reine Beleidigung und ringt sich zur Ebene eines Abendschul-Winkeladvokaten durch – es ist ungemein wichtig für sie, daß Lawrence der »konterrevolutionäre Sexualpolitiker« bleibt, als den sie ihn definiert. Aber da die Frauen seine Werke sehr gern haben und sich auch an sie erinnern, muß sie ihre Beweise mehr oder weniger fair zusammenstellen und sich darauf beschränken, hier und da kleine Verschiebungen vorzunehmen, muß es mit kurzen Auslassungen beim Zitieren und dem Unterdrücken gelegentlicher Widersprüche genug sein lassen – kurz, sie muß ihr Beweismaterial zusammenhalten, um das Gericht wenigstens noch ein kleines Weilchen länger an der Nase herumführen zu können. Aber da sie andererseits auch eine Menge tatsächlicher Beweise vorbringen kann, wird auch die Verteidigung mit äußerster Sorgfalt vorgehen müssen, um sich ihr gegenüber durchzusetzen. Denn Lawrence läßt sich durch seine eigenen Reden und Worte jederzeit als konterrevolutionärer Sexualpolitiker interpretieren. Es gibt dafür eine Unmenge von Beweisen – in seinen schlechtesten Büchern. In den schlechten wie in den guten gibt es darüber hinaus auch unzweifelhafte Tendenzen in Richtung auf eine absolute Herrschaft des Mannes über die Frau, dazu eine mystische Verehrung des männlichen Willens und eine Verachtung der Demokratie. Mitten in seinem Werk erstreckt sich ein Gebiet, nämlich die weitgehend ungelesenen Wüsten von *Aaron's Rod* und *Kangaroo*, wo man das Gefühl hat, daß er wahrscheinlich gerade zur rechten Zeit starb. Denn er hätte sonst leicht um die Zeit von Hitlers Aufstieg zum literarischen Berater des englischen Faschistenführers Oswald Mosley werden können, man spürt geradezu die kommende Anziehungskraft des Faschismus, wie bei Pound und Wyndham Lewis. Über dem Pakt zwischen der Industrie-Demokratie und der Technologie lag schon der Tod der Natur in der Luft. Wer konnte damals wissen, daß die Ehe zwischen Faschismus und Technologie noch schlimmer werden und diesen Tod erheblich beschleunigen würde? Dennoch wäre es oberflächlich, Lawrence eine derartige Entwicklung so einfach anzudichten. Er war vielleicht ein großer Schriftsteller, sicherlich hatte er seine Fehler – er klebte mit seiner Sprache schrecklich am Boden, wenn erst einmal die Kanäle der Erfahrung austrockneten, er wurde unerträglich schulmeisterlich, war eine verdrehte Type und in seinen schlimmsten Momenten ein harmloser Meckerer. An allen Stellen, an denen er andeutet, daß Männer dem Willen anderer und stärkerer Männer folgen sollten, dem Willen reinerer Männer, die irgendwie ihm selbst gleichen – da wird er pathetisch, und man spürt in seiner Launenhaftigkeit, seinen verzogenen Gesten und seiner ungeduldigen Verachtung gegenüber dem, was er nicht intellektuell beherrschen kann, daß er eigentlich ein total verwöhntes Muttersöhnchen ist, das keine zwei Infanteristen dazu bringen könnte, ihm zu gehorchen. Aber dennoch war er ein großer Schriftsteller, denn in seinem Innern barg er einen glühenden Kessel brodelnder Gegensätze: Auf der einen Seite war er ein Westentaschen-Hitler, und auf der anderen hatte er ein gesegnetes Herz voller zärtlicher Liebe, er wußte, was es bedeutete, eine Frau von den Haarspitzen bis zu den Zehen zu lieben, er lebte selbst mit der Empfindsamkeit einer Frau, die in zärtlicher Liebe erglüht. Und all diese unvereinbaren Eigenschaften, die für sich selbst schon genügt hätten, einen weniger außerordentlichen Mann zu zerbrechen, wurden durch seine intellektuellen Ambitionen, auch noch die europäische Zivilisation umzustürzen, als Bürde noch ins Quadrat erhoben. Seine Themen waren gewaltig – in *The Plumed Serpent (Die gefiederte Schlange)* versuchte er sogar, die Grundlagen einer neuen Religion zu umreißen, die auf der Tugend des Phallus und auf der Unterordnung der Frau unter die Weisheit dieses Prinzips basieren sollte. Aber gleichzeitig war er auch der Sohn eines Bergarbeiters, er stammte von harten, praktischen und engstirnigen Eltern ab, deren Familien wohl bis auf die Druiden zurückgehen mochten, denen aber wer weiß wie viele Jahrhunderte die reduzierende Weisheit von Mark und Pfennig in die Gene gehämmert hatten. Und so war ein Teil von Lawrence einem kleinen Tabakhändler aus den englischen Midlands zu vergleichen, der den Rauch wilder Ideen einatmete – Vorstellungen, dessen können wir sicher sein, die vom Rand eines jeden Wortsystems herunterpurzelten – und der dann einen irritierten Husten herausstieß, wenn er vor den direkten, verknoteten und verästelten Widersprüchen stand, als die sich diese Ideen darboten, sobald sie durch Menschen verkörpert wurden. Denn obwohl wir spüren können, wie sehr er von dem diktatorischen Druck beherrscht wird, jedem Idioten seine Gefühle in den Schlund zu stopfen, so vergißt er doch niemals, daß er Romane schreibt, und deshalb kann er seine Ideen niemals einfach triumphieren lassen – sie müssen geprüft, erhitzt, geschmiedet und auf dem Amboß seines profunden britischen Skeptizismus schließlich bis zur Formlosigkeit zerhämmert werden. Für seine Romanfiguren läßt er seine eigenen Ideen nicht gelten – nicht von Anfang an jedenfalls, und am Ende scheint dann überhaupt alles in ihnen verbraucht zu sein. Kate Leslie, die Heldin der *Plumed Serpent*, eine stolze, kultivierte irische Dame, verliebt sich in einen der mexikanischen Führer einer neuen Partei, eines neuen Glaubens, eines neuen Rituals; sie gibt sich der neuen Religion hin, glaubt an ihre eigene Hingabe und Unterordnung – aber schließlich doch nicht ganz! Am Ende ist sie immer noch der Zwiespältigkeit des europäischen Geistes verbunden. Lilly, der Held in *Aaron's Rod*, predigt schließlich »tiefe, unauslotbare Unterordnung unter die heroische Seele eines größeren Mannes«, und dieser Mann ist Lilly selbst – aber er ist eigentlich eher eine kleine, magere und sogar etwas lächerliche Figur. Ein stärkerer Mann zum Beispiel schlägt ihn vor seiner eigenen Frau, und ihm bleibt nichts, als wieder zu Atem zu kommen und so zu tun, als hätte er nichts gespürt. Er ist eine kleine, harte Nuß mit einem Kern aus zusammengeballten Widersprüchen, wie auch Lawrence selbst, und die Größe seiner Ideen erscheint zwischen den angesplitterten Nußschalen lächerlich. Aber Lawrence wollte nicht nur totalitäre Theoreme unter die Leute bringen, es gab auch welche, die er zerstören wollte. Wir können an seinem literarischen Lebenslauf ablesen, wie er von der Bewunderung seiner Mutter in *Sons and Lovers (Söhne und Liebhaber)* und einer fast buchstäblichen Anbetung des Schoßes in *The Rainbow (Der Regenbogen)* in seinen späteren Werken zu einer Verehrung des Phallus und des männlichen Willens übergeht. Und man kann hier sogar Millett im guten Sinne zitieren, denn ihre Kritik in diesem Falle ist fast objektiv – was heißen soll, daß sie den Thesen der Verteidigung nicht völlig widerspricht:

Aaron's Rod, Kangaroo und *Die gefiederte Schlange* sind wenig gelesene Romane, und vielleicht ist das auch berechtigt. Ihr Ton ist zweifellos schrill. Die Bücher sind unangenehm. Vor allem fällt ein heiser geschriener protofaschistischer Ton auf, eine zunehmende Freude an der Gewalt, eine persönliche Arroganz und unzählige abergläubische Beispiele für Rassenhaß, Klassenwesen und Bigotterie. In diesen Romanen zeigt sich offen, wie sehr Lawrence den Triumph der »Männerwelt« der öffentlichen Politik, des Krieges, der Priesterkaste, der Kunst und des Finanzwesens anstrebte. Auf *Lady Chatterley* oder die frühen Romane blickend, setzt der Leser den

Schriftsteller Lawrence oft mit der persönlichen Welt gleich, die den Romancier im allgemeinen beschäftigt und die sich um die Beziehungen zwischen Mann und Frau dreht. Denn ob Lawrence nun einen Mann mit Wirkung auf Frauen oder einen Mann unter Männern spielt, er agiert fast immer vor einem Publikum von Frauen, die ihn nur schwer mit der männlichen Autorität im öffentlichen Leben in Verbindung bringen können. Aber nachdem er mit *Women in Love (Liebende Frauen)* das Problem der Beherrschung der Frau gelöst hatte – beziehungsweise eben nicht –, wurde er ehrgeiziger. Überallhin nahm er seine Sexualpolitik mit, und mit erstaunlicher Beharrlichkeit machte er sie zur Grundlage all seiner anderen gesellschaftlichen und politischen Glaubenseinstellungen.

Das ist, im großen und ganzen, zwar eine faire Analyse, aber sie versäumt es, dabei auch den Heroismus zu betonen, der hinter dieser Entwicklung liegt und der darin besteht, daß Lawrence es schließlich fertigbrachte, auf seinen Machtanspruch in der Männerwelt zu verzichten und nach aller Bitternis und Verzweiflung wieder dorthin zurückzukehren, wo er angefangen hatte, wieder bei seiner ersten Erkenntnis anzulangen, daß nur die körperliche Liebe zwischen Mann und Frau, soweit sie von der Zivilisation nicht beschmutzt ist, zu unser aller Rettung werden kann. Eine andere Möglichkeit gibt es nicht. An sich hatte Lawrence niemals aufgehört, das zu glauben – er hatte nur zwischendurch die Hoffnung verloren, daß es jemals verwirklicht werden könnte.

Milletts kritisches Vergehen besteht darin, daß sie die Pilgerschaft verbirgt, daß sie das Leben versteckt und daß sie jene emotionelle Odyssee verdeckt, die Lawrence von der Anbetung der Frau zu nackter Mordlust an ihr geführt hat – und dann wieder zurück zur Bewunderung ihrer Schönheit, sogar ihrer Schönheit als Gebärender. Millett vermeidet die Sympathie, die dadurch in ihren weiblichen Lesern erzeugt werden könnte (denn kein toter Geliebter wird letztlich mehr betrauert als der, welcher einst nach einer Periode der Zurückgezogenheit wieder zum aufmerksamen Liebhaber geworden ist!). Ja, mit Hilfe von zwei einfachen taktischen Winkelzügen vermeidet Millett dieses gewaltige Potential an Sympathie: Zunächst einmal behandelt sie Lawrences letztes Buch zu allererst, was ihr ermöglicht, ihr sehr langes Kapitel über Lawrence mit einer Analyse von *The Woman Who Rode Away (Die Frau, die davonritt)* abzuschließen. Da diese wohl wildeste Erzählung Lawrences mit der rituellen Opferung einer Frau durch Eingeborene endet, kann Millett das Kapitel über Lawrence nun mit der folgenden Bemerkung beenden: » . . . Daß Sexualität in Schlachten pervertiert wurde und daß diese Geschichte Maskierung und Leugnung der Sexualität bedeutet, ist wahrscheinlich der Grund für ihre monströse und wahnwitzige Atmosphäre.« Nicht jede Leserin wird sich dabei erinnern, daß Lawrence mit diesem Buch sein Blut von der Mordlust befreite und nun daranging, *Lady Chatterley* zu schreiben. Aber Millett ist natürlich auch nicht an der Dialektik interessiert, mit der sich Schriftsteller ihre Themen selbst abringen. Sie möchte diesen Prozeß viel lieber verbergen, und so wählt sie als zweite Methode, all das zu unterdrücken, was Lawrence uns heute noch über Männer und Frauen zu sagen hat, daß sie die Komplexität seines Gehirns zu fauchenden Maximen auseinanderzerrt, daß sie seine schlimmsten Seiten nimmt und die noch schlimmer macht, und daß sie seine besten Seiten nimmt, um sie mit der Zickzackschere zu bearbeiten. Als wahrer literarischer Mafia-Megäre geht es der Millett nur ums Punktesammeln – und sei es mit Gewalt. Wenn sie einen Punkt einmal nicht stehlen kann, dann erfindet sie wenigstens einen halben selbst. Es wimmelt von Beispielen dafür, aber dazu muß man Lawrence im Zusammenhang zitieren, denn jede Verteidigung seines Werks muß sich natürlich auf wenigstens ein paar zusammenhängende Zeilen stützen – die im übrigen ja auch nicht so mühsam zu lesen sind. Außerdem kann man die üblichen literarischen Methoden der Staatsanwältin am besten dadurch deutlich machen, daß man zunächst sie selbst zitiert und damit jedermann die Möglichkeit gibt, zu erkennen, wie wenig sie zeigt und wie viel sie bei dem Versuch, mit allen Mitteln eine Verurteilung zu erreichen, einfach ignoriert:

»Legen Sie sich hin«, befiehlt er, und sie folgt ›eigenartig gehorsam‹. (Nie verwendet Lawrence das Wort ›weiblich‹ im Roman, ohne ihm die Adjektive ›eigenartig‹ oder ›seltsam‹ voranzustellen.) Wahrscheinlich will er den Leser dadurch überzeugen, daß die Frau eine vorgeschichtliche, vage Gestalt ist, die aus einem Urinstinkt heraus handelt. Mellors gewährt ihr einen Kuß auf den Nabel und geht dann zur Tagesordnung über: »Und er mußte sogleich zu ihr kommen, eingehen in den irdischen Frieden ihres weichen, stillen Leibes. Es war ein Augenblick reinen Friedens für ihn, dieses Eindringen in den Leib einer Frau.

Sie lag still wie im Schlaf, die ganze Zeit wie im

Schlaf. Tätig war nur er, der Orgasmus gehörte ihm, nur ihm. Sie vermochte nicht länger für sich darum zu ringen.«

Und hier folgt der Absatz, aus dem Millett ihre Zitate herausgezogen hat:

»Legen Sie sich hin«, sagte er weich, und er schloß die Tür, so daß es dunkel war, ganz dunkel.

Mit seltsamem Gehorsam legte sie sich auf die Decke nieder. Und dann spürte sie, wie die sanfte, streichelnde, hilflos sehnsüchtige Hand ihren Körper berührte, nach ihrem Gesicht tastete. Weich streichelte die Hand ihr Gesicht, weich und unendlich lindernd und vertrauenerweckend, und dann spürte sie die sanfte Berührung eines Kusses auf ihrer Wange. Sie lag ganz still, wie in einem Schlaf, einem Traum. Dann erschauerte sie: sie fühlte, wie seine Hand sanft, doch mit seltsam widerstrebender Unbeholfenheit über ihr Kleid tastete. Aber die Hand wußte, wie sie die Kleider lösen könne, wo immer sie wollte. Langsam, behutsam zog er die dünne seidene Hülle herab, ganz herab, und streifte sie ihr über die Füße. Und mit einem Schauer unvergleichlichen Genusses berührte er den warmen, weichen Leib und streifte ihren Nabel in einem hingehauchten Kuß. Und er mußte zugleich zu ihr kommen, eingehen in den irdischen Frieden ihres weichen, stillen Leibes. Es war ein Augenblick reinen Friedens für ihn, dieses Eindringen in den Leib einer Frau.

Sie lag still, wie im Schlaf, die ganze Zeit wie im Schlaf. Tätig war nur er, der Orgasmus gehörte ihm, nur ihm. Sie vermochte nicht länger für sich darum zu ringen. Selbst die fest sie umspannenden Arme, selbst die heftige Bewegung seines Leibes und seinen quellenden Samen in ihr empfand sie wie in einem Schlaf, aus dem sie nicht eher erwachte, als bis er geendet hatte und leise keuchend an ihrer Brust lag.

Dies ist ein bescheidenes Beispiel, aber es ist ja auch ein bescheidener Liebesakt, und Constance Chatterley ist erschöpft von den unzähligen Toden der Welt, die sie in sich trägt – aber später lieben sich die beiden noch auf ganz andere Art, und die Staatsanwältin wird Gelegenheit finden, noch wütender zu werden. Immerhin mag diese Gegenüberstellung als Beispiel dafür dienen, wie sich der Tonfall der Lawrenceschen Prosa mit der Säure unpassender Bemerkungen vergiften läßt. »Mellors gewährt ihr einen Kuß auf den Nabel und geht dann zur Tagesordnung über.« Nun, geh du doch mal so zur Tagesordnung über, Genossin Millett!

Aber für eine Pause ist jetzt kaum Zeit. Wir wollen uns noch ein Beweisstück betrachten. Die Zeilen auf dem Tisch der Staatsanwältin stammen aus *Women in Love:*

Birkin erklärt Ursula, daß er sie nicht liebt, da er über die Liebe hinaus »etwas viel Unpersönlicheres, Härteres« will. Er macht ihr klar: »Frauen gesehen habe ich übergenug und habe es gründlich satt. Ich will eine Frau, die ich nicht sehe« ... »von ihrem hübschen Gesicht, ihrem Frauengemüt und ihren Gedanken, Ansichten und Ideen will ich nichts ...« Dieses »neue« Verhältnis, das in Lawrences Privatausdrucksweise die Bejahung eines unbewußten, sexuellen Urwesens darstellt, bedeutet für die Frau in Wirklichkeit aber nichts anderes als einen Verzicht auf eigene Persönlichkeit.

Vielleicht auch einen Verzicht auf Persönlichkeit von seiten Lawrences? Man sehe sich an, wie unser literarischer Polit-Kommissar die Stärke des Lawrenceschen Stils dadurch zunichte macht, daß sie uns die Bekanntschaft mit seiner Sensibilität, mit der Atmosphäre seiner Sinne verweigert. Denn Lawrence erspürt jedes stille Zittern des Äthers, spürt das rasche Zurückziehen einer Stimmung, die Wucht des Gedankens, der ausgesprochen werden soll, der dann ungesagt bleibt und schließlich doch herauskommt. Aber man kann seine Bemerkungen eben nicht einfach aus ihren Umrahmungen heraushacken. Ein Apfel mit angequetschten Stellen am Fuße eines Baumes ist nun mal eine völlig andere Realität als derselbe angequetschte Apfel in einem Kühlschrank.

Dann schwiegen sie eine Weile.

»Nein«, sagte er, »so nicht. Nur, wenn wir überhaupt miteinander umgehen wollen, müssen wir uns für alle Zeit binden. Jede Beziehung zwischen uns, und wenn es auch nur Freundschaft wäre, muß etwas Entscheidendes haben, das nie versagt.« Seine Stimme hatte einen Unterton von Mißtrauen, fast von Unmut. Sie gab keine Antwort. Das Herz tat ihr zu weh. Sie hätte nicht sprechen können.

Als er sah, daß sie nicht antwortete, fuhr er beinahe bitter fort und ließ den Schleier fallen: »Liebe ist es nicht, was ich zu geben habe; ich will auch keine Liebe. Etwas viel Unpersönlicheres, Härteres – und Selteneres.«

Sie schwieg und sagte dann: »Sie wollen damit sagen, Sie lieben mich nicht?« Es wurde ihr grausam schwer, die Worte über die Lippen zu bringen.

»Nun ja, wenn Sie es gern so ausgedrückt haben wollen. Das heißt, vielleicht ist das gar nicht wahr. Ich weiß nicht. Jedenfalls ist das Gefühl, das ich für Sie habe, keine Liebe – nein, und das soll es auch nicht sein. Weil Liebe zuallerletzt versagt.«

Wie anders klingt das doch, als »über die Liebe hinaus etwas viel Unpersönlicheres, Härteres« zu wollen, wie sehr stellt sich im Gegenteil der Eindruck ein, daß die beiden einander lieben:

»Ja, wenn es keine Liebe gibt, was gibt es dann überhaupt?« Es klang beinahe wie Scherz. – »Etwas.« Er sah sie an und rang bis zum Äußersten mit seiner Seele. – »Was denn?« Er schwieg lange, er konnte nicht mit ihr reden, wenn sie ihm so widerstand.

»Es gibt«, sagte er dann im Ton reinen Philosophierens, »ein tiefstes Ich, das lauter und unpersönlich ist und jenseits aller Verantwortung. So haben auch Sie Ihr tiefstes Ich. Und in dieser Tiefe möchte ich Ihnen begegnen – nicht da, wo das Gefühl, wo die Liebe wohnt –, sondern tiefer noch, wo es keine Worte und keine Verständigung mehr gibt. Da kennen wir einander nicht, da sind wir zwei, jedes unbeugsam in sich selbst, zwei Fremde, und da will ich zu Ihnen kommen und möchte, Sie kämen zu mir. Da gäbe es keine Verpflichtung, weil kein Maßstab ist für das, was wir tun, auf den Gefilden hat noch keiner ein Verstehen geerntet. Ganz unmenschlich ist dort alles – und so kann keiner zur Rechenschaft gezogen werden, in keiner Form –, denn dort sind wir jenseits der Grenze von allem, was unter Menschen gilt, und nichts gilt, wovon Menschen wissen. Dort können wir nicht anders, als im Impuls gehorsam nach dem greifen, was vor uns liegt, und sind für nichts verantwortlich: nichts wird von uns verlangt, wir geben nichts, sondern nehmen nur, ein jeder nach dem unmittelbaren Bedürfnis seines Wesens.«

Ursula hörte seine Rede, und ihr Gemüt blieb stumm und beinah unberührt, so unerwartet und unfaßlich waren seine Worte.

»Das ist reine Selbstsucht«, sagte sie. – »Rein, ja. Aber Selbstsucht ganz und gar nicht. Ich weiß ja doch nicht, was ich von Ihnen will. Wenn ich zu Ihnen komme, liefere ich mich dem Unbekannten aus, ohne Rückhalt und ohne Schutz, nackt und bloß. Nur das eine muß sicher zwischen uns sein, daß wir beide alles abwerfen wollen, ja unser Ich abwerfen und untergehen, damit das, was wir in Wahrheit sind, sich in uns vollziehen kann.«

Wie wir sehr bald sehen werden, geht Lawrence noch weiter und gelangt schließlich zu dem Glauben, daß eine Frau sich unterwerfen muß – eine das Blut in höchstem Maße bereichernde Unterwerfung ist das, darauf kann man wetten –, aber das Buch, in dem sich diese Unterwerfung schließlich vollzieht, ist *The Plumed Serpent*, wo Kate Leslie ihre tiefsten Sex-Erlebnisse mit einem Mann hat, der darauf besteht, für sie ein Fremder und ein Indianer zu bleiben. Und als Moral schält sich am Ende heraus, daß er sie schließlich doch will, daß er Kate Leslie ebenso tief begehrt wie sie ihn. Lawrences Hauptargument, und er entwickelt es immer und immer wieder, besagt, daß man die Botschaften des Geschlechts nicht hören kann, wenn man sich nur am Ufer aufstellt und erklärt, man habe sich verliebt, und wenn man dann in den Gewässern der Liebe mit einem Brotkörbchen voller Ego herumfischt. Nein, sagt Lawrence wieder und wieder, die Menschen können in der Liebe nur gewinnen, wenn sie bereit sind, alles an Ego zu verlieren, was sie mitgebracht haben, alles, Position oder Identität – die Liebe ist härter als der Krieg, und Männer wie Frauen können nur über-leben, wenn sie die Tiefen ihres eigenen Geschlechts in sich selbst erreichen können. Sie müssen sich »dem Unbekannten ausliefern«. Es gibt keine existentiellere Erklärung der Liebe, denn dieser Satz drückt aus, daß wir nicht wissen können, was aus der Liebe werden wird. Aber welche Neuigkeit könnte für den Techno-logen übler sein? Und so beschuldigt Millett denn D. H. Lawrence endlos der Vertretung einer patriarcha-lischen, vom Mann beherrschten Sexualität. Aber die Herrschaft des Mannes über die Frau war für Lawrence und die Entwicklung seiner Ideen nur eine Station am Wege – was er am Anfang zu sagen beginnt und was er dann wieder ganz am Schluß sagt, dreht sich darum, daß die Sexualität heilen kann, daß sie das einzige Mit-tel für die Heilung ist, während alle anderen Medizi-nen zum lungenzerfressenden Rauch der Fabriken gehören und nicht helfen, sondern Gift sind. Aber die Sexualität kann nur heilen, wenn man »ohne Rückhalt und ohne Schutz« ist. Und so erhalten Männer und Frauen, was sie umeinander verdient haben. Da jedoch die *Women's Lib* ohne Zweifel mit dem klaren Pro-blem ringt, der modernen Frau ein vollwertiges, hartes, tüchtiges Ego zu geben, können diese Lawrenceschen Ideen für sie nichts anderes sein als ein Hindernis auf dem Wege.

Dennoch ist es schmerzlich, wenn man nicht um den Gedanken herumkommt, daß die Männer zwar immer schneller ihren Sinn für *Fair Play* verlieren, die Frauen jedoch – wenn man Millett als Modell für ihr Geschlecht nehmen kann – diesen Sinn anscheinend von vornherein überhaupt nicht haben. Vielleicht ist Millett gar nicht so sehr ein Molotow, sondern eher ein

Wyschinsky. Wie übel ist doch das Beweisstück, das wir jetzt vorlegen müssen!

Dabei geht es der passiven Connie noch wesentlich besser als der Heldin aus der *Gefiederten Schlange*. Don Cipriano, ein Held ganz nach Lawrences Geschmack, zieht sich bewußt und in berechneter und sadistischer Lustverweigerung aus dieser Frau zurück, sobald sie dem Orgasmus nahe ist: »Wenn in ihrer Liebe die glühende, elektrische, weibliche Ekstase sie wieder befiel, wich er ihr aus... Ein dunkler und starker Instinkt ließ ihn sich von ihr zurückziehen, sobald diese Lust in ihr erwachte... Sie merkte, daß ihm das widerlich war.«

Der Absatz in seiner vollständigen Fassung dürfte für jedes Schwurgericht interessant sein, das vielleicht noch weitere Beweise für oder gegen den Klitoris-Orgasmus benötigt:

Sie stellte fast mit Verwunderung fest, daß die Aphrodite des Schaumes in ihr tot war: Die glühende, reibende, ekstatische Aphrodite. Ein dunkler und rascher Instinkt ließ Cipriano sich von diesem Teil ihrer selbst zurückziehen. Wenn sie in ihrer Liebe wieder die glühende, elektrische, weibliche Ekstase mit ihren Zuckungen des Deliriums befiel, dann wich er ihr aus. Es war dies, was sie früher ihre »Befriedigung« genannt hatte. Sie hatte Joachim dafür geliebt, daß er ihr wieder, wieder und wieder in Zuckungen, die sie laut aufschreien ließen, diese orgiastische »Befriedigung« hatte geben können.

Aber nicht so Cipriano. Ein dunkler und starker Instinkt ließ ihn sich von ihr zurückziehen, sobald diese Lust in ihr erwachte, diese Lust auf die weiße Ekstase der reibenden Befriedigung, auf die Geburtswehen der Aphrodite des Schaums. Sie merkte, daß ihm das widerlich war. Er entfernte sich einfach, dunkel und unabänderlich, zog sich von ihr zurück.

Und sie, während sie dalag, erkannte mit einem Mal die Wertlosigkeit dieses schaumigen Sprudelns, und wie merkwürdig äußerlich es doch für sie war. Es schien von außen zu ihr zu kommen, nicht von innen. Und direkt nach dem ersten Augenblick der Enttäuschung darüber, daß diese Art von »Befriedigung« ihr verwehrt wurde, überkam sie das Bewußtsein, daß sie sie auch gar nicht wirklich wollte, daß sie ihr unangenehm war.

Und er, in seiner dunklen, heißen Stille, brachte sie dann zurück in das neue, schwere, weiche, heiße Fließen, in dem sie wie ein Brunnen war, der lautlos und mit drängender Weichheit aus der vulkanischen Tiefe emporsprudelt. Dann war sie ihm geöffnet, weich und heiß, und dennoch sprudelnd mit einer lautlosen, weichen Macht. Und es gab nichts, was einer bewußten »Befriedigung« glich. Was geschah, war dunkel und unausdrückbar. War ganz anders als die Reibung, die sich in Kreisen von phosphoreszierender Ekstase ausbreitet bis hin zu dem letzten wilden Zucken, das den unfreiwilligen Schrei hervorstößt wie einen Todesschrei, wie den letzten Ruf der Liebe. Das alles hatte sie erfahren, und hatte es bis zum Ende erfahren – durch Joachim. Und jetzt war ihr auch das genommen. Was sie mit Cipriano erlebte, war auf seltsame Weise jenseits ihrer Erkenntnismöglichkeit: so tief, so heiß und so strömend, als wäre es unterirdisch. Sie mußte davor einfach nachgeben. Sie konnte es einfach nicht zu einem letzten Zucken weißer Ekstase zusammenraffen, das dem puren Wissen geglichen hätte. Und so wie es im Liebesakt war, so war es auch mit ihm. Sie konnte ihn einfach nicht kennen. Wenn sie es versuchte, dann wurde irgend etwas in ihr kraftlos, und sie mußte aufgeben. Sie mußte es einfach sein lassen. Sie mußte ihn dort lassen, wo er war, dunkel und heiß und potent, zusammen mit den Dingen, die *sind*, die man aber nicht kennt. Die Gegenwart. Und der Fremde. Das war er immer für sie.

Ja, Sex ist die Gegenwart der Gnade und die Aufnahme des Fremden in das eigene Ich. Das ist die einzige Medizin für die Blässe des Willens. Und das predigte Lawrence immer wieder, aber er war gleichzeitig ein gequälter Mann. Hätte Millett im Interesse von *Women's Lib* nur auf die leichtestmögliche Weise um ihn herumkommen wollen, dann hätte sie ihm besser ein Denkmal gebaut und über seine Werke hinweg eine Brücke gelegt, als auf den bösartigen Plan zu verfallen, ihn durch hurenhaftes Zitieren vielleicht für immer zu begraben. Denn Lawrence ist eine Quelle der Inspiration, obwohl nicht viele mehr tun können, als ihn nur im Vorübergehen zu respektieren (so wie vielleicht ein sowjetischer Beamter rasch einmal in eine orthodoxe Kirche huscht – nur um den Weihrauch zu riechen). Die Welt ist in den vierzig Jahren seit seinem Tode technologisiert und wieder technologisiert worden, und auch ihre Bürger sind der Technologie verfallen. Wer wird schon jetzt noch gehen und nach dem »neuen, schweren, weichen, heißen Fließen« suchen, oder nach der »drängenden Weichheit aus der vulkanischen Tiefe«, wenn die Luft der Städte nach Lava riecht und die Stimmung auf den Straßen an umgestülptes Gedärm erinnert? Was Lawrence verlangte, das war schon für ihn selbst zu schwer – wieviel schwerer ist es dann erst für uns! Sein Leben war – ja, es war eine Folter, und wir können uns nur in Ehrfurcht zurückziehen, denn wer weiß, wie hell wir selbst noch erscheinen würden, wenn wir im Glanze eines solchen Lichtes bestehen müßten!

Und dabei war er vielleicht ein noch wundervollerer Mann, als wir es uns vorstellen können, und es lohnt sich der Versuch, die Logik seines Lebens zu verstehen. Denn er hat wie sonst kein Schriftsteller die Leidenschaft des Mann-Seins erhellt, er bringt uns die Schönheit ins Bewußtsein, die in dem Wunsch liegt, ein Mann sein zu wollen. Er selbst hatte nicht so sehr viel Männliches an sich – als Sohn von seinem Vater verabscheut und von seiner Mutter geliebt, wuchs er heran zu einem frühzeitig alternden Schriftsteller mit der Seele einer schönen Frau. Es gibt keinen anderen Mann, der so gut über Frauen zu schreiben versteht – und, in der Tat, wohl auch keine Frau! Es ist sinnlos, wenn Millett jetzt erklärt, daß hier ja doch nur wieder ein Mann den anderen für seine Fähigkeit lobt, die Frauen zu verstehen – was für eine eitle und aufgeblasene Anmaßung, wird sie höhnen, aber derartige Worte sind weiter nichts als das Muhen einer stumpfen Kuh. Es liegt ein festes Vertrauen darin, daß Lawrences Sätze einen Klang haben, der vielleicht ein Echo jener großen Glocke ist, die jedes Mal ihre Stimme erheben mag, wenn sich das literarische Wunder ereignet und ein Schriftsteller Worte aufzeichnet, die mit jener Ahnung von Friede und Ebenmäßigkeit vibrieren, welche man Wahrheit nennen möchte. Wer jedoch glaubt, ein solcher Sprung über die Kluft sei nicht möglich, wer sagt, ein Mann könne nicht über die Seele einer Frau schreiben, oder ein Weißer nicht über die Schwarzen, der hat von vornherein keinen Glauben an die Literatur. Und deshalb: Jawohl, Lawrence verstand die Frauen, wie sie noch nie jemand zuvor verstanden hat, er verstand sie mit der gepeinigten Fieberhaftigkeit eines Mannes, der selbst die Seele einer schönen, gebieterischen und leidenschaftlichen Frau besitzt, während er in einen mittelmäßigen männlichen Körper eingesperrt ist, physisch nicht besonders stark, einigermaßen gut aussehend – ein angenehmer, wenn auch etwas schäbig wirkender Mann, ganz bestimmt kein kraftvoller Adonis. Welch ein Alptraum, diese Seele im Gleichgewicht zu halten! Den Mann in sich selbst zu nehmen, diesen Mann, der von früher Jugend an auf die Suche nach einer fundamentalen Gemeinschaft mit Frauen ausgerichtet war, diesen Mann, der fast ganz von seiner Beziehung zu Frauen abhing, und mit ihm den Versuch zu machen, hinaus in die Welt der Männer zu gehen, und diese Welt sogar zu beherrschen, um das Gleichgewicht der eigenen Seele zu finden! Sein Geist war beherrscht von jenem fast unerträglichen maskulinen Zwang zum Befehlen, welcher sich in Söhnen entwickelt, die von ihren Müttern auf ungeheuerliche Weise geliebt werden. Denn einer Frau auf gleich und gleich gegenüberzustehen, im Alter von zwölf Jahren oder auch von sechs – wann immer in der frühen Jugend das Gleichgewicht zwischen dem Willen der Mutter und dem Willen des Sohnes erreicht wird –, und starke Liebe gegen starke Liebe setzen zu können, das ist fast eine Garantie für die Entwicklung eines zukünftigen Tyrannen. Denn das Gefühl dafür, wo die eigene innere Gesundheit liegt, ist in diesen frühen Jahren des Gleichgewichts entstanden, und es läßt sich in den Jahren der Reife nicht leicht durch etwas anderes ersetzen. Denn was könnte dann wohl stark genug sein, um einem Mann als Gegengewicht zu dienen, der bereits im Alter von acht Jahren in gefühlsbetontem Selbstvertrauen einer starken Frau gewachsen war? Hitlers entwickeln sich aus einem solchen Gleichgewicht, das aus dem Mangel an Balance entsteht, auch große Generäle und große Romanciers (denn was ist ein Romancier schon anderes als ein General, der seine Truppen auf Schlachtfelder von Papier schickt?).

So müssen wir uns denn Lawrence als einen Mann vorstellen, den die Arroganz der mütterlichen Liebe erfüllt und der daher überzeugt ist, daß kein Mann auf Erden einen besseren Kopf besitzen kann als er selbst. Welch eine Verantwortung für ihn! Er muß der Welt seine Botschaft bringen, diese einzigartige Botschaft, die vielleicht zu ihrer Rettung werden kann! Wir müssen uns dieses Ego vorstellen, das dem Willen einer starken Frau bereits ebenbürtig war, als sein Besitzer noch ein Kind war – welche Riesenschritte hat es doch danach im Kopf dieses Besitzers gemacht! Er brauchte eine außerordentliche Frau als Gefährtin, und er hatte das Glück, seine Frieda zu finden. Sie war eine Aristokratin und er der Sohn eines Bergarbeiters, sie war groß und schön, sie war leidenschaftlich, und er stahl sie ihrem Mann und ihren Kindern – zusammen mußten sie imstande sein, die Welt zu erobern und auf den rechten Weg zu führen, sie mußten imstande sein, alles zu tun, überhaupt alles, nur aus dem Überschwang heraus, daß sie sich gefunden hatten.

Aber sie war eine starke Frau, sie war ein Individuum, sie liebte ihn, jedoch sie betete ihn nicht an. Sie war unabhängig. Wäre er ein stärkerer Mann gewesen, dann hätte ihn diese persönliche Kraft vielleicht erfreut. Aber er war ja nur durch eine Willensanstrengung zum Mann geworden, mit Haut und Haaren bestand er ja ursprünglich aus dem klassischen Stoff des Homosexuellen, und mit gewaltiger Anstrengung hatte er sich über seine natürliche Bestimmung erhoben, die wahrscheinlich darin bestanden hätte, das sexuelle Leben einer Frau zu führen, er hatte die Virilität seines Geistes hinübergeleitet in ein unentbehrliches Minimum an phallischer Kraft – kein Wunder, daß er den Phallus verehrte, er vor allen anderen Männern wußte ja, welch ein Sieg sein Auferstehen aus der Wurzel bedeutete, diese Selbstbehauptung des stolzen Stehens auf zerbrechlichem Postament. Seine Mutter hatte ihn angebetet. Und da das erste Erwachen seines männlichen Selbstgefühls von der zärtlichen Atmosphäre ihrer völligen Hingabe umhüllt gewesen war, hing seine Stärke nun und auf immer von solcher übergroßen Bewunderung ab. Die Herrschaft über die Frau war für ihn keine Tyrannei, sondern Gleichberechtigung, denn Beherrschung war für ihn die unentbehrliche Kraft, die seinen Phallus bis zu jener Höhe erhob, von der er die Transzendenz suchen konnte. Und die sexuelle Transzendenz, die unnennbare Ekstase, in der er sein Ego, die Bewußtheit seiner selbst und auch seinen Willen für einen Augenblick verlieren konnte, war für ihn das Leben überhaupt – ohne sexuelle Transzendenz konnte er nicht existieren. Da seine Entwicklung geradezu ungeheuerlich unausgeglichen verlaufen war – allen Zorn des Mann-sein-Wollens trug er in sich, und dazu alle Gefühle einer Frau –, mußte er auch noch einen direkten Preis zahlen: Seine Gesundheit war schlecht. Seine Lungen waren schwach, und er lebte in dem ständigen Bewußtsein eines vorzeitigen Endes. Jedesmal, wenn es ihm nicht gelang, eine Frau zu erreichen – und besonders jedesmal, wenn er seine eigene Frau nicht erreichen konnte –, kam er dem Tod einen Schritt näher. Es ist hoffnungslos, seine Bücher zu lesen und den Versuch zu machen, die fintenreichen, veränderlichen, furiengehetzten Beziehungen seiner Männer und Frauen untereinander zu verstehen, wenn man sich nicht gleichzeitig klarmacht, daß für Lawrence jede ernsthafte Liebesbeziehung ein fundamentales Handle-oder-Stirb bedeutete: Er wußte, daß buchstäblich jedesmal etwas in ihm starb, wenn ihm beim Liebesakt nicht die Transzendenz gelang. Das ist der Grund, weshalb er die Lust als hoffnungslos ansah. Lust, das hieß bedeutungsloses Ficken, und das war ein Privileg der Gesunden. Er aber war krank, und seine Frau tötete ihn buchstäblich jedesmal, wenn sie seinem stolzen und so überaus empfindsamen Schwanz die Verehrung versagte. Was vielleicht der Grund dafür ist, warum er konstant am Rande des Klischees entlangschrieb – unsere Sprache vereinfacht sich immer mehr, je näher die Erfahrung dem Enormen kommt. Lawrence lebte in der ungeheuerlich düsteren Erkenntnis, daß der Tod bereits in ihm saß und daß Sex – irgendeine transzendentale Form des Sex – seine einzige Hoffnung war. Und daß seine Frau zuviel Robustheit besaß, diese tragischen Fakten zu erkennen.

Um die Zeit, als er *Women in Love* schrieb, muß seine Betrachtung der Frau fast völlig verdüstert gewesen sein. Eine der beiden Heldinnen des Buches bringt es schließlich fertig, ihren Mann in den Tod zu treiben. Lawrences Zorn auf die Willenskraft der Frau wächst ins Ungemessene, und er verspritzt seine Galle über die menschliche Rasse – oder ist es nur ein Großteil der menschlichen Rassen, die er meint? Dies sind die Jahre, in denen er in *Aaron's Rod* einen der Charaktere, Lilly, für sich sprechen läßt:

> Ich kann mit Leuten nichts anfangen, die in Milliarden wimmeln, wie die Chinesen und die Japse und überhaupt die Orientalen. Nur Ungeziefer wimmelt in Milliarden. Höhere Arten vermehren sich langsamer. Die Azteken und die Rothäute, die hätte ich geliebt. Ich *weiß*, daß sie jenes Element des Lebens besaßen, nach dem ich suche – sie hatten einen lebendigen Stolz. Nicht wie die flohzerstochenen Asiaten. Sogar die Nigger sind noch besser als die Asiaten, obwohl sie sich im Schmutz wälzen. Die amerikanischen Rassen – und die Bewohner der Südsee-Inseln – die Marquesaner, das Blut der Maori. Das war echtes Blut. Es fürchtete sich nicht. Alle anderen sind Feiglinge ...

Das ist die Zwangsvorstellung eines Mannes, dessen Organe zum Teil verrotten und der daher – als Besitzer eines Welt-Egos – auch die Welt zum Teil verrotten sieht.

Dies sind auch die Jahre, in denen er mit der Homosexualität flirtet, insgeheim aber – das können wir annehmen – von ihr geradezu besessen ist. Denn immer noch benötigt er die wiederbelebende Sexualität, die er jetzt nicht mehr finden kann. Da aber seine Psyche ursprünglich homosexuell geformt war, hätte die Homosexualität ihm auch jetzt noch den Frieden bringen können. Nur ging das eben nicht, ganz sicherlich ging es nicht, denn sein Geist konnte einfach nicht auf die Lust des Beherrschens verzichten. Die Homosexualität wurde nun für ihn zu einer doppelten Ironie – er mußte

jetzt danach streben, die Männer physisch noch macht-
voller zu beherrschen als sich selbst. Das Paradoxe dieser Situation schlägt sich in einem Buch nieder, in
Aaron's Rod, das von einer Liebesaffäre zwischen Männern handelt (die aber niemals ganz zur Realität wird)
– und zwar zwischen einem großen, starken Mann und
einem kleinen Mann. Der kleine Mann macht die
Hausarbeit und spielt die Krankenschwester, wenn der
große Mann krank ist, und am Ende beherrscht er ihn –
und zwar so weit, daß er auch im Buch das letzte Wort
hat:

> Alle Männer sagen, daß sie einen Führer wollen. So
> mögen sie sich denn mit ihren Seelen einer anderen
> Seele unterwerfen, die größer ist als ihre eigene ...
> Du, Aaron, auch du hast das Bedürfnis, dich zu un-
> terwerfen. Auch du spürst ganz lebendig die Not-
> wendigkeit, einer größeren Seele zu weichen, dich
> selbst zu geben. Du weißt, daß das so ist, (aber) ...
> vielleicht willst du lieber sterben, als nachzugeben.
> Und dann mußt du eben sterben. Es ist deine eigene
> Angelegenheit.

Lawrence hat sich selbst aus dem Thema herausgelöst
und die Rollen vertauscht, aber er will lieber sterben als
nachgeben, obwohl er in demselben Buch vorher bereit
ist, zu zeigen, daß auch platonische Homosexualität die
Rettung bedeuten kann. Das geht aus dem klaren Hinweis hervor, daß Aaron sich nur erholt, weil Lilly seinen nackten Körper salbt, ihn mit den eigenen Händen
berührt, nachdem alle Ärzte und Medizinen versagt
haben:

> Rasch entblößte er den blonden Unterkörper seines
> Patienten und begann, seinen Bauch mit Öl einzu-
> reiben, wobei er langsame, rhythmische, kreisförmige

Bewegungen vollführte, fast wie Massage. Lange rieb er so, vorsichtig und gleichmäßig, und dann ging er zum ganzen unteren Teil des Körpers über, ohne zu denken, fast wie in einer Art von Verzauberung. Er rieb jede einzelne Stelle des Unterkörpers ab – den Magen, die Gesäßbacken, die Schenkel und Knie, bis hinunter zu den Füßen, er rieb, bis alles warm war und glühend unter dem nach Kampfer riechenden Öl. Keine Stelle vergaß er, frottierte sogar rasch die Zehen, bis er selbst fast völlig erschöpft war. Dann wurde Aaron wieder zugedeckt. Lilly setzte sich müde nieder und blickte auf seinen Patienten.

Er sah eine Veränderung. Der Lebensfunken war in die kranken Augen zurückgekehrt, und im Gesicht zeigte sich, ganz schwach leuchtend, die entfernte Andeutung eines Lächelns. Aaron kam wieder zu sich selbst. Aber Lilly sagte kein Wort. Er sah zu, wie sein Patient in tiefen Schlaf verfiel.

Ein weiterer seiner Helden, Birkin, weint mit erstickter Stimme am Sarg eines Mannes namens Gerald. Dies ist eine frühere Periode in den Lawrenceschen Jahren der homosexuellen Versuchung – der Schmerz ist noch schärfer, die Leidenschaft stärker. »Er hätte mich lieben sollen«, sagte Birkin, »ich habe es ihm doch angeboten.« Und seine Frau ist abgestoßen, »sie wich entsetzt vor ihm zurück, wie er da saß ... und unter Tränen merkwürdige, schreckliche Töne hervorstieß.« Es sind die kränklichen Töne eines Mannes, der bereit ist, mit einem Teil seiner selbst zu sterben, weil ein anderer Mann ihm niemals nachgeben will.

Aber Homosexualität hätte Lawrences Abdankung als Philosophenherrscher bedeutet – man kann sich vorstellen, wie er deshalb gegen sie gekämpft haben muß!

In seinen mittleren Jahren bewegt er sich langsam von der Position des Mannes, der dahinkränkelt, weil der andere Mann ihm nicht nachgeben will, bis hin zur Position des Mannes, der lieber sterben will, als selbst nachzugeben. Aber er wird bitter und ist von einem Zorn erfüllt, mit dem man die halbe Welt niederbrennen könnte. Dieser Zorn versengt seine Lungen.

Und dann ist es zu spät. Seine letzten Jahre sind angebrochen. Die letzten fünf Jahre seines langsamen Sterbens. Er ist ein Opfer der Liebe, und er stirbt daran, daß ihm die vollen Tiefen weiblicher Liebe versagt sind – jener fast unermeßlichen Liebe, die er gebraucht hätte. Und deshalb ist er selbst niemals bis zu dem Punkt gekommen, an dem er sich dem Unbekannten ganz hätte ausliefern können, »ohne Rückhalt und Schutz ... alles abwerfen ... und untergehen, damit das, was wir in Wahrheit sind, sich in uns vollziehen kann«.

Nein, so weit zu gehen, war ihm selbst nie vergönnt. Als er an *Lady Chatterley* zu arbeiten begann, muß er gewußt haben, daß der Kampf zu Ende war; er hatte es nicht geschafft, den Fallen seiner Lungen, dem Käfig seines Ichs zu entfliehen. Bei dem Versuch, weiter in das Mannestum vorzudringen, als seine Nerven ertragen konnten, hatte er zu viele Löcher in zu viele Organe gebrannt, und nun war er erledigt. Aber er war ein Liebender, er schrieb *Lady Chatterley*, er vergab. Er schrieb sich selbst noch ein wenig näher an den Tod heran, sang das Lied von den Wundern der Schöpfung, der Glorie von Mann und Frau in der Brunst und der Köstlichkeit eines liebenden Ficks:

»Wenn ein Weibsbild besessen ist von ihrem eigenen Willen und ihren Willen allem entgegenstemmt,

dann ist es entsetzlich, und sie sollte erschossen werden.«

»Und sollten Männer nicht auch erschossen werden,
wenn ihr Wille Gewalt über sie gewinnt?«

»Ja, genauso!«

Diese Sätze werden fast nur gemurmelt, der Wildhüter
beeilt sich, sofort wieder von anderen Dingen zu sprechen – aber sie sind gesagt, Lawrence hat den Kreis
geschlossen: Mann und Frau sind vereint, sind voneinander getrennt und vereint.

3

Es wäre vernünftig, unser Werk hier zu beenden. Bringen wir noch einen sentimentalen Toast auf Lawrence aus, klopfen wir der Millett, die so viele saftige Probleme aufgeworfen hat, anerkennend auf die Schulter und tanzen dann alle fröhlich um den geschmückten Maibaum! Der Wert des Mannes ist wiederhergestellt – die Schönheit der Frau bildet das Gegengewicht – nun tut euch zusammen!

Aber unglücklicherweise läßt der PW sich allemal auf mehr Probleme ein, als er dann wieder loswerden kann. Mit Lawrence hat es zwar ein gutes Ende in Würde und Zartheit genommen, aber dadurch vergißt man auch um so leichter, daß er ein Verlierer war, daß er zu früh starb, weil er verloren hatte – und der Gedanke, daß Männer und Frauen einander in den Jahren ihrer Liebe umbringen, wenn diese Liebe nur eine halbe Liebe ist, oder eine Liebe, die der Haß durchtränkt, oder eine so düstere Liebe wie die Atmosphäre der Resignation um zwei Partner, die zu Freunden geworden sind – dieser Gedanke zwingt dazu, über unser Thema noch weiter nachzudenken. Denn wenn er richtig ist, dann mordet sich die Mehrzahl der Männer und Frauen in den Jahren ihres Zusammenlebens langsam gegenseitig dahin oder gibt ihre Mordlust an die Kinder weiter. Das fundamentale Argument der Sexualrevolution ist immer noch sehr lebendig und sagt: »Sex ist die Suche nach Vergnügen mit allen Mitteln und Methoden, und die Liebe ist dein Sarg, wenn du eine Familie auf ihr begründest.«

Ja, man könnte kaum sagen, daß wir mit unseren Argumenten schon am Ende sind. Wenn selbst Lawrence vergebens kämpfte, wie viele Menschen können sie dann wohl überhaupt finden, »die friedvolle Pause unseres Fickens ... (die) jetzt zwischen uns steht wie ein Schneeglöckchen aus züngelndem, weißem Feuer«? Nein – ebenso wie Mann und Frau in eine einzige Form zusammenlaufen, deren Umrisse bis jetzt noch verschwommen sind, so verschiebt sich auch das Zentrum des Interesses an der Sexualität von der Fortpflanzung zum »Weichen, Warmen und Feuchten« der polymorphen Perversion, von der Empfängnis zur Empfängnisverhütung, von der Vagina zum Anus – als müsse eine monströse Erregung angesichts des Loches, das für alle Abfallprodukte schlechthin steht, das Hauptmerkmal einer sterbenden Zivilisation sein. Und das heißt, daß unsere Reise durch das Millett-Land noch nicht ganz beendet ist – wir müssen noch die Homosexualität betrachten, alle die Schlösser, Zugbrücken, Gefängnisse und Wehrgräben am Hinterausgang jedes heterosexuellen Triebschubs: Ein kurzer Blick auf die Werke von Jean Genet wird angebracht sein. Genet ist natürlich am Leben, es geht ihm gut, und er wohnt in Paris. Er braucht keine Hilfe, und im übrigen ist sogar Millett bereit, ihm unter die Arme zu greifen. Deswegen will der Gefangene sein Werk nur für gelegentliche Beispiele heranziehen. Er wird lieber einen schmaleren Pfad entlangwandern und die Homosexualität nur als eine Begleiterscheinung der heterosexuellen Situation behandeln, er wird, kurz gesagt, den Weg abschneiden und direkt ins Gefängnis gehen (das stammt aus dem Monopoly-Spiel. Anm. d. Übers.).

Hier sind zwei eidesstattliche Aussagen über die Unterdrückung einer Revolte im New Yorker Long Island City-Männergefängnis im Jahre 1970:

> Am Freitag, dem 9. Oktober, kamen 20 oder 30 Aufseher auf meine Galerie und befahlen allen, sich nackt auszuziehen. Mit den Händen über dem Kopf mußten wir dann in den Tagesraum marschieren ... Im Tagesraum mußte ich mich zusammen mit 40–45 anderen Gefangenen aufstellen, in drei Reihen, mit dem Gesicht zur Wand. Der stellvertretende Gefängnisdirektor, Ossicow, befahl uns dann, daß wir uns umdrehen und ihn ansehen. Dabei sagte er: »Ich will sehen, ob welche von meinen Freunden hier sind.«
> Der Aufseher McCoy sagte dann: »Stellt euch alle hintereinander auf, Schwanz an Arsch. Wer einen Harten bekommt, darf gehen.« McCoy fing dann an, die Hintenstehenden mit dem Knüppel auf Gesäßbacken und Beine zu schlagen ... Das eigentliche Schlagen war nicht so schlimm wie die Erniedrigung.[42]

Das ist eine so außerordentliche Aussage, daß wir nur dankbar sein können, wenn wir eine Bestätigung für sie erhalten:

> Am Abend des 5. Oktober, Montag, wurden wir nackt in den Tagesraum getrieben. Ein Aufseher befahl uns, dichter zusammenzurücken: »Ich will, daß ihr euren Schwanz direkt dem Mann vor euch in den Hintern schiebt«, sagte er. »Wem der Schwanz hart wird, der kann weggehen und wird nicht geschlagen.«[43]

Da der eine Bericht von Montag spricht und der andere von Freitag, ist das Ganze entweder zweimal passiert, oder einer der Gefangenen hat sich im Datum geirrt. Oder die Gefängnisinsassen haben das Ganze überhaupt erfunden. Der Preisträger neigt der Auffassung zu, daß die Sache an sich zu treffend ist, um wahr zu sein, aber daß sie eben deswegen auch durchaus passiert sein könnte – weil es die Paradoxe in seinem Schupo-Herzen erfreut, könnte sich nur ein Polizist oder ein Gefängniswärter ein so hübsches Detail einfallen lassen wie das, eine Erektion mit physischer Sicherheit gleichzusetzen. Er bietet also 1. Erlaß der Strafe, bestätigt sich dabei 2., daß Strafgefangene zu allem fähig sind, drückt 3. die Gefangenen auf die Ebene hilfloser kleiner Brüder herunter und lädt dazu noch 4., während er das kostenlose Schauspiel genießt, die vorderen und hinteren Batterien in seiner Hose wieder auf.

Dennoch, wie wird hier auf indirekte Weise etwas Wichtiges über die Natur eines »Harten« gesagt, welch eine Erkenntnis, daß der aufrecht stehende Phallus unter Druck nichts Geringeres als eine Gnade bedeutet! Hier, in dieser nackten Sträflingsreihe, wird jeder belohnt, wenn er nur ausreichend tierisch oder unbekümmert ist, oder wenn er sich aus sich selbst heraus über seine Umgebung erheben kann. Was im übrigen bedeutet, daß die Unschuld belohnt wird, denn nur ein unschuldiger Mensch käme nicht auf den Gedanken, daß ihn die Wärter ja gerade deswegen herausholen und ihm eine Spezialbehandlung verpassen würden, weil doch jeder Mann, der unter solchen Umständen eine Erektion hat, ganz ohne Zweifel zu den Aufrührern in vorderster Front zählen muß!

Es ist die Middle Class, die die Homosexualität als Perversion betrachtet. Die oberen Klassen haben sich mit ihr einen eigenen Wildpark eingerichtet, und die arbeitenden Klassen, soweit sie im Getto leben und kein Teil der Middle Class sind, betrachten sie als eine Art von Kopulationsvergnügen der Armen: Wenn man nicht das Geld hat, um für die Nacht ein Weib aufzureißen, dann muß eben ein kleinerer Mann herhalten. In einem Slum ist die Hackordnung gleichbedeutend mit der Fickordnung. Im Gefängnis, wo die soziale Komplexität der sexuellen Auswahlmöglichkeiten wesentlich reduziert ist und der natürliche Instinkt der allen gemeinsamen Strafe dazu führt, daß sich die Insassen als eine Einheit fühlen, kann jeder Mann bis zu einem geradezu beängstigend genauen Grad feststellen, inwieweit er Mann und inwieweit er Frau ist – und zwar daran, wie viele Männer ihm den Schwanz in den Hintern schieben könnten und wie viele nicht (wir benutzen nur die anständige Sprache der beamteten Kämpfer für Recht und Ordnung), und wie vielen er seinerseits dasselbe tun könnte. Man könnte sagen, daß die Gesellschaftsordnung im Gefängnis ebenso auf die sozialen Zwänge des Schwanz-an-Arsch gegründet ist wie die zivile Gesellschaft auf die Zwänge des Geldes. Der kräftigste Stoßer ist der mächtigste Mann. Nun soll das natürlich nicht bedeuten, daß jeder Gefangene in jedem Gefängnis den ihm zustehenden Platz in einer »Stoßkette« einnimmt – das wäre ebensowenig wahr wie die Annahme, daß sämtliche Männer und Frauen ihre Einstellung in der Gesellschaftsordnung ausschließlich vom Geld abhängig machten – aber es heißt ganz sicherlich, daß der Analverkehr für das Gefängnis genauso fundamental ist wie das Geld für das soziale Leben.

Womit sich eine Vorschau auf einige Aspekte der Sexualrevolution ergibt, beziehungsweise ergeben muß, wenn Sex für den kommenden einheitlichen liberalen Sexualstandard als Währung betrachtet werden soll. In der Tat ist der Befehl, den Phallus gegen einen Anus zu schieben und dabei gleichzeitig irgendeinen fremden Phallus am eigenen Anus zu haben, für die Sozialordnung im Gefängnis etwa ebenso sinnlos, nihilistisch, zerstörerisch und damit im Endeffekt so explosiv und für die Bevölkerung des Gefängnisses erniedrigend, wie es etwa eine Brigade von schwarzen Guerillas wäre, die in einem feinen Appartement-Haus der Park Avenue erschiene, die Bewohner auf die Straße triebe und dazu zwänge, nackig Ringelreihen zu tanzen: Bestimmte Appartements sind noch nicht einmal soweit gekommen, mit gewissen anderen Appartements auch nur zu sprechen, und jetzt tanzen sie alle, aufgrund eines Befehls von oben. Hieraus erhellt das fundamentale Dilemma der Homosexualität. Denn wenn ein Arschficker ein Mann ist, sogar zweimal ein Mann – »ein Mann, der einen anderen Mann fickt, ist ein doppelter Mann«, sagt Darling in *Notre-Dame des Fleurs* –, dann deswegen, weil es keine tiefere Demütigung im Gefängnis gibt als die, ganz am Ende der Fickordnung zu stehen, ohne Beschützer hilflos zu sein und von beinahe jedem anderen Gefangenen als Frau benutzt zu werden. Im Gefängnis ist der eigene Arsch die persönliche Ehre. Es gibt Männer, die einen Mord begehen, um ihn zu verteidigen oder ihn zu rächen, wenn er vergewaltigt worden ist. Der eigene Arsch wird zur eigenen Frau, und die eigene Ehre hängt davon ab, daß er jungfräulich ist. Ebenso wie Frauen sich selbst als relativ jungfräulich betrachten – vielleicht hat ein

Mann sie gehabt, aber nicht jeder Mann, und kein Mann ganz –, so pflegen auch Gefangene davon zu reden, wie sie ihren Arsch hingegeben hätten: Sie bleiben immer relativ jungfräulich oder versuchen es jedenfalls. Hinter dem Befehl, sich wahllos hintereinander aufzustellen, stand die Absicht, sie alle gleichermaßen zu Frauen zu machen, denn er stützte sich ja darauf, daß der einzige vorhandene Phallus der des Gesetzes ist. Das Gesetz kann sie dazu bringen, jedem Zwang zu gehorchen, und schlimmer noch – es kann sich über die einzig mögliche Selbstbehauptung lustig machen: Der Mann, der einen Harten bekommt, wird auf der Stelle zum offiziellen Günstling gemacht und vorübergehend vom Gesetz unter die schützenden Fittiche genommen. Das ist wahres Establishment! Es enthüllt wie nichts sonst die schlüpfrige schiefe Ebene, auf der der Gefängnis-Homosexuelle zu leben versucht. Wenn er mit Hilfe seiner physischen Stärke, mit seinem Mut, mit seiner Entschlossenheit und sogar mit sexuellem Genie zu einem der ersten Männer am Platze aufgestiegen ist, kann ihn immer noch eine Handlung von außen zur Frau machen. Für den Gefängnis-Homosexuellen gibt es keine Sicherheit. Immer und immer wieder wird uns bei Genet das Schauspiel vorgeführt, wie sich ein Mann in eine Frau verwandelt. Nach ein paar Jahren ist Darling, der »doppelte Mann«, ebenso weiblich wie seine Mätresse Divine, und Adrien Ballon, der als Louis beginnt, endet als Tunte. Gleichzeitig verbringen Gefängnis-Tunten, die als junge Männer meist älteren oder stärkeren Männern zu Willen sein mußten, ihre Jahre mit der Anstrengung, sich wieder nach oben zu arbeiten. In *Miracle de la Rose* hören wir: »Nur der Akt des Kämpfens war nobel. Es ging nicht darum, ob man zu sterben verstand, sondern nur darum, ob man kämpfen konnte. Denn das war edler.« Der Gedanke wird dann noch weiter ausgesponnen, und zwar in einer schönen Beschreibung, wie eine Gefängnis-Tunte eine männliche Persönlichkeit zuerst improvisiert und dann versucht, einen Charakter zu fälschen, mit dem sich diese Persönlichkeit vielleicht ausfüllen ließe:

Als während des Krieges ein Schläger auf mich zukam, krümmte ich mich aus Angst vor Schlägen und aus einer rein physischen Furcht zusammen. Diese unwillkürliche und natürliche Geste konnte ich nicht vermeiden, aber mein Wille verwandelte ihre Bedeutung. Nach kurzer Zeit nahm ich die Gewohnheit an, wenn ich mich niederbeugte und zurückwich, meine beiden Hände auf die Schenkel oder auf meine gebogenen Knie zu legen, so daß ich die Haltung eines Mannes einnahm, der im Begriff war, aufzuspringen; und sogleich spürte ich die tugendhafte Kraft dieser Haltung in mir. Ich besaß plötzlich die notwendige Stärke, und mein Gesicht wurde bösartig. Ich hatte mich nicht mehr aus Furcht zusammengekrümmt, sondern aus einer taktischen Erwägung ... Bulkaen dagegen war ein Hampelmann, den Mettray zu einer Dirne für die Louis gemacht hatte und dessen sämtliche Gebärden Ausdruck seiner Sehnsucht nach seiner geraubten und zerstörten Männlichkeit waren.[44]

Es ist wert, sich daran zu erinnern, daß man nicht durch einen einfachen »Prägeprozeß« männlicher wird. Man muß dazu bestimmte Handlungen wagen, die gefährlich sind und sogar Schmerz einbringen können: Am Kämpfen ist nichts Automatisches. Zum mindesten riskiert man dabei die totale Erniedrigung. Ein Mann zu werden ist nicht einfacher, als sich darein zu finden, eine Frau zu sein. Eigentlich kann ein Mann kaum jemals annehmen, daß er nun endgültig ein Mann geworden ist – er befindet sich augenblicklich auf dem Wege, etwas von seiner Männlichkeit zu verlieren. Deshalb ist die kulturelle Prägung in Richtung auf Männlichkeit oder Weiblichkeit vielleicht gar nicht so sehr die beliebig angewandte Methode einer patriarchalischen Gesellschaft, sondern entstammt eher einem Impuls oder Instinkt der Natur. Der PW ist entschlossen, sich mit der Möglichkeit wenigstens auseinanderzusetzen, daß es im menschlichen Leben irgendeine Notwendigkeit geben könne, sich über das zu erheben, was am leichtesten und routinemäßigsten ist – daß Menschen-mit-Phallus, die man bei der Geburt kaum als Männer bezeichnen kann, sich selbst bemühen müssen, männlich zu werden. Und daß sie nicht – wie Millett das will – von der Gesellschaft einfach zu Männern gemacht werden. Und Menschen-mit-Vagina sind von Anfang an durchaus nicht unbedingt der Idee der Mutterschaft ergeben, sondern sie müssen sich selbst in Richtung auf einen Zustand vertiefen, der zunächst gar nicht etwa automatisch schon weiblich ist – sie müssen einen schöpferischen Sprung in das Frau-Werden wagen. Wem das zu nahe bei den alten Beschränkungen des Penis-Neids zu liegen scheint, der sei daran erinnert, daß Freuds Frauen einfach Frauen *bleiben mußten*, weil jeder Versuch zum Männlichsein unweigerlich fehlschlagen mußte – während der PW eher der Auffassung ist, daß es in einer technologischen Welt für eine Frau kaum etwas Schwereres geben kann, als in der tiefsten Bedeutung des Wortes überhaupt erst einmal weiblich zu *werden*. Ganz sicherlich ist das kaum einfacher, als es für einen Mann ist, ein Held zu werden. Ganz besonders deshalb, weil wir ja alle in unserer Psyche eine weibliche und eine männliche Persönlichkeit ererbt haben – von niemand Geringerem als von unseren Eltern – und wir es deshalb möglicherweise leichter hätten, uns einfach zu irgendeinem mittleren Gemisch aus beiden Geschlechtern zu entwickeln. Und in der Tat – in unserer technologischen Zeit, in der die historische Tendenz besteht, die Arbeits- und Freizeit-Verhaltensformen von Mann und Frau zu homogenisieren (weil es dadurch einfacher wird, die Sozialmaschinerie der zukünftigen Welt zu entwerfen), könnte man sich durchaus eine Zukunft vorstellen, in der es keine kulturelle Prägung mehr gibt – womit die Begriffe Mann und Frau vielleicht buchstäblich aufhören zu existieren. Jener Test, bei dem die Frauen mehr männliche Reaktionen zeigten als die Männer selbst, hat vielleicht eher dazu beigetragen, die Krise der Zivilisation zu unterstreichen, als irgendein Versagen bei der Erkennung der Bedeutung von *männlich* und *weiblich* aufzuzeigen. Ebenso hätte die Tatsache, daß Heterosexuelle in psychologischen Tests von Homosexuellen nicht zu unterscheiden sind, genausogut zeigen können, daß alle Männer homosexuell sind, es sei denn, sie ziehen es vor, es nicht zu sein: Es ist kaum überraschend, daß im Gefängnis, wo eine Wahl in dieser Richtung sozialen Abstieg bedeutet und tatsächlich gefährlich werden kann, der größte Teil der Insassen zur einen oder anderen Zeit homosexuell ist. Wobei das Wort an sich seine Bedeutung verliert – diese Menschen sind nicht eigentlich homosexuell, sondern sie sind entwurzelte Männer und künstliche Tunten, ent-wurzelt in des Wortes radikaler Bedeutung – man hat sie des

Wurzel-Impulses beraubt, ihren Samen in das existentielle Zentrum einer Frau zu schießen. Wo der Samen auf irgendeine Weise die physische Verkörperung der Zukunftsvision des Mannes ist, sorgt das Gefängnis dafür, daß sein Blick in die Zukunft auf den Arsch abgelenkt wird: In der für sie profundesten Weise sagt die Gesellschaft damit: »Du bist ein Verbrecher, und deine Vision der Zukunft wird und muß in der Scheiße enden.« Das »muß« ist dabei das Schlüsselwort – warum wohl sonst geht keine Strafvollzugsreform jemals so weit, dem Gefangenen ein ungestörtes Zusammensein mit seiner Frau oder seiner Geliebten zu ermöglichen, wo doch jeder, der dieses Problem studiert, von Hunderten von Gefängnisdirektoren erfährt, daß die Homosexualität in den Gefängnissen die hervorstechendste Quelle der Gewalttätigkeit ist? Und sie muß es einfach sein: Die Männer im Gefängnis schweben in der ständigen Gefahr, ihre Männlichkeit zu verlieren, haben sie doch nicht einmal die bescheidensten Verteidigungsmöglichkeiten, die die Außenwelt bietet – keine um den Vater versammelte Familie am Eßtisch, keine Möglichkeit, ihren Unterhalt zu verdienen, keine Beschäftigung mit irgend etwas, das sie überlegen beherrschen (und wenn es auch nur ein Hobby ist). Nein, für sie gibt es nur die existentielle Tatsache, daß ihr Phallus sie repräsentiert, und nicht ihr Anus, und diese existentielle Tatsache kann auf jedem Gefängnislokus plötzlich und abrupt in ihr Gegenteil verkehrt werden. Und die Tunten sind dann gezwungene Tunten, sie sind nicht Menschen mit Phallus, die es vorgezogen haben, weiblich zu sein – man hat sie weiblich gemacht. Für den Homosexuellen draußen sind sie dasselbe wie für die hübsch standesgemäß verführte Jungfrau das

Opfer einer Vergewaltigung. Und deswegen, ja, deswegen versuchen die Tunten im Gefängnis, wieder ein Teil der männlichen Bevölkerung zu werden, und sie versuchen sogar – und das ist die Ironie der Homosexualität –, sich die maskulinen Kräfte des Mannes zu eigen zu machen, der in sie eindringt. Ebenso wie der Louis, wenn wir hier Genet als Autorität folgen wollen, im Laufe der Jahre immer weiblicher wird. Denn erinnern wir uns: Die Homosexualität ist etwas anderes als die Heterosexualität. Bei ihr ist keine Empfängnis möglich, nein, kein innerer Raum existiert, kein fluchwürdiger, schwammiger Brunnen eines Schoßes. Wo ein Mann männlicher und eine Frau weiblicher werden kann, wenn sie im Wirbel des Fickens zusammentreffen – eine sentimentale Vorstellung, der der Preisträger unbedingt sein letztes Kapitel widmen muß –, da neigen die Homosexuellen, so könnte man sagen, eher dazu, ihre Eigenschaften untereinander auszutauschen, denn es ist kein Schoß da, welcher spiegelt und wiedergibt, was in beiden am stärksten und am anziehendsten ist. So wird der Mann immer weiblicher, und die Tunte absorbiert die Maskulinität ihres Partners – zu welchem Preis, das kann uns Literatur besser klarmachen als die Wissenschaft:

Während jener Jahre der Weichheit, als meine Persönlichkeit alle möglichen Formen annahm, konnte sich jeder beliebige Mann gegen meine Seite drücken und umfangen halten ... Ich sehnte mich damals danach – wie ich mir oft vorstellte, mein Körper schlänge sich um den starken und kräftigen Leib eines Mannes –, von einer herrlichen und festruhenden Statue umfangen zu werden, der steinernen Statue eines Mannes mit klaren Umrissen. Und ich konnte meine Ruhe nur dann finden, wenn ich seinen Platz einnehmen und seine Fähigkeiten und Tugenden erhalten konnte, wenn ich mir vorstellte, er zu sein, seine Bewegungen zu machen und seine Worte zu benutzen: wenn ich er war. Man würde sagen, daß ich doppelt sah, da ich das Doppelte der Dinge erkannte. Ich wollte selbst sein, und ich war es, als ich mich als Einbrecher erwies. Alle Einbrüche schließen die Würde ein, mit der ich versehen bin, wenn ich das Brecheisen in der Hand halte, die »Feder«. Von seinem Gewicht, seiner Art, seiner Länge und schließlich von seiner Funktion ging eine Autorität aus, die mich zum Manne machte. Schon immer bedurfte ich dieses Eisenstabes, um mich völlig aus meinen schmutzüberhäuften Umständen und meiner erniedrigenden Haltung zu befreien und die klare Einfachheit der Männlichkeit zu erlangen.[45]

Ja, es ist die Ironie des Gefängnislebens, daß es zwar eine Welt bildet, in der alles homosexuell ist, daß aber nirgends sonst auf den femininen Mann mit mehr Verachtung herabgeblickt wird. Das kommt daher, daß er nur benutzt wird, daß er eine Frau ist ohne die Macht, weiblich zu sein, daß er ohne Schoß gefickt wird – und das heißt, ohne Demut. Denn was auch sonst alles noch im Liebesakt enthalten sein mag, Lust, Grausamkeit, Herrscherwillen oder einfaches Begehren, sein Ergebnis wird nichts weiter sein als eine Transaktion, komplex und angenehm vielleicht, aber dennoch nur eine Transaktion – wenn in ihm nicht gleichzeitig auch eine Spur jener Demut lebendig ist, die aus der Erkenntnis wächst, daß durch ihn Leben gezeugt werden kann. Heterosexueller Sex mit Verhütungsmitteln wird im Lichte dieser Logik zu einer Form der Sexualwährung,

die der Homosexualität näher steht als der Heterosexualität, wird zu einem Handelsplatz der Macht,
mit der der Stärkere den Schwächeren benutzt. Und der
weibliche Part der beiden am Liebesakt Beteiligten, ganz
gleich, ob er nun eine Vagina oder einen Phallus besitzt, wird dabei immer danach trachten, die maskulinen
Eigenschaften des ihn Beherrschenden zu stehlen. Man
könnte also sagen, daß die Entwicklung der *Women's
Lib* vielleicht parallel gelaufen ist mit der Verbreitung
der Pille ... Es gibt männliche Cichliden – das ist eine
Buntbarsch-Art –,

> die nur dann den Mut zur Paarung finden, wenn die
> Weibchen mit »Demut« reagieren. Wie man in einem
> Fisch »Demut« mißt, ist eine Frage, die am besten un-
> beantwortet bleibt; die Vorstellung jedoch, daß die
> demütige Haltung des Weibchens dem Männchen
> gegenüber bei der Vollziehung des Sexualaktes not-
> wendig ist, scheint (in ihrer Bedeutung durchsichtig)
> genug, (sobald man sie) von einem ... Fisch auf
> Männer und Frauen (übertragen zu müssen glaubt).[46]

Hier ist Millett wieder ganz in ihrem Element, rein
linkstotalitär. Was könnte denn schon absurder sein
als ein Mann, der Demut erwartet? So fragt sie. Ein
Arschficker ist absurder, muß man hier antworten,
denn er kann sich nur auf die Schwäche seines männlichen Objekts stützen, während ein Mann sehr wohl
Demut von einer Frau fordern kann, um damit die
Demut auszugleichen, die er ihr gegenüber fühlt – und
sei es auch nur in irgendeinem tief verborgenen Winkel seiner Psyche; Demut darum, weil er es wagt, in die
geöffnete Vertreterin der großen Höhle alles Werdens
einzutreten, sich in die Gegenwart jenes immensen und
furchtbaren Wesens zu begeben, das an den Rändern

seiner Träume erklingt; Demut darum, weil er im Bewußtsein einer vielleicht entfernten, aber doch vorhandenen Möglichkeit fickt, daß aus seinem Tun ein Kind entsteht. Womit er in eine Welt übergetreten ist, in der die Liebe nicht mehr an der Macht gemessen werden kann.

Es ist offensichtlich, daß der Gefangene nunmehr den Punkt erreicht hat, wo er seine eigenen seltsamen, vielleicht sogar gartenzwerghaften Bemerkungen gegen die Empfängnisverhütung näher erklären muß. Und obwohl er das Gefühl hat, daß seine Argumentation vielleicht erst noch einige weitere Gedankengänge durchlaufen muß, ehe sie wieder einen Besuch bei den Geheimnissen des Schoßes abstatten kann, ist ihm doch der einsame Gedanke ein Trost, daß er jetzt drauf und dran ist, seine eigenen Werke zu zitieren – und das kann nur bedeuten, daß er mit seiner Behandlung dieses unbiegsamen Themas allmählich zum Ende kommt.

4
Der Gefangene

1

»Unsere Leserinnen sind hauptberuflich Hausfrauen. An den Tagesfragen des öffentlichen Lebens sind sie nicht interessiert. Sie erwärmen sich weder für Innen- noch Außenpolitik. Nur ihre Familie, ihr Heim und die Erziehung ihrer Kinder sind ihnen wichtig. Wenn man für Frauen schreibt, kann man einfach nicht über Geistesleben und allgemeine politische Fragen schreiben. Das ist der Grund, warum in unserer Zeitschrift jetzt zu 90 % Haushaltsprobleme und nur zu 10 % Fragen von allgemeinem Interesse behandelt werden.«[47]

Moment – damit sind wir zurückgegangen bis in die Jahre um 1950. Zeitschriftenartikel hatten damals Überschriften wie »Die Weiblichkeit beginnt zu Hause« und »Schaff dir Kinder an, solange du jung bist«. Manche Titel lauteten sogar »Müssen Frauen so viel reden?« oder »Kochen macht mir Spaß«.

... die gelangweilten Redakteure von *McCalls* rückten einen Artikel ein, der sich »Die Mutter, die fortlief« betitelte. Zu ihrem Erstaunen brachte er die höchste Lesebeteiligung, die je ein Artikel gehabt hatte. »Das war für uns der Augenblick der Wahrheit«, sagte ein früherer Redakteur. »Es wurde uns klar, daß diese Frauen, die da mit ihren dreiundeinhalb Kindern zu Hause saßen, zutiefst unglücklich waren.«[48]

Es war eine Zeit, in der die Männer die Frauenzeitschriften leiteten, und sie leiteten sie munter – wenn auch nicht ganz bewußt – in Richtung auf ein totalitäres Ziel (das nie ganz erreicht wurde): die Vorbereitung auf das Amerikanische Jahrhundert. Da ideologischer Glaube davon abhängt, daß man innerhalb des Systems bleibt (denn für das Fertigwerden mit dem Chaos außerhalb gibt es keine Möglichkeiten), war es auch eine Zeit, in der Frauen für neurotisch gehalten wurden, wenn sie gegen die Arbeit im Haushalt rebellierten. Die Männer sollten ihr Gehalt in der friedlichen Atmosphäre angenehmer Beziehungen zwischen Arbeit und Kapital verdienen, und die Frauen sollten ihnen dann bei der Rückkehr von des Tages Arbeit ein gemütliches Heim bereiten. Und in jedem Vorort residierte ein Psychiater: Wenn eine Frau angesichts einer herannahenden Gebärmutteroperation in unangebrachte Panik verfiel, dann war der Chirurg der Psyche (was heißen soll, der Doktor des Worts) sogleich da, um die Patientin zu überzeugen, daß ihre Furcht weiter nichts war als eine unbewußte Assoziation: Die eigene Vergangenheit könnte entfernt werden, das war der Grund dieser Furcht. Und inzwischen hielt die US-Armee die Welt in Ordnung. Es war eine unglaubliche Zeit! Hoch lebe die amerikanische Frau, denn sie

... überläßt die höchsten Posten mit Grazie den Männern. Dieses wundervolle Wesen heiratet auch früher als je zuvor, hat mehr Kinder, sieht viel weiblicher aus und führt sich viel weiblicher auf als das »emanzipierte« Mädchen der zwanziger und sogar der dreißiger Jahre.[49]

Ganz gewiß hat der Gefangene kein Heimweh nach dieser Aurora Borealis der Landhäuser und Plastikhorizonte, diesem Einsetzen der Frau in eine Rolle, die Betty Friedan so treffend den »Weiblichkeitswahn« genannt hat. Und ganz sicherlich verfolgt er mit seiner Begeisterung für die Geheimnisse des Schoßes nicht den Zweck, die Frauen wieder in jenen alten, verrückten Schuh zu zwingen – er wird doch nicht glauben, daß ein Leben mit der Lektüre von »Eine Welt für Männer – die Politik« und »Was Frauen von Mutter Eva lernen können« einer Generation von jungen Frauen vorzuziehen wäre, die in der Zeit ihres Heranwachsens vom Kitsch zur Pop-Art, von da zu Pot, zu LSD, zu *Speed* und ›Hoch mit den Miniröcken!‹ gegangen ist. Nein, und er will auch nicht, daß diese junge Generation wieder so ein Leben wie damals führt, denn er kann bezeugen, daß der Weiblichkeitswahn weiter nichts war als ein Werkzeug der damals noch etwas unbeholfenen amerikanischen Technologen und Totalitären, daß das damit verbundene Gesellschaftsbild hygienisch und anti-sexuell war, daß er selbst die fünfziger Jahre wie wenige Männer sonst gehaßt hat, denn wenn es Zeiten gibt, die einen Mann zerbrechen können, dann haben ihn diese Jahre fast zerbrochen! Und doch fühlt er sich nicht ganz wohl bei dem Gedanken, sich selbst einfach freizusprechen.

Denn es ist ihm da die folgende Erklärung unter die Augen gekommen:

> So wie die Frau die Familie trägt, so trägt der Mann die Nation. Die Gleichberechtigung der Frau besteht darin, daß sie auf dem Lebensgebiet, das ihr von Natur aus bestimmt ist, die Hochachtung erfährt, die ihr gebührt. Die Frau und der Mann sind zwei vollkommen verschiedene Wesen ... der einen gehört die Macht des Gefühls und der Seele ... (dem) anderen

gehört die Macht der Vision, die Stärke der Härte ...
Im Mann herrscht die Vernunft vor. Er sucht, analysiert und öffnet oft neue, unermeßliche Gebiete. Alles, was der Mann mit der Vernunft erreicht, ist dem Wechsel unterworfen. Das Gefühl dagegen ist viel beständiger als die Vernunft, und die Frau ist das Gefühl und daher das dauerhafte Element.

Natürlich wird er nicht mit der These einverstanden sein, daß der Mann die Nation trägt. Der Mann seiner Vorstellung trägt entweder die Nation, oder er bemüht sich, sie umzustürzen – das ist eine Sache seiner eigenen Einstellung und des Ablaufs der Ereignisse, und im Idealfall gibt eine Frau ihm die Stärke für seine Entscheidung. Was den Rest anbelangt – kommt ihm die Sprache bombastisch vor. Dennoch könnte er nicht sagen, daß ihm jeder einzelne Satz zuwiderliefe. Denn er, genau er selbst hat ja die ganze Zeit zu argumentieren versucht, daß Männer und Frauen »zwei vollkommen verschiedene Wesen« seien, und selbst wenn er jetzt alle Erkenntnisse und Eindrücke berücksichtigt, die er in diesen Monaten des gedanklichen Lebens mit den Möglichkeiten einer Frauenbefreiung gewonnen hat, dann verspürt er immer noch so eine Art von Einverständnis mit einem Gleichgewicht der Geschlechter, das den Männern die Vision zugesteht und den Frauen die »Macht der Seele«.

Wie unerfreulich daher die Einsicht, daß dieser Absatz nicht aus einem Zeitschriften-Leitartikel der 50er Jahre stammt, daß er nicht einmal einer für General Eisenhower geschriebenen Ansprache entstammt, auch nicht einen Extrakt der Philosophie von Lyndon Johnson oder Hubert Humphrey darstellt, und schon gar nicht Gedankensplitter Spiro Agnews bei einer Festansprache.

Sondern daß er über all das hinausgeht: Es handelt sich um einen Absatz aus einer Veröffentlichung mit dem Titel *Frauenbuch*, herausgegeben in München im Jahre 1934, und der Urheber dieser Worte ist Adolf Hitler. Kate Millett führt sie als Beweis dafür an, daß Schriftsteller wie Miller, Lawrence und Mailer sexuelle Reaktionäre sind. Ja, da hat sie sich wirklich etwas Hübsches ausgedacht. Nun, der Schriftsteller ist schon vor langer Zeit zu der Auffassung gekommen, daß nicht gleich alles Denken aufhören muß, wenn man zu Hitler kommt, daß es durchaus möglich ist, eigene Gedanken zu haben, die eine Zeitlang parallel zu den Argumenten laufen, denen auch die Nazis nahestanden, und daß man deswegen nicht gleich alle Bücher zuschlagen und jedes weitere Denken in dieser Richtung aufgeben muß. Denn das wäre ja so, als wolle man es dem toten Hitler gestatten, auf allen intellektuellen Wegen Barrikaden zu errichten, ganz gleich, zu welchen interessanten Zielen sie schließlich noch führen mochten – in der Tat ein merkwürdiger Gegenschlag gegen jenen Nazismus, der nicht nur eine Ungeheuerlichkeit und ein Alptraum war, sondern der auch einige Jahre lang Europa von innen her erobert hatte, und zwar noch vor dem Krieg und psychologisch. Er war eine Macht, die zu einer Zeit aus Chaos und Demoralisierung aufgestiegen war, in der andere Nationen entweder dekadent oder einfach schwerfällig waren, und er hatte einen Bodensatz des politischen Geheimnisses hinterlassen. Wohl gab es hinterher an die fünfzig Erklärungen für seine Stärke, aber erst in unseren Jahren der herannahenden ökologischen Katastrophe ist es möglich geworden, sich den Nazismus auch als Vorhut jener Pest vorzustellen, die um ein Haar die völlige Technologisierung des Staates fertiggebracht hätte. Das Verwirrende dabei ist, daß die Nazis an sich eine Rückkehr zu den traditionellen, ja sogar zu den primitiven Wurzeln der Existenz forderten und die Juden als Sündenböcke hinstellten, die für die mögliche Gefahr einer klassenlosen Unisex-Zukunft verantwortlich wären. Aber Hitler hat mehr für das Heraufdämmern einer solchen Zukunft getan als sämtliche Juden, die je geboren worden sind (denn der Zweite Weltkrieg war eine Zentrifuge, die die Technologie auch bis in den letzten Winkel des sozialen Lebens hineinschleuderte), und sein politisches Genie bestand darin, diese Entwicklung im Namen ihres Gegenteils voranzutreiben. Das Blut hat uns mehr zu sagen als die Maschine, erklärte er ständig, während er doch gleichzeitig die Maschine baute. Und seither ist es intellektuell verdächtig, anders als in der allerkultiviertesten Weise von einer Rückkehr zum Primitiven zu sprechen, da die Nazi-Propaganda ununterbrochen in den profundesten Worten von Instinkt, Vision und Seele getönt hat. Dabei ist Hitler keinen ehrenhafteren Tod gestorben als ein *Junkie*, den alle möglichen in der Fabrik hergestellten Pillen süchtig und für Blut, Instinkt, Vision, ja sogar für die herannahenden Vibrationen seines eigenen Todes völlig unempfindlich gemacht haben.

Aber Millett steht immer bereit, die Welt mit Sätzen zu füttern, die ihre Argumentation auf das beste unterstützen – hier ein Nazi, welcher sagt: »Der Jude hat uns die Frau durch seine Art von Geschlechtsdemokratie gestohlen. Wir, die Jugend, müssen hinausmarschieren und den Drachen töten, damit wir das Heiligste auf Erden wieder zurückgewinnen, die Frau als Magd und Dienerin.« Oder Hitler, bei dem man sicher sein kann, daß er immer die Hand am richtigen Sack hat: »Die Botschaft der Gleichberechtigung der Frauen ist eine Botschaft, die einzig vom jüdischen Geist entdeckt wurde . . .« Nein, doch nicht ganz! Das kann man wirklich nicht sagen! Man müßte allzu viele ehrenwerte WASP-Damen grob beiseite schieben, wenn man die Emanzipation der Frauen ausschließlich den Juden zuschreiben wollte – aber ist diese Behauptung Hitlers andererseits so völlig abwegig? Die Juden *sind* der Geist der Emanzipation. Nachdem der jüdische Intellekt sich selbst von seinen eigenen Traditionen emanzipiert hatte (die so demutsvoll waren, daß die alten Kabbalisten ihr Leben mit dem Wagnis verbrachten, eine Schreibform für den Namen des HErrn zu finden, und diesen Namen auszusprechen, das wagten sie überhaupt nicht – konnte doch ein unwürdiger Mann damit in einem Augenblick das Universum zerschmettern: So primitiv waren die Juden!); – nachdem er sich selbst um den Preis eines Schadens, der nie gemessen worden ist, von den Instinkten der althebräischen Zunge befreit hatte (so viel Respekt hat diese Sprache vor den Rechten und Mächten des Baumes: »berühre Holz!« sagt der Jude, wenn jemand ein allzu stolzes Wort spricht. Und zweiundachtzig Worte hat sie allein für das Verbum »schneiden«: So primitiv, so primitiv waren die Juden!); – nachdem der jüdische Intellekt sich selbst von der Verachtung einer Welt emanzipiert hatte (funktionell gesehen), die keinem Volke trauen wollte, das so wenig über den Ackerboden wußte (und dabei war es doch durch diese Welt vom Ackerboden ferngehalten worden); – nachdem er wenigstens zum Teil über die psychischen Schuldgefühle und Probleme hinweggekommen war, die daher rührten, daß er die peinlichen

Gefühle teilte, die alle Leute mit gutem Benehmen empfanden, wenn sie mit einem allzu erfolgreichen Volk konfrontiert wurden, das mit nervösen, komplizierten Hand- und Kopfbewegungen und dem unausrottbaren Jammerton geschlagener Jahrhunderte in der Stimme aus dem Getto kam (obwohl es doch die Leute mit dem guten Benehmen gewesen waren, die es ursprünglich in das Getto gesteckt hatten) – ja, der jüdische Intellekt, die Juden, die sich schließlich vom Judentum emanzipiert hatten, die sich nun mit der Wissenschaft beschäftigen und Berufe ausüben konnten, die ihnen jahrhundertelang verschlossen geblieben waren – sie sind natürlich und wahrhaftig zum *Prinzip* der Emanzipation geworden. Über Jahrhunderte hinweg hatten sie in Furcht vor der Rache der Statthalter des Satans auf Erden gelebt (alle diese goldbetreßten christlichen Könige und Pfaffen!) und in Demut vor dem sie viel persönlicher betreffenden Zorn der rächenden Engel des HErrn, und so konnte es gar nicht anders sein, als daß sie nun mit einer von den Christen für unheimlich angesehenen Geschwindigkeit alle Bezirke der angesammelten und teilweise brachliegenden Folklore und Kultur Europas durchrasten – arme, ehrliche Leute, die nach der Sinnenarmut des Gettolebens durch keine vom Ziel ablenkende Begierde aufgehalten werden konnten, die nur vom Rausch des ungezügelten *Besser-sein-als-die-anderen*-Gedankens besessen waren, die durch die Kultur jagten, erfüllt von innerem Zorn auf einen Gott, der ihnen niemals vergeben, der sie jahrhundertelang unter dem Absatz seiner Verachtung zertreten hatte – kein Messias weit und breit –, und die gleich weiterrasten in die technologische Zukunft, die Zukunft voller unergründlicher Schrecken; so tief rasten sie in diese Zukunft hinein, daß sie von diesen Schrecken vielleicht niemals etwas erahnten, und gleichzeitig lösten sie sich völlig von allen tiefgründigen primitiven Traditionen, die in Europa noch weiterlebten: Der moderne Jude, mit der Peitsche aus seiner Welt der Tabus herausgetrieben, mußte zwangsläufig Einfluß auf allen Gebieten der Wissenschaft, der Medizin, des Rechts und der Finanzen gewinnen. Und ebenso wie die Juden hatte auch die moderne Technologie nur auf den richtigen Augenblick gewartet, um die Fesseln der Tradition und der kulturellen Beschränkung zu sprengen, in denen sie über die Jahrhunderte hinweg gelegen hatte. Es ist daher ganz natürlich, daß man die Juden für alle schleichenden Krankheiten der Technologie verantwortlich gemacht hat – schließlich waren sie die Missionare, die ihr gedient hatten! Dennoch ist das eine zu weitgehende Schuld, die man ihnen da auferlegt, denn andererseits waren sie weder die ursprüngliche treibende Kraft der Technologie noch ihr wesentlicher Geist, sondern höchstens ein Katalysator, der einen Prozeß beschleunigte, welcher in den ersten Stunden der Christenheit und in dem Augenblick begonnen hatte, als Christus bereit war, den Söhnen für die Sünden ihrer Väter zu vergeben. Nie ist gegen die primitive Tradition ein gewaltigerer Schlag geführt worden, keine Idee hat je soviel dazu beigetragen, den Menschen zur Ignorierung des Tabus und zum Experimentieren mit der Natur zu ermuntern. Denn die Furcht, daß ein Sakrileg den ganzen Stamm vernichten könnte, war damit geschwunden.

So findet sich in der Saat des Christentums gewissermaßen auch der Ursprung der Technologie, und damit viel-

leicht auch einer der Ursprünge für die Unbedeutend-
heit des Menschen. Der moderne Jude ist dabei weiter
nichts gewesen als der Mitläufer in der Welle, der Kon-
vertit!, der bescheidene Mit-Träger jener verborgenen
christlichen (und jetzt faustischen) Vision vom Erschlie-
ßen der letzten Geheimnisse der Natur. Deshalb konnte
Hitler die deutsche Wissenschaft auf Wegen vorwärts
treiben, die ursprünglich durch jüdische Erfindungen
gebahnt worden waren – durch Erfindungen der Juden,
die er dafür verdammte, daß sie die Feinde einer Tradition seien, welche er dann selbst zerstören sollte. Das
Ganze ist nicht schwer zu verfolgen. Man könnte in
diesem Ablauf auch gute Amerikaner finden, die den
Vietnamesen dadurch die Freiheit bringen, daß sie
Mangrovenwälder von ihren Wurzeln in der Erde befreien oder die Einwohner eines Dörfchens von den
Ketten der Existenz.
Der Gefangene wird nicht davor zurückschrecken, seinen
Gedanken dorthin zu folgen, wohin sie ihn führen – er
hat keine Angst, daß er sich plötzlich als gedanklicher
Vetter eines Nazis wiederfinden könnte, nein, dazu ist
er selbst bereits allzu emanzipiert – und er möchte gern
jene gedanklichen Wege erforschen, welche durch die
Nazis beinahe auf immer versperrt worden wären.
Wirklich, wenn man nur ein wenig Sinn für para-
noisches Wesen hat, könnte man dann nicht sogar
argumentieren, daß die Nazis das von Erfolg gekrönte
diabolische Werk eines Teufels waren, der den Menschen von seinen primitiven Instinkten abschneiden
wollte, um uns dann alle in einem Irrgarten aus Plastik
stranden zu lassen, der vielleicht das Gleichgewicht der
Natur zerstört, noch ehe jemand die ersten Gefahren-
zeichen erkennt? So weit und noch viel weiter kann

man von der Paranoia gebracht werden – denn was ist sie eigentlich anderes als der Glaube an den Teufel? Der Gefangene wird sich also auf den Weg machen, und er wird seinen Gedanken folgen – wohin es auch immer sei.

2

Ein nobles Unterfangen. Und welch ein Sturz von den Höhen solcher tapferer Impulse, wenn wir jetzt erfahren müssen, daß er auf eine Idee zurückkommen möchte, die die Leute noch jedesmal irritiert hat – auf die schlichte und simple Idee nämlich, daß die Masturbation ein Laster ist. Sogar der Archetyp eines Lasters – denn sie stiehlt Instinkte und zwingt sie in den Dienst der psychischen Herrschaft. Wenn das schon irritierend erscheint – abwarten! In den Kulissen steht schon ein Zitat und wartet auf seinen Auftritt. Wieso können wir gleich erkennen, daß es aus Millett-Land stammt?

... (Mailer) verdammt das Onanieren nach der aufgeklärten Art eines viktorianischen Arztes: »Das Onanieren ist schlecht«, es »verkrüppelt den Menschen« und endet mit »Wahnsinn«. Er übertrumpft sogar noch die Viktorianer und die Kirche und schließt sich dem Chor der Nazipropaganda an: »Der Kern der Sache ist, daß die Hauptverantwortung einer Frau wahrscheinlich darin besteht, so lange auf Erden zu verweilen, bis sie den bestmöglichen Mann für sich gefunden und Kinder hat, welche die Spezies Mensch verbessern.«

Millett zitiert hier ein Interview, das mit Paul Krassner von der Zeitschrift *The Realist* geführt wurde und für dessen Abdruck[50] sich der Schriftsteller schon seinerzeit bei seinen Lesern mit den Worten entschuldigt hat: »In dieser Unterhaltung knirschen die Thesen vorbei wie die Waggons eines zwei Meilen langen Güterzuges.«

Frage: Würden Sie nicht sagen, daß Sie ein wenig puritanisch sind, wenn es um die Onanie geht?

Antwort: Ich bin der Auffassung, daß die Onanie schlecht ist.

Frage: In bezug auf die heterosexuelle Erfüllung?

Antwort: In bezug auf alles – auf den Orgasmus, die Heterosexualität, den Stil, die Haltung, die Fähigkeit zum Kampf für die richtige Sache. Ich bin der Meinung, daß die Onanie die Menschen verkrüppelt. Sie verkrüppelt sie nicht völlig, aber sie dreht sie einfach in eine schiefe Richtung, erzeugt schlimme und oft langanhaltende Spannungen. Ich frage mich, hat irgend jemand einmal die Beziehungen zwischen dem Zigarettenrauchen und der Onanie studiert? Wer seine Jugend onanierend verbringt, tritt in das Erwachsenenleben kaum mit dem Gefühl ein, ein Mann zu sein . . .

Frage: Wäre es möglich, daß Sie eine totalitäre Einstellung gegen (die Onanie) haben?

Antwort: Ich würde nicht sagen, daß alle Leute, die onanieren, grundsätzlich schlecht sind – im Gegenteil, wahrscheinlich onaniert auch eine ganze Anzahl der besten Menschen dieser Welt. Aber ich behaupte, daß die Onanie eine erbärmliche Beschäftigung ist.

Frage: Nun, damit kommen wir auf direktem Wege wieder zurück zu absoluten Werturteilen. Wissen Sie – für manchen kann die Onanie doch auch etwas sehr Schönes sein –

Antwort: Mit welchem Ziel? Zu welchem Ende? Wer wird schließlich etwas davon haben?... Die Onanie macht kaputt. Man macht sich selbst kaputt...

Frage: Ich glaube, Ihre Behauptungen enthalten einen grundsätzlichen Fehler. Warum wollen Sie annehmen, daß die Onanie eine Selbstschädigung ist? Kann sie nicht auch ein Vergnügen für das eigene Selbst sein? Ich will die Onanie nicht verteidigen – oder doch, ich verteidige sie, ja, als Ersatz, falls oder wenn –

Antwort: Also gut, geben Sie acht. Wenn man liebt, dann geht alles, was gut oder schlecht am eigenen Selbst ist, in jemanden anderen über. Ich meine das buchstäblich. Ich bin nicht interessiert an der biochemischen Seite der Sache, oder an der elektromagnetischen, oder daran, wie die psychischen Wellen hin- und herfliegen, oder was sie überhaupt sind. Ich weiß nur eines: Wenn man mit einer Frau schläft, dann verändert man sie ein wenig und wird auch selbst von ihr verändert... Wenn man den Mut aufbringt, an alle Aspekte des Liebesakts zu denken – ich meine, nicht einfach nur mechanisch zu denken, sondern richtig nachzudenken, sich innerlich mit dem Liebesakt zu befassen –, dann wird man von ihm *verändert*. Selbst dann, wenn es einen Mißklang gegeben hat. Denn um das eigene Gleichgewicht wieder zu erlangen, muß man sich mit allen Gründen für diesen Mißklang auseinandersetzen.

So hat man schließlich eine Erfahrung hinter sich, die fruchtbar ist. Fruchtbar deswegen, weil man nun imstande ist, sich in schwierigere und wertvollere Einsichten als vorher *hineinzufühlen*. Man ist imstande, ein klareres, heroischeres Leben zu führen, wenn man diese Erfahrung aufnehmen und verarbeiten kann.

Aber wenn man onaniert, dann passiert nur eins – alles, was schön und gut am eigenen Selbst ist, strömt in die Hand und von da in die Luft und ist ein für allemal *verloren*.

Und was, zum Teufel, kann man absorbieren? Man hat sich nicht selbst erprobt. Verstehen Sie, in gewisser Weise beantwortet der heterosexuelle Liebesakt Fragen, und man kann wenigstens auf ein paar Antworten weiter aufbauen. Wenn man aber onaniert, dann wird die Fähigkeit, über die eigene Erfahrung kontemplativ nachzudenken, gestört. Statt dessen stellen sich Machtphantasien ein und stören selbst den Schlaf.

Wenn man sich, zum Beispiel, beim Onanieren ein wundervolles Sex-Baby vorstellt, dann weiß man immer noch nicht, ob man dieses Mädchen auch in Wirklichkeit lieben könnte, ob man ihm gewachsen wäre. Alles, was man von sich erfährt, ist, daß man sie *im Geiste* vergewaltigen kann. Na, und das nutzt ja nicht viel.

Aber wenn man den Kampf aufgenommen hat, ob gut oder böse, und am Ende die wunderschöne, sinnliche Dame in den eigenen Armen wiederfindet, dann verändert sich das eigene Leben, wenn es eine gute Erfahrung ist – und wenn die Erfahrung nicht gut ist, dann verändert sie das Leben auch, wenn auch auf weniger glückliche Weise. Aber wenigstens weiß man etwas über das, was passiert ist. Man hat etwas Wirkliches, auf das man bauen kann.

Die Onanie muß sich immer in Richtung auf den Irrsinn bewegen.

Die Gedanken des Schriftstellers waren damals ziemlich dickflüssig – und daher kommen eben zünftige Schlägereien und schöne Sex-Bienen als Essenz dieser Dickflüssigkeit heraus. Aber er war wenigstens bei einem Ergebnis angelangt, das er noch heute als akzeptabel ansehen würde: daß eine Konfrontation existiert zwischen dem Ficken und der Realität. Denn das Ficken hat entweder eine Bedeutung, die bis zu den Wurzeln der Existenz hinabreicht, oder es hat gar keine. Dabei kann Sex selbstverständlich nicht so einfach verstehbare Inhalte haben wie beispielsweise die *Nahrung*. Natürlich kann das Ficken keinen Menschen ernähren – in diesem Sinne hat es weniger Bedeutung als das Essen. Aber wenn man sich vorzustellen versucht, daß hinter dem Universum ein Entwurf steht, daß die Menschheit eine bestimmte ABSICHT verkörpert – man stelle sich nur einmal vor, daß für uns ein bestimmtes Geschick beabsichtigt – zumindest! – *beabsichtigt* ist und daß deswegen das menschliche Wesen nicht absurd ist, nicht völlig absurd; man stelle sich vor, daß irgendeine IDEE (oder immerhin der Zusammenprall dieser IDEE mit sonstigen Ideen) ständig wirksam ist – dann kann man auch nicht mehr so einfach sagen, daß der Sex absurd (und bedeutungslos) wäre. Denn mit einer Metaphysik zu leben, die dem Menschen eine ihm verliehene Gabe zukünftiger Bestimmung zugesteht, aber den Akt, der ihn schafft, gleichzeitig von dieser Bestimmung ausschließt, wird nun wesentlich schwieriger als die Annahme, daß diese Bestimmung durch den Charakter jenes Augenblicks, in dem sie und mit ihr der Mensch gezeugt wird, eine erste Ahnung ihrer zukünftigen Möglichkeiten erhält. Welch komplizierte und lange Methode, zu sagen, daß ein schöner

Fick auch ein schönes Kind macht! Das Ganze wäre geradezu göttlich einfach, wenn nicht augenblicklich die menschliche Perversität dazwischenkäme. Dabei wissen wir doch alle, daß das Ficken eben komplex und widersprüchlich ist, daß Leute, die sich gegenseitig kaum ausstehen können, manchmal sexuelle Erlebnisse haben, die nach Meinung beider geradezu sensationell sind, und manche Paare fliegen mit Marihuana, Benzedrine-Tabletten und Anti-Baby-Pillen einfach in einem wilden Feuerwerk hoch: »Großartiger Fick, einfach großartig!« Andererseits kann aber die schönste Liebe zwischen den besten Köpfen auf den schönsten Körpern unter Umständen via Geschlechtsverkehr überhaupt nichts werden: Sex kann nur allzu viele Formen annehmen, für die einen die Liebe, für die anderen die Lust! Sex kann zur Empfängnis führen und gleichzeitig so viel Freude bereiten wie kalte Pisse – nicht umsonst ist die Welt voller Menschen, die Gesichter wie kalte Pisse haben! –, Sex kann auch einfach nur eine Transaktion sein, ein gemeinsames vorübergehendes Benutzen, und doch kann jederzeit der Strahl des Himmels deine Hüfte treffen – man kann es vorher nicht sagen, man kann niemals etwas sagen, und das ist der Grund, weshalb die Romanschriftsteller auf ewig von diesem Thema besessen sind: Sex ist ein sich endlos ausbreitendes Grenzgebiet. Und ein Gebiet, für das es keine Landkarten gibt! Die Wegweiser, welche so tun, als ob sie existieren, werden immer wieder in die entgegengesetzte Richtung gedreht: »Die Onanie führt nicht zur Geistesgestörtheit, aber die Onanie führt dazu.« Nein – das Land des Fickens ist kein Ort, wo man sicher seinen Weg findet. Und deshalb ist der Drang so stark, alle intellektuellen Bemühungen einfach beiseite zu werfen, Sex für absurd zu erklären und statt dessen die Onanie einzuführen. »Sich sein Vergnügen zu holen, wo immer es sich herausziehen oder hineinschieben läßt.« Aber wenn DER ONANIST einmal die Herrschaft übernommen hat, was hält dann noch den Rest der Existenz, Bezirk um Bezirk, davon ab, sich zentimeterweise gleichfalls immer weiter hinüber ins Absurde zu verschieben, bis dann schließlich die sexuellen Rechte weiter nichts mehr sind als eine komplizierte Form des Privatrechts, eine Art von verworrenem Recht auf Eigentum? Aber Eigentum ohne festgelegten inneren Wert ist weiter nichts als ein Gegenstand für absurde Streitereien. Und wenn der Sex bedeutungslos ist, dann wird es die Empfängnis auch – jedenfalls, solange sie noch mit dem Sex verbunden ist. Es wäre dann also besser, sie Samenbänken und extra-uterinen Behältern zu überlassen. Aber wenn die Empfängnis einmal nichts mehr mit Männern und Frauen zu tun hat, dann werden sich auch die Anstrengungen der Menschen auf sämtlichen anderen Gebieten verringern. Denn wenn die Wurzel des eigenen Samens völlig unabhängig von den Tugenden des Liebesakts zu sein scheint, dann ist sogar auch die Gesellschaft der oberen Zehntausend mit ihren Verkuppelungs-Ritualen nur noch ein absurdes Anhängsel angesichts der Tatsache, daß sich eine Verbesserung der menschlichen Rasse viel schneller durch das Zusammenbringen der idealen (thermostatkontrolliert am Leben erhaltenen) Samenzelle mit dem idealen Ei erreichen läßt. Auf diese Weise wird eines ganz sicher erreicht: Das Endspiel des Absurden – die staatlich gelenkte koitusfreie Empfängnis. Wir beschäftigen uns hier mit einer komischen Perspektive – jedenfalls hoffen wir das. Aber da die Gefahr des

Absurden darin liegt, daß es noch mehr Unsicherheit verursacht als die Suche nach einem göttlichen Zweck, sollten wir uns jetzt auch mit der Möglichkeit beschäftigen, daß Sex wirklich eine Bedeutung hat. Wir tun das nicht aus Gründen der Frömmigkeit, sondern nur der Sicherheit wegen. Und noch einmal wenden wir uns an Millett. Ihr Wert ist unschätzbar. Manchmal suchen Glücksspieler ihr ganzes Leben lang nach jemandem, der setzt und doch kaum jemals die richtige Zahl wählt. (Damit sie nämlich sorgfältig zusehen und dann das Gegenteil tun können.) Ebenso steht Millett in voller Größe vor uns da draußen und zeigt uns den Weg – er führt immer in die Richtung, der sie gerade ihr Hinterteil zudreht.

Jetzt bezieht sie sich auf *Womanhood and The Inner Space* von Erik Erikson:

> Wie sehr sich Erikson auch bemüht, die Lage freundlicher darzustellen, er kann nie im rechten Moment aufhören und geht immer so weit, bis dann auf einmal seine Abneigungen oder seine Zweifel gegenüber der eben noch so positiv bewerteten Situation durchbrechen. Selbst der Besitz eines Schoßes und einer Gebärmutter wird dann etwas Nachteiliges, da die Frau ja in jedem Moment, in dem sie nicht schwanger ist, »unerfüllt« bleibt: »Kein Zweifel, die Existenz des produktiven Innenraums setzt die Frau einer spezifischen Art von Einsamkeitsangst aus: der Furcht, leer gelassen oder eines Schatzes beraubt zu werden, unerfüllt zu bleiben, auszutrocknen ... Denn wie bereits erwähnt, legen klinische Beobachtungen die Vermutung nahe, daß in der weiblichen Erfahrung der ›Innenraum‹ ebenso das Zentrum ihrer Verzweiflung wie das Zentrum einer potentiellen

Erfüllung sein kann. Leere ist die weibliche Form des Verlorenseins – die manchmal auch von Männern mit einem geistigen Innenleben erfahren wird ... für Frauen ist diese Einsicht ganz alltäglich. Verlassen zu sein, bedeutet für sie, leer zu sein ... Dieser Schmerz kann bei jeder Menstruation von neuem erfahren werden; es ist wie ein Schrei vom Himmel, wie die Klage um ein Kind; und er vernarbt mit den Wechseljahren.« Der Versuch, die Schwangerschaft mit dem künstlerischen Schaffensprozeß gleichzusetzen (der, im Gegensatz zum weiblichen Monopol des körperlichen Innenraums, als männliches Monopol des »geistigen Innenlebens« gilt), erregt Aufmerksamkeit. Doch verliert sich alles schnell in einer üppigen Prosa, in der die Menstruation als schmerzlicher Verlust angesehen wird. Das ist eine mehr oder weniger interessante poetische Floskel, aber als Beschreibung weiblicher Gefühle absurd. Denken wir einmal Eriksons Gedanken zu Ende: Dann finden wir, daß eine Frau, grob gerechnet, ungefähr 450mal in ihrem Leben menstruiert – Der Kummer über so viele Verluste und so viele ungeborene Kinder läßt sich dann leicht als der Alptraum eines Bevölkerungsstatistikers identifizieren.

Welch tödlicher Witz! In ihm liegt die ganze smarte Schlaumeierei einer Diskussion im Seminar: Wir können richtig hören, wie die Studenten bei den 450 Menstruationen zu lachen anfangen, und über den »Alptraum eines Bevölkerungsstatistikers« schlagen sie sich dann vor Vergnügen auf die Schenkel – Menstruation als Verlust, als Trauerfall, ist nur ein weiterer Teil des Absurden. Aber Millett ist so nett gewesen, uns immerhin einen Fingerzeig zu geben, das heißt, genauer gesagt, sie hat uns eine Bedeutung klargemacht. Und zwar mit den Worten: ».. . die Schwangerschaft mit dem künstlerischen Schaffensprozeß gleichzusetzen.« Denn warum sollte man nicht beginnen, sich das Ei als ein besonderes Produkt vorzustellen, sogar als ein Kunstwerk? Warum sollte man es von vornherein für unvorstellbar halten, daß eine Frau irgendwo im Unbewußten die Essenz ihrer Erfahrung anzapfen, daraus das Mark ihrer Emotionen ziehen und die Kraft ihrer unerfüllten Sehnsüchte Form werden lassen kann – umwunden von den Ränken eines Schwurs, angereichert mit dem psychischen Gewinn vergangener Schmerzen, und gewürzt mit den Nadeln ihres Trotzes? Warum sollte eine Frau nicht auch die entlegensten Gänge ihres Körpers durchsuchen können, um unter allen Eigenschaften diejenige zu finden, die sie in die Zukunft gleiten lassen oder in sie hineinschleudern will? Warum sollte sie nicht das aussuchen können, was sich an ihr am schönsten entwickelt hat – oder andererseits auch das, was an ihr krank ist? (Denn eine ungesunde Frau kann ein essentielles Leiden, einen inneren Abgrund oder eine innere Fäulnis auf dem Wege über eine Schwangerschaft loswerden, von der sie weiß, daß sie eine Fehl- oder Totgeburt werden wird.) Ja, die Gegenwart, die Vergangenheit und die Vorstellung einer möglichen Zukunft sind möglicherweise die Bausteine eines jeden Eis, und selbst die dümmste und demoralisierteste Frau ist hier imstande, ein physisches Meisterwerk mikroskopischer Schöpfung zu schaffen. Wenn das so ist, dann kann man sich die Trauer darüber vorstellen, daß es jeden Monat wieder verlorengeht.

Das ist eine hübsche Vision, aber sie ist noch zu einfach.

Denn sie bietet noch keine Erklärung für die Absurdität der 450fachen Wiederholung dieser Schöpfung (Wehklagen über jeden einzelnen Trauerfall!), es sei denn, wir geben zu, daß das Ei jeden Monat anders sein könnte – so wie die Erfahrungen der betreffenden Frau jeden Monat variieren können –, und wir befreunden uns weiterhin mit der Annahme, daß die am sehnlichsten erwünschten Eigenschaften oder Talente vielleicht monate- oder jahrelange Arbeit in den Eierstöcken brauchen – welch ein zusätzlicher Schmerz wäre das noch, wenn nach Jahren des Experimentierens an immer neuen Eiern endlich ein besonderer Teil des Werks gelungen ist, und dann wird das so vollendete Ei wie alle anderen vor ihm einfach hinweggespült! Welch ein besonderes Kneifen in den Krämpfen des betreffenden Monats, welch ein schabendes Gefühl des Verlusts! Nicht alle Trauerfälle sind gleich! Und jetzt wollen wir die Sache noch komplexer machen und annehmen, daß diese jahrelangen oder monatelangen Projekte umgestoßen, oder durcheinandergebracht, oder plötzlich beschleunigt werden können, wenn plötzlich eine neue sexuelle Erfahrung eintritt, ein wilder Fick, der eine Fackel entzündet oder wie rauschender Samt in der Nacht ist, ein – beschweren wir das Problem mit ein wenig deutscher Gewichtigkeit – ein *historischer* Fick! Durch ihn ist jetzt das Kunstwerk des Eis in etwas gleichzeitig Wundervolles und Chaotisches verwandelt worden, aber auch das Chaotische ist eigentlich ganz angenehm – eine Frau hat sich in einen neuen Mann verliebt, er gibt ihr neues Leben, aber welch ein Jammer in diesem Monat, welch eine Konfusion des Jammers darüber, daß sie (1) von dem neuen und wundervollen Liebhaber nicht empfangen hat, sich aber auch (2) nicht ganz mit der Tatsache zurechtfinden kann, wie machtvoll doch das geheime Zentrum ihres Egos – das nämlich gar nicht verliebt ist – über das Versagen des Eis erfreut ist, und (3) kommt dann Jammer, einfacher altmodischer Jammer über all die wundervollen Eigenschaften, die sie dem Ei mitgegeben hatte, weil sie ursprünglich an eine ganz andere Situation dachte – an ein Kind mit einem Mann, sagen wir einmal, den sie nicht liebt, und deswegen hatte dieses eine Ei so besonders viele schöne Eigenschaften, sie hatte viel mehr Arbeit auf seine Ausstattung verwandt, um aus der Saat ihrer Einsamkeit einen Künstler werden zu lassen – und nun ist das alles verloren! Jetzt ist ein neuer Geliebter da, und mit ihm kommen neue Tugenden – eine andere Art von Kind bereitet sich jetzt vor: Es wird einmal ein Sportler werden. Oder ist ein zukünftiger Industriemanager auf dem Weg? Welch ein Wirrwarr des widersprüchlichen und weithin hallenden Jammers zieht sich doch durch einen solchen Monat!

Und dann kommen andere Monate, andere Jahre, die nichts als den Fluch der dumpf mahlenden, rhythmisch ablaufenden Wochen zu bieten haben. Der Horizont hängt niedrig, nirgendwo eine Hoffnung auf Empfängnis. Die Luft aller Frühlingstage ist erfüllt von den Chemikalien der Verhütungsmittel. Das Kunstwerk des Eis ist stumpf geworden, alles ist gleichgültig. Und doch bohren die Schmerzen weiter, denn das im Ei verlorene Kunstwerk wandert jetzt durch den Körper, findet keine Heimat im Fleisch – kann sich jemand vorstellen, daß aus dem Tod dieses Kunstwerks auch die wildeste, völlig unergründliche Tollheit oder Depression heraussickern kann? Ja, es gibt genug Variationsmöglichkeiten für 450 einzelne und jedesmal tief einschneidende Trauerfälle. Aber wenn der Mann auch das Glück hat, sich nicht jeden Monat Auge in Auge mit dem Fehlschlag seiner tiefinnersten Projekte wiederzufinden (was ihn in den Stand setzt, sich Plänen zuzuwenden, die Jahre erfordern – oder ihn auch zehn Jahre lang blenden, ehe er merkt, wie wenig er vollbracht hat), so ist das doch kein reines Glücksgeschenk für sein Geschlecht. Denn wo der Schmerz, zu wissen, wieviel sie hinter sich gelassen, wieviel sie jeden Monat auf immer verloren hat, die Frau fast wahnsinnig macht, da wird der Mann deshalb wahnsinnig, weil er zuwenig weiß – zuwenig darüber, weshalb er versagt. Immer steht er unter dem Druck von Gedanken, die sein Gehirn nicht erreichen können. Dennoch, wer weiß, was sein Same alles enthält, wenn er ihn über den Raum der Ewigkeit schleudert, über jene paar Zentimeter des *Coitus Vaginae* – ist es sein Maßstab, seine Bedeutung, seine Vision eines zukünftigen Mannes? Wer weiß! Seine Samenfäden zählen nach Millionen. Sind sie überhaupt mehr als eine einfache elektrische Ladung, das Ausrollen einer Woge? Das Ei ist riesenhaft im Vergleich zur Samenzelle, 50 000mal so groß ist sein Volumen – eine Zahl, die der Schriftsteller völlig vergessen hatte (und nachschlagen mußte), aber das ist ja auch kaum wichtig. Ein menschliches Ei ist nicht einmal so groß wie eine Nadelspitze, und die Samenfäden kann man überhaupt nur im kalten Licht des Mikroskops sehen, wo sie wie Engel – soweit es den Engeln nichts ausmacht, wie Molche auszusehen – zu Hunderten, oder, wenn man die Vergrößerung verändert, zu Tausenden herumtanzen.

Frage: Ich will Ihnen sagen, was mich stört – es ist Ihre mystische Auffassung von der Sache. Sie sagen

Worte wie: »Vielleicht läßt man das beste Baby, das man in sich hat, einfach in die Hand verströmen« – aber wenn man Geschlechtsverkehr hat, wie viele ungenutzte Samenzellen sind denn dann wohl in einer einzigen Ejakulation?

Antwort: Hören Sie zu. Amerika wird von einem Haufen halb wahnsinniger Wissenschaftler beherrscht, und das sind Männer, die überhaupt nichts vom Akt der Schöpfung wissen. Wenn die Wissenschaft kommt und sagt, in jedem Samenerguß befinden sich eine Million Spermatozoen, dann müssen Sie das gleich zur Basis Ihrer Argumentation machen. Dabei ist das vielleicht gar keine wirkliche Basis.

Wir wissen eben einfach nicht, was *wirklich* ist. Wir wissen es nicht. In dieser ganzen Million von Samenzellen befinden sich vielleicht nur zwei oder drei, die überhaupt eine wirkliche Chance haben, das Ei zu erreichen. Die anderen sind nur als Unterstützungsarmee da, oder, wenn wir an die Geburtenregelung denken wollen, als Auswahlkomitee. Diese Samenzellen machen sich von vornherein nicht als wirkliche Samenzellen auf den Weg. Sie mögen unter dem Mikroskop zwar genauso aussehen – aber schließlich würde ja auch ein Marsbewohner, der uns durchs Teleskop betrachtet, keinen Unterschied zwischen einem kommunistischen Bürokraten und einem FBI-Mann finden.

Frage: Nun, da ist ja auch keiner.

Antwort: Krassners linker Haken sammelt Punkte . . . Aber der Hauptpunkt ist der, daß die Wissenschaftler gar nicht wissen, was vor sich geht. Das Zusammentreffen des Ovums mit den Spermatozoen ist für das Laboratorium zu geheimnisvoll. Selbst das Elektronenmikroskop kann keine Streifenbildung erkennen, die vielleicht auf die Leidenschaft einer Samenzelle hinweist. Oder auf ihre Willenskraft.

Nein, der Schriftsteller ist nicht an der biochemischen Seite der Sache interessiert, auch nicht an der elektromagnetischen und auch nicht an der Lösung solcher Rätsel wie dem, was wohl die Bedeutung dieser Million Samenzellen sein mag – aber eines weiß er: Wenn der Sex Bedeutung hat, dann kann auch die Empfängnis nicht ohne Bedeutung sein – was in anderen Worten auch heißen kann, so meint der Schriftsteller, daß eine Frau nicht von jedem Mann gleich gut empfangen kann. Denn der Sex, auf sich selbst gestellt, wird kaum weniger wählerisch als rein hungrig sein. Wenn man einmal darüber nachzudenken beginnt, ist es schwer vorstellbar, daß im Körper einer Frau ein System der Empfängnis existieren sollte, das nicht gleichzeitig auch die Kräfte eines Systems der natürlichen Empfängnisverhütung besitzt. Selbstverständlich denkt der Schriftsteller dabei nicht an solche Barbareien wie das rhythmische System der Kirche (nach Knaus-Ogino) – nein, das ist nur eine Foltermethode für das Ei. Die Annahme erscheint ihm vernünftiger, daß der weibliche Körper unter seinen vielen anderen biologischen Schutzmechanismen auch die Fähigkeit besitzt – oder einmal besessen hat – auszuwählen, auszusuchen, oder abzulehnen und sogar in den ersten Minuten und Stunden nach der Empfängnis noch abzustoßen, was dem Schoß nicht erwünscht ist. Und er meint, daß diese Kraft einstmals formidabel gewesen sein muß, daß die Frau vergangener Jahrhunderte durch Hunderte von Menstruationen und Tausende von Geschlechtsakten gehen konnte, ohne sich Sorgen machen zu müssen, daß sie von einem

Mann schwanger werden könnte, dessen Sperma nicht perfekt zu dem Ei paßte, mit dem sie selbst das Bild des zukünftigen Lebens so aufgebaut hatte, wie sie es erschaffen wollte. Und wenn jetzt die ganze menschliche Geschichte antreten will, um zu bezeugen, daß Frauen überall und immer auch auf die unerfreulichste Weise empfangen haben, wenn ein Mann nur seine Hose ans Bett gehängt hat, zum Beispiel, oder in einer blödsinnigen Nacht mit irgendeinem nie wieder auftauchenden lächerlichen Liebhaber, oder mitten in einem bedeutungslosen Monat, und empfangen von einem Freund oder einem völlig Fremden mit gleicher Leichtigkeit, wenn das alles angeführt wird, dann ist der Schriftsteller bereit, seinerseits zu antworten, daß alle Finessen, alle Perversitäten, alle Verwirrungen und alle tiefen Bedürfnisse der Frau natürlich auch bei der Empfängnis eine Rolle spielen, daß manche Frauen einen geradezu quälenden Drang haben, befruchtet zu werden, ganz gleich von wem, daß das Ei bei ihnen ohne einen Gedanken an den Mann konzipiert ist (eine Perle des Narzißmus ist es, dieses Ei!) und daß noch eine viel schrecklichere Katastrophe als eine unerwünschte Schwangerschaft den Körper bedroht, wenn diese Konzeption jetzt wiederum verschwendet wird: Es sind die einsamen Frauen mit dem fast hoffnungslosen Leben, die empfangen, und wissen nicht wo – ein betrunkenes Übereinanderfallen im Flur, ein nervöses Rucken im Dunkeln: Sie empfangen wegen des Eis, nicht wegen des Samens.

Und es gibt Frauen, ja, es soll Frauen geben, die geradezu Modelle der Regelmäßigkeit sind, ihr Ei erreicht früh einen hohen Standard und wird dann über die Jahre hin in winzigen Kleinigkeiten immer weiter verbessert, es wird leicht geopfert, wenn der verfügbare Mann nicht den Köstlichkeiten ihrer Vorstellung entspricht (nur gering ist dann die Trauer), Frauen von einwandfreier Ordentlichkeit sind das, sollte man sich denken, und die Spermatozoen ihrer Männer können sich jahrelang abrackern, ohne etwas zu erreichen – bis sie selbst einen Monat bestimmen, um ein Kind zu bekommen. Die Geburtenregelung existierte schon lange in der Psyche so mancher Dame, ehe selbst so primitive Verhütungsmittel wie das Präservativ in Schwang kamen. Ja, im Verlaufe der Geschichte muß es bereits jede auch nur mögliche Variation der Fähigkeit zu empfangen oder nicht zu empfangen gegeben haben – diese Macht ist schließlich zu einem Ausdruck des Charakters einer Frau geworden, vielleicht zum tiefgehendsten Ausdruck ihres Charakters überhaupt, und aus diesem Grunde auch ein Hinweis darauf, wie oft sie sich verliebt. Eine Frau könnte sogar wissen, wann die Liebe bei ihr Einzug gehalten hat. Dann nämlich, wenn in einem schönen Monat die Macht der Empfängnisverhütung sich selbst aufgibt.

Aber natürlich ist diese Macht unbewußt. Die Gabe, zu wissen, warum man einen Liebhaber nimmt, der eigentlich unsinnig ist, warum ausgerechnet er, unter allen Männern, der Vater des eigenen Kindes werden soll, wo viele andere, so viel Leidenschaftlichere oder so enorm viel Vernünftigere, das nicht geworden sind – diese Frage zu beantworten geht häufig über das Wissen einer Frau hinaus. Die Macht ist unbewußt, sie wirkt in der Nacht und im Entstehen des Eis, die Macht ist häufig für den Geist nur eine Ahnung und daher schwierig zu entschlüsseln. Die Frau mißtraute im Lauf der Zeit immer mehr der (von den Männern geradezu gehaßten) irrationalen, oft unerträglichen Belastung einer Schwangerschaft zur falschen Zeit, im falschen Jahr oder in Verbindung mit dem schlimmstmöglichen Partner: Immer stärker wurde der Wunsch, nicht mehr der exotisch-unfaßbaren weiblichen Fähigkeit zu vertrauen, einfach nicht zu empfangen, sondern die Verantwortung der technischen Begabung der Männer zu überlassen.

Und nach Jahrhunderten, in denen die menschliche Bevölkerung nur ganz langsam zunahm und in denen gesunde Frauen die Empfängnis nur dann annahmen, wenn es die klügstmögliche Entscheidung in einem manchmal von unklugen Entscheidungen und Schwierigkeiten erfüllten Leben schien, nach Jahrhunderten des Lebens ohne jede Verhütungsmittel, in denen die Frauen ständig auf der existentiellen Schneide des Wissens lebten, daß die Schwangerschaft den Tod bedeuten konnte, daß aber *keine* Schwangerschaft noch viel Schlimmeres nach sich ziehen könnte – nach diesen furchterfüllten, existentiellen Jahrhunderten konnte nun die Zeit der sexuellen Prophylaxe anbrechen. Als Ergebnis begannen die Geburtsraten zu steigen.

Natürlich war es die Medizin, die diese Veränderung verursachte. Säuglinge starben nicht halb so häufig wie einst. Es war die medizinische Technik, welche die Bevölkerung der Welt vermehrte. Aber vielleicht stieg auch einfach die Zahl der Empfängnisfälle an, auch unter den kultiviertesten und zivilisiertesten Frauen, weil ja eine Fähigkeit verlorengegangen war. Hochgepäppelt, zugekorkt und standhaft gemacht durch eine Reihe von Geräten und Chemikalien, welche die weibliche Physiologie auf einen ganz neuen Platz verschoben und fast unerträgliche Knoten in die sexuelle Begierde schlangen, bewaffnet mit Hilfsmitteln, die unfehlbar oder fast unfehlbar waren – welche neuen Ängste ergaben sich da! Die Macht, nicht zu empfangen, war jetzt herumgestoßen, verwirrt, unbenutzt, oder sie wurde in verwirrter Verzweiflung bei den verschiedensten Gelegenheiten angewandt, rein zufällig. Sie wurde zu einer Macht, die immer mehr der Hysterie glich, denn ihre verschiedenen Empfindungszentren müssen einem jener zuckenden Laboratoriumskaninchen geglichen haben, denen man Elektroden in das Gehirn gepflanzt hat.

Aber man bedenke, daß der Verlust dieser Macht immer noch gering wiegt, verglichen mit den Schäden, die dem Ei in diesen Jahren der Empfängnisverhütung auf künstlichem Wege zugefügt worden sind. Was für eine verpfuschte und verwirrte Halb-Schöpfung muß das Ovum geworden sein! Erst von den Jahren der Atrophie abgestumpft und dann von der plötzlichen Entscheidung aufgepumpt, in einem vorgeplanten und vorbestimmten Jahr ein Kind zur Welt zu bringen – welches unvollständige Werk weiblicher Schöpfungskraft! Und die Frau lebt dabei möglicherweise noch in der Furcht, daß sie die Fähigkeit zur Empfängnis überhaupt verloren hat, selbst mit Samen, der ihr widerstrebt. Was für eine negative Eugenik kann hier ihren Anfang nehmen! Welch fieberische Bereitschaft, Samen aufzunehmen, gleich welcher Art! Welche Legionen von Mittelmäßigen und Unternormalen werden vielleicht noch auftreten als Zeugen für die erstickten Ströme, die verkrusteten Felder, die von Krankheit befallene Luft der Jahre der Endzeit! Der Schriftsteller überlegt an diesem Punkt, ob seine visionäre Schau nicht manches Mal gefühlsmäßig nur allzu bereit ist für die Apokalypse.

3

Also hat er sich nach Bildungsmaterial umgesehen, das diese Dinge vielleicht etwas weniger instinktiv behandelt als er selbst. Und er hat das Glück gehabt, ein Taschenbuch zu finden, welches seinen Bedürfnissen in geradezu perfekter Weise entgegenkommt. Denn es handelt sich um die populärwissenschaftliche Arbeit eines Schriftstellers namens Rorvik, die sich auf die Forschungen eines Arztes bezieht, welcher »durch die Entdeckung und Identifizierung der das männliche oder das weibliche Geschlecht produzierenden Spermatozoen international bekannt wurde«: Dr. Shettles vom *Columbia Presbyterian Medical Center*, Professor am *College of Physicians and Surgeons*. Dr. Landrum B. Shettles – der Name ruft in dem Schriftsteller ungefähr dasselbe Glücksgefühl hervor wie die Erwähnung von Bella Abzug, denn das auf der Arbeit des guten Doktors basierende Buch nennt sich: *Your Baby's Sex: Now You Can Choose*[51] *(Das Geschlecht Deines Kindes: Jetzt kannst du es wählen)*, und es entwickelt eine Methode zur Bestimmung des Geschlechts bei Kindern – im voraus! Der Stil entspricht zwar genau dem, was man von einer Entdeckung erwartet, die in *Reader's Digest* groß herausgebracht worden ist, aber dafür gibt das Buch immerhin ein klares und einfaches Bild der Vorgänge und ist erfüllt von jener freundlichen Vulgarität, die sich immer dann einstellt, wenn Millionen von Amerikanern zur gleichen Zeit über etwas aufgeklärt werden sollen:

Während des Geschlechtsverkehrs ejakuliert der Mann durchschnittlich 400 Millionen Samenzellen in die Vagina. Warum produziert und verströmt der Mann so viele dieser mikroskopisch kleinen Wesen? Hier ist die Antwort – oder wenigstens ein Teil der Antwort. Er tut es deswegen, weil die Lebensbedingungen in der Vagina für die Samenzellen, die kleinsten Zellen des Körpers, feindlich sind. Sie sterben zu Millionen bereits kurz nachdem sie ausgestoßen wurden, hingeschlachtet von den Säuren, die sich mannigfach in der Vagina finden.

... Wenn man ihre Größe in Betracht zieht ... ist ihre Reise über die Strecke von 18 Zentimetern durch Geburtskanal und Gebärmutter bis hin zum wartenden Ei für sie ebenso weit wie für den wandernden Lachs eine Strecke von 800 Kilometern gegen den Strom! Und doch vollenden sie diese gefährliche Reise oft in weniger als einer Stunde, womit sie ihren Titel als »die stärksten und schnellsten Lebewesen dieser Erde« mehr als verdient haben.

Nur die Tüchtigsten überleben und dringen durch den Muttermund in die Gebärmutter vor. Hier finden sie eine gastfreundlichere Umgebung, eher alkalisch als säurehaltig. Aber immer noch sterben viele von ihnen auf diesem Weg, andere verrennen sich in die Rückwand der Gebärmutter oder klettern im falschen Eileiter empor. Viele, die im richtigen Eileiter aufsteigen, verfehlen dennoch das Ei – und sei es auch nur um Bruchteile von einem millionstel Zentimeter.[52] Die Vorstellung, daß das Ei irgendeine magische Anziehungskraft hat, erwies sich unter Dr. Shettles Mikroskop als falsch. Diejenigen Samenzellen, welche auf das Ei auftreffen – und das schaffen immer noch Tausende –, tun das blindlings. Dennoch gleicht das Ei schon bald einem Nadelkissen, nur daß in diesem Falle die »Nadeln« wie wild mit dem Schwanz schlagen, während sie in das Ei einzudringen versuchen. Das ist ein Anblick, den man niemals vergißt, ein Bild, das Dr. Shettles als »Liebestanz« beschreibt.

Auf dem Titelblatt des Buches ist ein schwarzer Planet abgebildet, der außen herum von einer Menge welliger Linien umgeben ist. Sie sehen etwa aus wie Gras oder Schamhaare. Die Unterschrift lautet:

DER LIEBESTANZ

Tausende von Samenzellen
Sie sehen aus wie Nadeln in einem Nadelkissen
Und kämpfen um den Zutritt zum innersten Heiligtum
des Eis
Nur eine wird es schaffen.

Die Grundgesinnung mag zwar anfechtbar sein, aber immerhin wird das folgende Drama sehr hübsch beschrieben:

Unter dem Mikroskop kann man beobachten, wie die Samenzellen heroische Anstrengungen unternehmen, um in das innerste Heiligtum des Eis einzudringen, wo sich der Nukleus und die Chromosomen befinden. Vielen gelingt es, sich durch die äußere Hülle des Eis zu bohren, *aber nur eine kommt mitsamt Schwanz und allem bis ins Zentrum*, **wo sie sich** mit dem Nukleus des Eis verbindet und ein neues menschliches Wesen erzeugt. Sobald eine Samenzelle in den Nukleus eingedrungen ist, finden alle anderen den Weg zum Herzen des Eis versperrt. Irgendein noch unerklärter Mechanismus ... macht das Innere des Eis absolut undurchdringlich, sobald die Befruchtung durch eine einzige Samenzelle vorgenommen worden ist. Die erfolglosen »Freier« verbrauchen ihre Kräfte, indem sie weiter »an die Tür klopfen«, und sterben schließlich an Erschöpfung.

Wie Sie sich erinnern, besitzen sowohl Samenzelle wie Ei je dreiundzwanzig Chromosomen. Je zweiundzwanzig von ihnen verbinden sich zu Paaren, welche sämtliche körperlichen Charakteristiken des neuen Individuums bestimmen – außer dem Geschlecht. Das wird von den zwei übriggebliebenen Chromosomen bestimmt. Die Frau trägt dabei immer ein X-Chromosom bei. Wenn die Samenzelle, welche in das Innere des Eis eingedrungen ist, gleichfalls ein X-Chromosom mit sich führt, dann ist das entstehende Individuum ein XX – auch bekannt als Mädchen. Weist die Samenzelle jedoch ein Y-Chromosom auf, dann wird das Baby ein XY – für den Genetiker gleichbedeutend mit J-u-n-g-e! So also macht es Mutter Natur.

Die technische Unwissenheit des Schriftstellers erweist sich als umfassender, als er selbst geglaubt hat – eine Million Samenzellen sind immerhin etwas anderes als 400 Millionen, und den »trennenden Ozean«, über den hinweg das Ei nach dem von ihm ausgewählten X- oder Y-Samen rufen könnte, den gibt es überhaupt nicht. Im Gegenteil – Tausende von Samenzellen mit X- sowohl als auch Y-Chromosomen erreichen gemeinsam die äußere Hülle des Eis. Aber dennoch fühlt der Schriftsteller sich in seiner Meinung bestätigt, daß die Frau das Geschlecht des Kindes jederzeit mit derselben Sicherheit beeinflussen kann wie der Mann. Diese »äußere Hülle«, diese äußere Region des Eis, die der Samenfaden zunächst durchdringen muß, ist – der Schriftsteller kann sich das nicht anders vorstellen – ganz sicherlich ein Fixpunkt des Weiblichen, ist sich der Gegenwart des eindringenden Mannes ebenso sensibel bewußt wie alles andere weibliche Fleisch! Und wie könnte es denn anders sein, als daß die Samenzellen mit dem männlichen Y-Chromosom in einem anderen Rhythmus und mit anderer Kraft gegen das Ei anrennen als diejenigen, die ein weibliches X-Chromosom in sich tragen – schließlich sind ja die X-Zellen oval und groß, die Y-Zellen jedoch rund und klein (das hat der Schriftsteller gerade auf den folgenden Seiten des Buches gelernt). Darüber hinaus zeigt sich unter dem Phasenkontrast-Mikroskop, daß die weiblichen Samenzellen kräftiger sind und die männlichen dafür schneller: Die weiblichen können im Eileiter tagelang bis zum Eisprung leben, die männlichen jedoch haben nur eine Lebenszeit von vierundzwanzig Stunden und sterben in der Säure der Vagina rascher ab. Das weist darauf hin, daß ein männlicher Embryo ein Produkt aus Geschwindigkeit und richtigem Zeitpunkt ist: Ein Junge kann nur am Tage des Eisprungs gezeugt werden. Um ein Mädchen oder einen Jungen zu erzeugen, muß man also verschiedenen Sexualprogrammen folgen. Was wiederum dazu anregt, die eine oder andere metaphysische Wendung über den Unterschied der Geschlechter anzubringen – Jungen werden nämlich am ehesten dann gezeugt, wenn aufgrund vorheriger Enthaltung die Samenmenge reichlich ist, während die Zahl der weiblichen Samenzellen überwiegt, wenn man viele Male hintereinander geliebt hat und der Samen dünn ist. (Ein Mann, der nur noch über eine Million Samenzellen verfügt, sollte davon ausgehen, daß sie alle weiblich sind.) »Mädchen zu zeugen, macht mehr Spaß«, sagt Dr. Shettles. Da er gleichfalls entdeckt hat, daß der Orgasmus der Frau den Muttermund mit alkalischen Ausscheidungen überflutet, die sich den Samenzellen mit dem Y gegenüber freundlicher auswirken als Säure, empfiehlt er weiterhin, daß der Mann nach der Frau kommen solle, wenn er einen Jungen haben will. (Dieser Logik weiter folgend, muß er dann auch vorschlagen, daß die Frau am besten überhaupt auf den Orgasmus verzichtet, wenn sie sich ein Mädchen wünscht. Es ist daher zu erwarten, daß die nächsten Wellen der um ihre Freiheit kämpfenden Frauen in größter Ruhe und Abgeklärtheit gezeugt werden.)

Wenn man den Methoden des Doktors getreu folgt, wenn man vor dem Geschlechtsverkehr entweder eine säurehaltige (zur Herstellung von Mädchen) oder eine alkalische (für die Produktion von Jungen) Spülung der Vagina vornimmt und sich dann der wirkungsvollsten Koitus-Position bedient (Eindringen von hinten ist am besten für die Zeugung eines Jungen!), dann ist der Erfolg zu achtzig Prozent garantiert. Das sagt jedenfalls der Doktor selbst. Natürlich ist damit das Argument, daß das Ovum möglicherweise selbst die Auswahl trifft, immer noch nicht tot. Denn trotz des gewaltigen Unterschieds zwischen Säure und Lauge – sind die sexuellen Pole vielleicht gar um ein elektrisches Maß voneinander entfernt? –, trotz aller Berücksichtigung der männlichen Geschwindigkeit und der weiblichen Fähigkeit zum Überleben, trotz aller Planung, das eine Mal mit Testikeln voller männlicher Samenzellen und das andere Mal mit einem bis auf Henry Millers »Quarkwasser« leeren Sack anzutreten – es bleibt immer noch ein bedeutender Widerstand gegen die Prä-Determination. Die Wahrscheinlichkeitsrate ist nur 80 Prozent, und nicht 100. In anderen Worten: Wenn man sich für ein Mädchen abgerackert oder für einen Jungen bewahrt hat, dann bedeutet das, daß die Erfolgswahr-scheinlichkeit von fünf-zu-zehn auf acht-zu-zehn her-aufgegangen ist – also ein Anstieg von 30 Prozent. Und damit ist die Annahme immer noch unwiderlegt, daß das Ovum vielleicht doch von sich aus ein ganz beson-deres Exemplar von männlicher oder weiblicher Samen-zelle vorzieht, welches die hektische Betätigung über-lebt hat, oder auch das Gegenteil, und dazu die Spülun-gen, die Orgasmen, die verschiedenen Spezialstellun-gen und die sorgfältig zu seiner Ausrottung vorkalku-lierten Stunden. Der Wert von populärwissenschaft-lichen Darstellungen besteht darin, daß man beim Lesen sein Vokabular erweitern kann, während man andererseits nicht in die Gefahr kommt, seine eigenen Auffassungen zu verlieren. Des Schriftstellers praktische Unwissenheit hat sich vermindert, aber gleichzeitig sind auch die Konturen seiner Argumentation klarer geworden: Er weiß jetzt genau, was er sagen muß. Die erste Zelle des Embryos setzt sich aus den dreiund-zwanzig Chromosomen des Vaters und den dreiund-zwanzig Chromosomen der Mutter zusammen. Jede weitere Zelle, die sich dann im Körper der Mutter ent-wickelt, enthält genaue Abbilder dieser sechsundvier-zig Chromosomen. Welch ein Zusammenkommen zeichnet sich da ab, welch eine Vereinigung! (Oder auch welcher Mangel an Gleichgewicht!) Die Essenz der eigenen Erfahrung, aufgezeichnet auf den dreiundzwanzig Tafeln der Chromosomen, vereinigt sich mit der gleichen Zahl der von der Mutter kommenden Tafeln. Es ist, als würfe man einen ganzen Schatz an Hieroglyphen mit einem zweiten Schatz zusammen, als kämen zwei verschiedene Sprachen über das Nichts hinweg zueinander, um sich dann zu einer neuen, ganz anderen Sprache zu vereinigen. Ein wunderschöner und aufrüttelnder Gedanke ist das, er suggeriert das Bild von Planeten und Sternen, die miteinander in Verbindung treten – beziehungsweise er täte das, wenn da nicht gleichzeitig die vertraute, peinvolle Sache mit den Tausenden von Samenzellen wäre, die zappeln und schieben und sich durch eine widerstrebende Masse oder durch ein widerspenstiges Feld zwängen müssen, durch eine Membrane vielleicht, die der Stoff späterer Alpträume ist – welch eine Empfindung von Demut und Erschöpfung muß doch die Samenzelle erfüllen, welch ein Fieber des Weiter-vorwärts-Dringens muß gleichzeitig ihre innerste Emotion sein! Das erklärt jetzt jedenfalls der Schriftsteller. Denn es ist leichter, sich diese mikroskopische Existenz (mit ihrer kostbaren Chromosomenfracht) als das Herzstück einer profunden Emotion vorzustellen, in ihr vielleicht sogar den Ausläufer einer Seele zu sehen, die geboren werden will, als den Versuch zu machen, in dieser einzigartigen Anstrengung, die unter Myriaden von vergeblichen Anstrengungen allein erfolgreich geblieben ist, nichts weiter zu erblicken als etwas Spannungsloses, Unbeseeltes, sogar als etwas, das ohne jede sinnliche Qualität ist – als etwas also, das einfach nur der automatischen Transferierung einer bestimmten Fracht dient. Nein, das läßt sich nicht glauben. Eher wäre es möglich, sich ein mikrokosmisches Universum vorzustellen, in dem die Zeit der Zukunft mit Demut aus den Gewölben des unendlich Kleinen ans Licht gebracht wird, in dem die gewaltigsten Ereignisse unhörbar in Dimensionen stattfinden, die für den Menschen unbewohnbar sind. Pompöse Vorstellungen sind das, die man für die Suche nach der Wahrheit eigentlich auch gar nicht benötigt, aber dem Schriftsteller gefallen sie dennoch – selbst jetzt, wo ihm der Gedanke kommt, daß die Ironie des Lebens von den Windungen der Testikel mindestens ebenso gut widergespiegelt wird wie von irgend sonst etwas: Der Mann, der seiner Frau Vergnügen bereiten oder sie durch massive Wiederholung des Liebesaktes unter sein Joch zwingen will, und ebenso der Bock, der nur fickt, um die Öfen seiner Selbstbewertung anzuheizen; kurz, alle diejenigen, die immer weiterkopulieren, obwohl sie eigentlich lieber zum Furzen übergehen sollten, sie alle wollen einen kleinen Mann reproduzieren, aber sie schwächen sich selbst so sehr, daß ihnen das nicht gelingen kann. Die auf Gleichheit sehende Gerechtigkeit der Natur hat nichts als Frauen in ihrem Sack zurückgelassen. Was vielleicht der Grund dafür ist, daß Frauen die Liebe so sehr lieben – sie garantieren damit auf ihre Weise, daß es genug weibliche Nachkommen gibt.

Aber dies ist nicht der Augenblick, zum Krieg der Geschlechter zurückzukehren. Es gibt ja schließlich auch Männer, die sich gelegentlich eine Tochter wünschen, und der Gefangene hatte häufig das Gefühl, einer von ihnen zu sein. Vielleicht kommt es auch gar nicht so sehr darauf an, ob ein Mann mit dem Wunsch liebt, einen Jungen oder ein Mädchen zu zeugen, oder ob er daran nicht einmal einen Gedanken verschwendet.

Vielleicht ist es auch so, daß alle seine Samenzellen, ob männlich oder weiblich, mit derselben Geschwindigkeit in die Vagina und auf das Ei zufliegen können, wodurch dann der innere Zustand herbeigeführt wird, den man in bürgerlichen Kreisen als »eine vollbefriedigende halbe Stunde des Verkehrs« bezeichnet. Aber wir haben hier wenigstens endlich einmal Gelegenheit, ein höfliches Wort an einer Stelle zu verwenden, an der sonst eine Obszönität angebracht wäre: »Verkehr« – das Hin- und Herfließen von Strömungen, jagenden Empfindungen und Beschwörungen weit unterhalb der Bewußtseinsgrenze unserer Sinne (wer weiß, welche Art von Abend und welche Beschwörung der Morgendämmerung dem Samen und dem Ei bereitet werden?). Der Schriftsteller ist fest davon überzeugt, daß die geöffneten Schleusen des Orgasmus der über die Berggipfel entschwindenden Kraft des Samens entweder ein inneres Leuchten verleihen oder sie mit dem trüben Funken des Ungenügens belasten. Und daß der Samen (ob nun mit den Vorteilen des Männlichen oder den Privilegien des Weiblichen versehen) seine Reise im Rhythmus des ihn ausstoßenden Willens unternimmt – und zwar bis hin zum letzten absurden Zucken seines Schwanzes –, oder daß er sich nur dahinschleppt als matter und dumpfer Bote eines gleichgültigen Zwecks. Und das Ei ist seinerseits entweder mit Widerwillen oder mit Sehnsucht für seinen Empfang gerüstet, es ist bereit wie eine Priesterin, das Mysterium zu empfangen und das Ordinäre von sich zu stoßen, bereit wie eine Hure, die die dicke Brieftasche willkommen heißt und den Nassauer ohne Geld wieder fortschickt, oder wie eine Kaiserin, die nur den Fürsten begrüßt und sonst das Gesicht zur Wand dreht: Ein unterirdischer

Krieg der Willenskräfte ist im Gange, wenn ein Mann und eine Frau sich lieben und wenn dabei die Möglichkeit der Empfängnis mehr als nur ein Schemen ist. Dann hat der Samen ein Leben, das ihm durch die Art verliehen wird, in der der Mann kommt: Männliche und weibliche Samenzellen gehen von ihrem eigenen Universum in das andere Universum über, und sie können das mit einem Sprung tun, der so viel Mut verlangt, wie der Mann hat, der sie ausschickte. Oder diese Reise ist ein Schleichen, das seiner Schwäche gleicht. (Natürlich gibt es auch tyrannische Frauen, denen der schleichende Wurm am liebsten ist.) Aber immer bleibt der Orgasmus ein Spiegel der eigenen Existenz, wenn die Möglichkeit der Empfängnis tatsächlich mehr als ein bloßer Schemen ist: In diesen Sekunden brennt Verachtung für die Kleinheit des eigenen Lebens wie Peitschenhieb, und jeder innere Ruf der Frau nach dem, was sie sich für ein zukünftiges Leben als wundervoll oder groß erhofft, kann den Pulsschlag stocken lassen und das Leben des Phallus versauern. Ein tapferer Mann jedoch, der eine stolze Frau (mit offenem Schoß) erfreuen kann, bekommt seine Tapferkeit zurückerstattet, und noch etwas darüber hinaus, denn der Wille einer Frau hat sich nun seinem eigenen Willen hinzugefügt. Der Gefangene endet jetzt und verbeugt sich. Man könnte ebensogut durch Ozeane von Fäkalien schwimmen oder Arien in den Verliesen der Schmach singen, als den Versuch zu machen, über derartige Empfindungen zu schreiben und dabei noch zu hoffen, einen Preis davonzutragen. Kein Gedanke ist so schmerzhaft wie die Idee, daß der Sex Bedeutung hat: Denn man gebe dem Sex Bedeutung, und man wird zum Gefangenen des Sexus, ist im Sexus gefangen – und je mehr

Bedeutung man ihm gibt, desto mehr nimmt er sich gleichzeitig noch selbst, bis schließlich alle Vergeblichkeit, alles Leid und alles Böse des eigenen Lebens, und dazu noch die Furcht vor einem unwürdigen Tod, in seinem Schlaglicht stehen und durch ihn zu uns sprechen. Schlimmer noch: In unserer Zeit sollte man nicht nach der Bedeutung der eigenen Handlungen fragen – Angst vor der Zukunft sickert aus allen Ritzen der Sozialmaschinerie, und deshalb muß die Zukunft unter Kontrolle gebracht werden. Jene Welle des Totalitarismus, die mit dem Anspruch angefangen hat, sich in das Leben von Millionen einzumischen und selbst den Tod zu beherrschen, hat inzwischen jede Form und jede Gewohnheit überschwemmt. Wen es juckt, auf die Liebe zu blicken, der kann sich immer noch in jeder nur möglichen Form kratzen – aber der Drang zur Kontrolle geht inzwischen weit über das elektronische Ohr im Zimmer oder das speichernde Auge in der Wand hinaus, jetzt bohrt sich die Technologie schon durch die äußere Rinde der Pornographie und frißt sich hinein in den Bezirk der Empfängnis. Man kann also einen Jungen produzieren oder auch ein Mädchen, wenn man bereit ist, seiner Geliebten entweder Essig in die Vagina zu gießen oder Backpulver auf die Eierstöcke zu streuen; man kann zwischen Junge oder Mädchen wählen, wenn man der Auffassung anhängt, daß ein aus den natürlichen Säften eines richtigen ungehemmten Ficks entstandenes Kind auch nicht besser sein wird als ein Baby, das gezeugt wird, während man ein stets wachsames Auge auf den Säure-Koeffizienten richtet – nun ja. Aber diese Praktik ist nur wie der unsichere erste Schritt eines Kindes auf den Feldern jenes Ingenieurwesens, das sich jetzt mit dem Begriff der Genetik verbindet. Es gibt nämlich inzwischen eine Technologie, die sich mit der Manipulation der Gene im Chromosom beschäftigt – mehr als ein Werkstück der Technik wird eines Tages seinen Platz im Ei beanspruchen! Der extra-uterine Gebärbehälter, den der Schriftsteller in seiner Unschuld als Endpunkt einer Entwicklung angesehen hat, ist in Wirklichkeit nur der Beginn eines Weges, der zu einem Operationssaal führen wird, in dem man dann Gott den HErrn auf den Operationstisch legt. Jawohl, die Technik der genetischen Manipulation »kann möglicherweise in ferner Zukunft auch dazu dienen, eine ganz neue Art von Mensch hervorzubringen – einen Menschen, der imstande ist, auch nach der Geburt sein Geschlecht zu verändern, und zwar zu wiederholten Malen«.

4

Damit weiß der Schriftsteller nun endlich, was man im Millett-Land findet – ja, diese versengte, ausgedörrte Gegend ist weiter nichts als der Ort, an dem sich der Wissenschaftler mit Narziß trifft (nichts narzißtischer als die Auster!) (nichts wissenschaftlicher als die Muschel!), wo die beiden zusammenkommen, um gemeinsam die exquisiten Möglichkeiten des einheitlichen liberalen Sexualstandards zu erforschen: Ein Wochenende in Beirut als Dame, dann Ferien in Hongkong als Vögelbock! Die Technik der genetischen Manipulation, *Genetic Engineering* – sie kommt! Schon bald werden sich Frauen die Eier anderer Frauen beschaffen, werden sie im Reagenzglas durch ihren Mann befruchten und dann mit Hilfe einer Operation in die eigene Gebärmutter *einpflanzen* lassen. »Die Frau wird das Kind austragen und zur Welt bringen, als ob es sich um ihr eigenes Kind handele.« Und das ist ja immerhin rührend. Ganz sicher ist es auch eine persönlichere Methode als die direkte Adoption (wenn man auch um die Vorstellung nicht herumkommt, daß der Embryo irgendwo zwischen den Augen einen schizoiden Fleck haben wird). Gleichzeitig aber ist es immer noch eine ziemlich unpraktische Technik, denn man muß sich ja neun Monate lang in die ausgebeuteten Reihen der gebärfreudigen Frauen begeben. Es ist daher besser, wenn man die Geschichte umdreht, wenn »die wohlhabende Frau ... die Kinder haben, aber nicht ihre Zeit mit Schwangerschaft verschwenden will«, wenn sie ihr eigenes Ei von einer Samenzelle ihrer Wahl befruchten läßt und dann »eine andere Frau *dafür bezahlt*, daß sie sich das Ei einpflanzen läßt und das Kind austrägt«.[53] Natürlich ist der offensichtliche Nachteil dieses Systems, daß es die Frauen in zwei Klassen auseinanderfallen läßt und dadurch vielleicht die weniger nobel gesinnten Anhängerinnen der *Women's Lib* dazu veranlaßt, eine Elite der schwangerschaftsfreien Frauen zu bilden. Aber können sie denn mit der Schande leben, daß die Weiblichkeit der Welt das eigene Geschlecht ausbeutet oder zumindest so lange ausbeuten muß, bis sich eine Möglichkeit gefunden hat, die Männer mit einer Gebärmutter zu versehen? Oder sollte man die Männer überhaupt abschreiben?

Ein Ausspruch des Biologen Jean Rostand: »Es ist inzwischen eine normale Sache, daß Lebewesen mit perfekter Konstitution ohne männliche Mitwirkung aus einem jungfräulichen Ei geboren werden können, wenn im Inneren dieses Eis eine Verdoppelung der Chromosomen vorgenommen worden ist.« Und der Gefangene erfährt, daß man diese Verdoppelung durch Stimulation erreichen, daß man dem Ei mit einem Trick beikommen kann. War das Gerangel des Fickens einst eine rauhe, aber herzliche Methode, ein unausrottbarer Optimismus des Nun-wollen-wir-erst-mal-sehen, bei dem es aber wenigstens hieß: »Hier sind meine dreiundzwanzig Chromosomen, jetzt leg du deine dreiundzwanzig dazu«, so sehen wir jetzt Kinder vor uns, die ein völlig symmetrisches Gesicht haben, denn sie sind das Produkt eines Ficks, der niemals schiefgehen kann:

Er wird mit einer Nadel gemacht (welche das Ei piekt, bis es durch Zellverdoppelung reagiert). Man stelle sich also dieses Baby mit dem symmetrischen Gesicht vor: Aussicht auf geistige Normalität – niedrig; Narzißmus – völlig intakt; Inzest-Kapazität – unbegrenzt. Jedoch: Während das Gehirn des Schriftstellers arbeitet, um alle diese neuen Perspektiven in Vorstellungen umzusetzen, stellt er fest, daß diese Anstrengung jemand anders für ihn bereits so gut wie gemacht hat. Und der Zweck aller dieser üblen kleinen Ärzte-Wartezimmer mit ihrer *Reader's Digest*-Prosa im Leseregal wird nun klar: Sie sind die Wartezimmer einer neuen Welt:

Stellen wir uns ein Ehepaar des Jahres 2000 vor, das beschließt, sich ein weiteres Kind anzuschaffen. Angesichts der existierenden Bevölkerungsprobleme muß es zunächst eine Lizenz für dieses Kind beantragen. Wenn die Lizenz genehmigt wird, erhält das Ehepaar von den zuständigen medizinischen Stellen ein Rezept für ein Medikament, das als vorübergehendes Gegenmittel für den Anti-Fruchtbarkeitswirkstoff dient, welcher dem städtischen Wasserleitungssystem regelmäßig zugesetzt wird. Danach hat das Ehepaar eine Reihe von Auswahlmöglichkeiten. Es kann sein Baby »auf die alte Art« bekommen, daß heißt durch einfachen Geschlechtsverkehr ohne jeden »Eingriff«. Oder es kann die Spül- und Berechnungsmethode anwenden, die Dr. Shettles in den sechziger Jahren entwickelt hat und durch die sich die Wahrscheinlichkeit wesentlich erhöht, daß das Kind auch das gewünschte Geschlecht haben wird. Bestehen keine Bedenken gegen künstliche Befruchtung, dann kann sich unser Ehepaar das Geschlecht seines Kindes auch *garantieren* lassen, indem es sich der »Sexing«-Technik bedient, die Dr. Edwards in den siebziger Jahren zum erstenmal beim Menschen anwandte. Dann gibt es auch noch das Pessar der achtziger Jahre, das nur die männlichen oder die weiblichen Samenzellen durchläßt. Möglicherweise steht auch bereits eine Pille zur Bestimmung des Geschlechts zur Verfügung – in diesem Falle nimmt der Ehemann einfach eine halbe Stunde vor dem Geschlechtsverkehr eine blaue Pille, wenn ein Junge gewünscht wird, und eine rosa Pille, wenn es ein Mädchen sein soll.

Aber das Ehepaar kann sich möglicherweise auch für die neueste und ungewöhnlichste von allen Methoden entschließen – für eine Methode, die die geschlechtliche Vereinigung von Sperma und Ei völlig beiseite läßt und gleichzeitig noch mehr bietet als nur die einfache Garantie für das Geschlecht des Kindes. Es ist dies natürlich die *Cloning*-Technik (für die wahrscheinlich, über die Erlaubnis für das konventionelle Zeugen eines Kindes hinaus, noch eine Spezialerlaubnis erforderlich sein wird). Nehmen wir an, das Ehepaar wünscht sich auf dem Wege der klonalen Reproduktion einen Jungen. In diesem Falle geht der Ehemann zu seinem Arzt und läßt sich einige Zellen aus seinem Arm entnehmen. Diese Zellen werden unter dem Mikroskop geprüft, und eine besonders gesund aussehende wird herausgesucht. Dann entnimmt der Arzt ganz vorsichtig den Kern der Zelle, hält ihn ans Licht und sagt: »Herzlichen Glückwunsch – hier haben wir Ihren kleinen Jungen.« Danach entnimmt er dem Körper der Ehefrau eine Eizelle, vaporisiert ihren Zellkern mit einem Laserstrahl und setzt an seine Stelle den Kern der männlichen Körperzelle. Schließlich pflanzt er das so behandelte Ei in den Uterus der Frau und läßt der Natur ihren Lauf.

Neun Monate später kommt ein kleiner Junge zur Welt, und jeder wird zugeben müssen, daß er *buchstäblich* ein »Ableger des väterlichen Stammes« ist. Mikroskopische Untersuchungen werden zeigen, daß er genetisch mit seinem »Vater« in allen Einzelheiten identisch ist, daß die beiden eigentlich eher eineiige Zwillinge sind (von denen der eine einiges an Jahren später auf die Welt gekommen ist) und nicht Vater und Sohn. Wenn das Kind heranwächst, wird es natürlich auch genauso aussehen wie der Vater, was schließlich auch die eitelsten Männer zufriedenstellen dürfte. Wird ein Mädchen gewünscht, dann kommt die Körperzelle vom Arm oder von der Hand der Frau. Sie wird dann verwendet, um ihr eigenes Ei zu »befruchten«, wodurch die Parthenogenesis oder »jungfräuliche Geburt« zur Wirklichkeit geworden ist![54]

Wenn der Schriftsteller an die völlig unpraktische Einrichtung seines Gehirns erinnert werden möchte, dann braucht er sich nur an die feurigen Reden zu erinnern, die er früher einmal vor studentischem Publikum gehalten hat und in denen er bei dem Versuch, ein Bild unserer Zukunft im Zeitalter der Überbevölkerung zu entwerfen, auf eine Traumszene zurückgriff: Eine Frau erscheint vor dem Tribunal einer revolutionären Kommune, um dafür zu plädieren, daß sie sich nicht der zwangsweise eingeführten Abtreibung unterziehen muß:

Frau: Denn seht ihr, Brüder, dieses Kind wird wunderschön. Ich weiß es.

Erster Kommunarde: Du weißt es, Schwester? Du mußt uns sagen, wieso.

Frau: Weil es dem wundervollsten Fick entstammt, den ich je erlebt habe.

Erster Kommunarde: Das erzählt uns jede Genossin, wenn sie ein Kind haben will. Aber die Menschheit erstickt die Erde – wir müssen unsere Reihen lichten.

Frau: Ihr habt eine Geburtenquote. Ich bin hier, um darum zu bitten, daß ihr mich in diese Quote aufnehmt.

Zweiter Kommunarde: Hast du deinen Mann mitgebracht? (Der arme Schlucker tritt herzu und steht bescheiden vor seinen Richtern. Er ist völlig verschreckt.)

Zweiter Kommunarde: Du da, Genosse. Willst auch du dieses Kind?

Mann: (Kann nicht sprechen, nickt.)

Erster Kommunarde: Bist auch du der Meinung, daß es mit dem wundervollsten Fick deines Lebens gezeugt wurde?

Mann: Bruder, das stimmt.

Erster Kommunarde: Bist du bereit, dich erschießen zu lassen, damit für das Kind Platz wird?

Mann: Ich weiß nicht. Aber es könnte schon sein. Ich will das Kind.

Dritter Kommunarde: Hey, Junge, du hast Muu-ut (Er spricht das »u« ganz langgezogen aus und ist überhaupt schwer zu verstehen: Er stammt aus Puerto Rico). Ich sage – geben wir dem Genossen die Genehmigung für dieses Kind.

Das war der erste Entwurf einer Zukunft, in der revolutionäre Gerechtigkeit herrscht. Die verbesserten nächsten Entwürfe – der Schriftsteller denkt natürlich nur in erstklassigen Revolutionen – sind dann etwas differenzierter:

> *Erster Kommunarde:* Sag mal, Bruder, wenn du bereit bist, dich für dieses Kind umbringen zu lassen – vielleicht willst du nur auf 'ne billige Art zu 'nem schönen Selbstmord kommen?

> *Zweiter Kommunarde:* Vielleicht bist du ein Perverser, der auf den Tod steht und dem Mädchen da ein kränkliches Kind in den Bauch getan hat. Das ganze Gerede von Schönheit und so weiter war vielleicht nichts als süßholzgeraspelte Scheiße.

> *Mann:* Brüder, wenn es euch wirklich darum geht, die Reihen der Menschheit zu lichten, dann soll der Genosse, der eben diese Bemerkung gemacht hat, mit mir auf die Straße gehen. Ich werde mein Bestes tun, ihn umzubringen.

> (Pause und allgemeines Nachdenken über diesen ungewöhnlichen Vorschlag.)

> *Erster Kommunarde:* Also, vielleicht bist du König Fotz von den Maulaufreißern, wenn es darum geht, von Herz und Seele zu reden. Aber zumindest bist du dann auch ein Schauspieler, der für seine Rolle ganz schön weit geht. Wir werden deshalb die Geburt des Kindes erlauben. Sein Samen ist nicht ohne Würze.

> *Dritter Kommunarde:* Gott schütze deinen revolutionären Arsch, du fickriger Heini!

Derartige Sentimentalität stammt natürlich aus der Zeit von Dickens – sie bewundert die Übertreibung, das Zu-weit-Gehen. (Im wahren Leben wäre der dritte Kommunarde wahrscheinlich längst erschossen worden.) Aber der Schriftsteller weiß dennoch, daß es ganz gleich ist, wie konservativ er noch werden wird, oder wie sehr er immer mehr glauben mag, daß Mark und Sehnen der Schöpfung in den Wurzeln der amputierten Vergangenheit eingesperrt sind – er wird ein Revolutionär bleiben. Denn der Konservatismus ist von den organisierten Konservativen zerstört worden, von ihren Kunststoffen, ihrer Werbeindustrie, ihrer Technologie. Und dann haben die Konservativen versucht, die Leere zu verbergen, indem sie sich auf Gedeih und Verderb mit dem falschen Krieg identifizieren. Liebe ist es nicht, was diese Leute in der Brust erwecken. Ihre Auffassung einer zukünftigen Welt kann nichts anderes sein als faschistischer Pfusch. Aber ehe man nicht bereit ist, die Rettung einer sterbenden Welt den Richtern unseres imaginären Gerichtshofes zu überlassen, wird man keine andere Wahl haben, als sich zu fügen. Die Menschheit wird ohne Zweifel in die liberale Gesellschaft der rosa und blauen Pillen übergehen.

Die Revolution jedoch könnte sich andererseits auch zur ersten Bürokratie des Sex entwickeln, in der die Techniker der genetischen Manipulation die Intelligenzschicht sind. Zumindest wäre das denkbar, wenn die *Women's Lib* und Kate Millett ein und dasselbe sein sollten. Vielleicht aber befindet sich die revolutionäre Bewegung derzeit in den Jahren der endgültigen Spaltung in Künstler und Ingenieure, Propheten und Programmierer, Abenteurer und Techniker, Guerillas und organisierte Gruppen des gewaltlosen Widerstandes – womit gesagt sein soll, daß man, wenn wir einmal von der Apokalypse absehen, die uns alle in die Luft jagen könnte, in Las Vegas 10 zu 1 geboten bekäme, wenn man gegen Milletts Sieg wetten wollte. Die Welt sucht nach Lösungen, bei denen die Technologie der Glaube ist und alle Menschen hübsch innerhalb des

Systems bleiben. Denn draußen tobt die Gewalttätigkeit der Jahrhunderte – sie lebt im Blut, in den Poren und den Genen, sie schwebt in jeder Smogwolke mit, sie steht hinter der Furcht, daß das Leben vielleicht begonnen haben könnte, die Ausbreitung einer Mittelmäßigkeit zu unterstützen, die es sich nicht leisten kann. Und der Schmutz in den Flüssen und die Verkrustung der Felder ist ein existentieller Spiegel für den Drang, sich irgendwo auf einem Acker ein Stück Sicherheit zu kaufen, auf einem Acker, um den herum die Umwelt sorgfältig unter Kontrolle gehalten wird und wo sich die Allergien, die Psychosen, die Ungesetzlichkeiten, die Echos einer im Tod noch lebendigen Vergangenheit und das unsagbare Flüstern des Nordwinds von den mittleren Registern der Psyche ertragen lassen. Denn es ist eine Leidenschaft des Mittelmäßigen, jede Stimulierung auf die eigene Ebene herunterzudrücken und dort zu halten. Deshalb hat der Schriftsteller es für angebracht gehalten, Millett mit großer Aufmerksamkeit zu behandeln. Wenn sie auch auf der literarischen Wertskala nicht höher gestiegen ist als bis zur oberen Mittelmäßigkeit, so ist sie doch gerade deswegen eine zentrale Erscheinung unserer Zeit. Sie glaubt an die freizügige Anwendung der Technologie zur Lösung aller menschlichen Probleme und Schmerzen. Und deshalb mutet es sie verächtlich an, sich die Seele in den Spannungen des Paradoxen schmieden zu lassen, sie würde es einer intelligenten Frau niemals zumuten, ihr Kind selbst aufzuziehen, nein, da redet sie lieber über die »kollektive Professionalisierung (und damit Verbesserung) der Kinderversorgung«. In ihren Adern fließt die gesamte technologische Macht des Jahrhunderts, sie ist die Vorhut jener intellektuellen

Streitkräfte, die die Befreiung der Frau nur als eine erste Waffe im Kampf um die immer weiter fortschreitende Einkerkerung der romantischen Idee vom Mann betrachten. Die Prosa zukünftiger Gefängnisse fließt von ihrer Zunge, denn sie erklärt die Unterschiede zwischen Mann und Frau für unwichtig, hält sie für emotionelle Exzesse, die sich durch Anpassung sehr leicht beseitigen lassen. Und deshalb ist die Durchschlagskraft ihrer Argumente bei denjenigen am stärksten, die in den vergifteten Städten in bescheidener Mittelmäßigkeit leben möchten. Sie ist eine Lebensweise für junge, unverheiratete Leute, eine Art von technischer Anweisung für das Leben in der Stadt. Ihr Vorhandensein läßt ahnen, daß die endgültige Entwicklungsform der Stadt sogar noch näher an der riesigen Wohnwabe mit zehn Millionen Einzelzellen ohne Kinder und ohne Hunde liegen wird, als wir das bis jetzt annahmen. Und ihre Superschnellstraßen sprengt sie mitten durch die Furcht, sie ist der Feind des Sex, der auch noch am Abgrund der Furcht nach Schönheit sucht, sie wird niemals zugeben, daß gerade dort die Liebe am tiefsten sein kann. Und deshalb wird sie als Kraft weiterleben, wenn schon nicht als Schriftstellerin, sie wird eine Kraft sein, mit der man die Furcht wegwischen kann – ihre Ideen sind darauf angelegt, spirituelle Luftlöcher zu hinterlassen, die nur die Technologie füllen kann.

5

Irgendwann, aus Müdigkeit und Spannung und der schmutzigen Lügenhaftigkeit aller Worte entsprungen, die ich an diesem Tage verramscht hatte, begann plötzlich dieses neue Leben wie ein unverdientes Geschenk wieder in mir zu erwachen, süß und gefährlich und unwirklich, und ich stieg mit ihm empor und fiel nieder und floß über, sprang den Hang hinunter zu den verwaschenen Rosen, von den Tränen des Meeres umspült, sie wurden mir zugespült, als mein Leben sich ergoß, und ich begegnete einem einzigen Füllhorn des Fleisches und des Kummers, klar und zart wie ein edler Vorsatz, eine holde Nähe sprach vom Sinn der Liebe zu jenen, die sie verraten hatten, ja, ich begriff den Sinn dieser Liebe, und ich sagte, denn jetzt wußte ich's: »Ich glaube, wir müssen uns bemühen, gut zu sein«, und ich meinte damit: »Wir müssen sehr tapfer sein.«
»Ich weiß«, sagte sie, und wir schwiegen eine Weile. »Ich weiß«, sagte sie noch einmal ...
Ich lag da, zufrieden, mit der Spitze eines Fingers die Spitze einer Brust zu berühren, und hatte die Gewißheit, die wie ein Regen herabfällt: Ich hatte jetzt begriffen, daß die Liebe kein Geschenk ist, sondern ein Gelöbnis; nur die ganz Tapferen können mit ihr länger als einen Augenblick leben ... das hatte ich ... auch schon früher gespürt ... bei Frauen, die ich eine

Nacht lang gekannt und dann nie mehr gesehen hatte – die Züge fuhren in entgegengesetzte Richtungen –, und manchmal auch bei Frauen, mit denen ich seit Monaten umging, ja, da mochte ich es vielleicht in einer besonderen Nacht am Boden einer Flasche Schnaps gefunden haben. Es war immer dasselbe gewesen, Liebe ist Liebe, man findet sie mit jeder, man findet sie überall. Nur daß man sie eben nicht behalten kann. Es sei denn, man wäre bereit, für sie zu sterben, lieber Freund.

Nun, ich kehrte in die Umarmung Cherrys zurück. Wir waren fertig und doch nicht fertig, denn es hatte einen Augenblick gegeben, da wir uns so anrührten, wie ein Vogel auf dem abendlichen Meer aufsetzt, wir trieben mit den Gezeiten dahin, tief ineinandergespült wie die langgedehnte Brandung, die aus der Erinnerung quillt, spät nachts. Ich konnte nicht anders, als sie festhalten – hatte Fleisch mir je zuvor so viel Vergebung versprochen?[55]

6

Aber die Frage, die er ganz zu Anfang gestellt hat, ist noch immer nicht beantwortet: Wer wird schließlich das Geschirr abspülen? Das fällt dem Schriftsteller gerade ein, und da gerät er auch schon an eine »Vereinbarung zwischen Mann und Frau«, in der alle Hausarbeiten sorgfältig geteilt sind, auch die Zeit, die für das Beaufsichtigen der Kinder aufgewandt werden muß, und Wochenenden gibt es da, an denen der Ehemann zum Ausgleich dafür, daß ihn die Frau wochentags ins Geschäft fährt, Sonderarbeiten leisten muß, und das Einkaufen wird von beiden je zur Hälfte erledigt, das Kochen wird geteilt, ebenso die Aufgabe, die Kinder zur Schule zu fahren: Ein Vertrag, klar wie ein Kristall, der ganz ohne Zweifel als Modell für viele weitere Verträge dienen soll und mit diesem hochgemuten und fundamentalen Vorwort eingeleitet wird:

Wir weisen die Auffassung zurück, daß diejenige Arbeit, die mehr Geld einbringt, auch wertvoller sei. Die Möglichkeit, mehr Geld zu verdienen, ist bereits ein Privileg, das nicht noch dadurch untermauert werden darf, daß derjenige, der besser verdient – sei es nun der Mann oder die Frau –, sich deshalb seinen Pflichten entziehen und sie demjenigen aufbürden darf, der weniger verdient, oder sie durch jemanden von außerhalb erledigen lassen kann, der dafür be-

zahlt wird. Wir sind der Meinung, daß jedes Familienmitglied ein Recht auf eigene Freizeit, eigene
Arbeit, eigene Wertbegriffe und eigene Entscheidung
hat. Solange alle Pflichten erfüllt werden, kann jedes
Familienmitglied seine Freizeit nach eigenem Ermes-
sen verbringen. Will es Geld verdienen – gut. Will
es seine Zeit lieber mit dem Ehepartner verbringen –
gut.

Wenn nicht – auch gut.

Als Eltern sind wir der Auffassung, daß alle Verantwortung für Kindererziehung und Hausarbeit geteilt
werden muß – alle Verantwortung, nicht nur die
Arbeit. Zumindest während des ersten Jahres der
Laufzeit dieses Vertrages soll dieses Teilen von *Verantwortung* folgendes bedeuten:

1. Aufteilung aller Arbeiten (siehe »Arbeitsplan«
   weiter unten).
2. Aufteilung der *Zeit* (siehe »Zeitplan« weiter
   unten), während welcher jeder einzelne Elternteil
   die Verantwortung zu übernehmen hat.

Es gibt hier Einzelheiten, die wehtun:

10. Saubermachen: Der Ehemann übernimmt sämt-
    liche Reinigungsarbeiten als Gegenleistung für
    die zusätzliche Zeit (täglich von 3 bis 6.30 Uhr),
    welche die Ehefrau für die Beaufsichtigung der
    Kinder aufwenden muß.
11. Wäsche: Die Ehefrau übernimmt den größten Teil
    jener Wäsche, der nicht ausgegeben wird. Der
    Ehemann erledigt das Wegbringen und Abholen
    der chemisch zu reinigenden Kleidung. Die Frau
    zieht die Betten ab, der Mann macht sie neu.[56]

Nein, mit einer solchen Frau wollte er nicht verheiratet
sein. Wenn man schon einen gleichberechtigten Zim-

merkollegen haben müßte, dann wäre ihm ein Mann lieber. Damit ist die Frage beantwortet: Er könnte eine Frau lieben, und vielleicht müßte sie sich vor hundert Spülbecken voll schmutzigen Geschirrs jeden Monat das Rückgrat verrenken – wenn dabei seine eigene Arbeit leiden müßte, würde ihn der Gedanke, daß er ihr helfen muß, nicht glücklich machen, nein, jedenfalls so lange nicht, wie ihre Arbeit nicht so wertvoll war wie seine eigene. Aber dabei setzt er natürlich voraus, daß man vom Wert seiner eigenen Arbeit überzeugt ist – welch eine Agonie für einen Mann, wenn er erkennen muß, das seine Arbeit bedeutungslos ist: Dann gehen alle damit verbundenen Rechte vor der Frau verloren. Und es ist eine weitere logische Begleiterscheinung der Frauenbefreiung, daß die von der Technik bis zur absurden Beschäftigung reduzierte Arbeit – wie das einfache Drücken von Knöpfen bei einer automatischen Werkzeugmaschine – die Hausarbeit der Frauen immer bedeutender erscheinen läßt, denn sie ist wenigstens auf ein grundsätzliches Ziel ausgerichtet. Und wenn der Gefangene jetzt an diesen Ehevertrag denkt, der fast einem juristischen Vertragswerk gleicht, dann fällt ihm seine verflossene Kampagne um den Posten des Oberbürgermeisters von New York ein, während der Breslin und er selbst die Verwandlung New Yorks in den einundfünfzigsten Staat der USA verlangt, die Macht der Nachbarschaftsbezirke gepredigt und die Idee vertreten hatten, daß der moderne Mensch besser daran wäre, wenn er in einer kleinen Gemeinde eigener Wahl leben könnte, in einem gesetzlich verankerten Dorf innerhalb der Stadt, einer besonders korporierten Zone, einem traditionell religiös aufgebauten Schutzgebiet oder einer revolutionären Kommune –

der Wert der Sache würde darin liegen, für sich selbst zu entdecken, welche dieser sozialen Ideen für das eigene Ich am brauchbarsten wären. Denn es gibt nichts, was in der modernen Welt schwieriger herauszufinden ist. Natürlich war das Ganze ein Schema gewesen, das von der profund naiven Vorstellung ausging, die Stimmenabgabe der Menschen sei ein Ausdruck ihrer Wünsche.

Und der Schriftsteller mußte erst lernen, daß die Wähler mit ihren Stimmen viel lieber ihrem Haß ein Ventil verschaffen. Gleichzeitig muß er nun überlegen, ob es nicht möglich ist, daß sich die mit Regierung und Eigentum befaßte Politik allmählich in eine Politik des Sex verwandelt. Vielleicht hat er letzthin zuviel Zeit mit diesem Gegenstand verbracht, aber er sieht keinen entscheidenden Grund, warum man sich nicht auf eine Welt gefaßt machen sollte – immer unter der Voraussetzung, daß es überhaupt eine zukünftige Welt geben wird –, in der die Menschen ihre Politik auf den grundsätzlichen Ansprüchen basieren werden, die sie an den Sex stellen. Und da wird es dann Gemeinden innerhalb der großen Städte geben, die rein homosexuell sind, und dann wieder ganze Straßenzüge, die mit rechtlicher Grundlage jenen Ehepaaren vorbehalten sind, die in der Orgie eine Basis für die progressive Verhaltensweise des Tages sehen. Und daneben melancholische, am Sonntag einsam und verlassen daliegende Stadtgebiete, die der Stimmung des Onanisten entgegenkommen, der die freie Luft und leere Straßen liebt. Vielleicht entstehen sogar pseudo-viktorianische Viertel, in denen sich wieder richtige, altmodische Bordelle finden. Und es gibt Stadtsümpfe, die dampfen von den Nuancen des bisexuellen Neben-, Unter- und Übereinanderlebens, und daneben bängliche Abteilungen für altmodische Liebespaare, bei denen der Mann nach wie vor der Fels des häuslichen Lebens ist. Überall versperren Siedlungsprojekte den Horizont, die so endlos und verwickelt sind wie die juristischen Gedanken, die hinter der Teilung der häuslichen Pflichten zwischen Mann und Frau stehen. Jede beliebige Welt würde sich in dieser Stadt der Zukunft entwickeln können, aber die Gesetzesgrundlage für alle wäre der Sex. Und das wäre, so überlegt der Schriftsteller, das der Vernunft gemäße Ende aller jener Gewalttätigkeit, die einstmals als fatale Potenz der Liebe zwischen Mann und Frau stand, jener Gewalttätigkeit, die wohl ein Teil der Kraft zum Erschaffen wie ein Teil der Fähigkeit zum Schinden und Quälen ist, die in aller Irrationalität der Liebe lebt, im »Herausreißen der alten, körperlichen Scham« bei Lawrence und dem Herausreißen der Furcht aus den Seelen der Frauen, daß sie vielleicht noch gewalttätiger als ihre Männer sein und sie betrügen oder in der Transzendenz des Sex vernichten könnten. Ja, das Spiel der Gewalt ist gleichzeitig das Drama der Liebe zwischen Mann und Frau: Zuwenig davon, und sie bleiben Freunde, die nie von einer sie zu Größerem treibenden Anziehungskraft füreinander ergriffen werden. Zuviel davon, und sie sind ruiniert, oder ihre Liebe ist ruiniert, oder sie müssen absinken auf die Ebene von Jäger und Opfer, werden zu nichts anderem als einem Förderband, das die Gewalt und die Ungerechtigkeit der sie umgebenden Welt als Gift in die Feigheit ihres häuslichen Lebens bringt. Aber die Gewalttätigkeit der Liebenden ist nun auf dem Wege des Verschwindens, stirbt den gleichen Tod wie alles andere Primitive, dessen Ableben man als Folge der Umwandlung des Menschen in die menschliche Verrechnungs-Einheit voraussehen kann. Die menschliche Gewalttätigkeit verzieht sich nun nach irgendeinem Ort außerhalb, von dem sie dann wie der Smog zurückkehren und die Menschheit langsam – aber auch gleichmäßig und unterschiedslos – ersticken kann. Aber der Schriftsteller hat ja am Beginn dieser Arbeit beschlossen, nicht allzulange über Sex und Gewalttätigkeit zu schreiben, da er sonst in die unnatürliche Situation geriete, daß er erklären müßte, was er mit anderen seiner Arbeiten ursprünglich beabsichtigt habe. Deshalb tritt er nun beiseite und macht nur noch die Bemerkung, daß die Betrachtung von Sex und Gewalttätigkeit eine gute Grundlage für einen Roman abgäbe und daß er – wenn schon überhaupt – die Angelegenheit auch lieber von dort her angehen würde. Und er begnügt sich jetzt mit einem nochmaligen letzten Blick auf seine Erklärung, daß es der »Kern der Sache ist, daß die Hauptverantwortung der Frau wahrscheinlich darin besteht, so lange auf Erden zu verweilen, bis sie den bestmöglichen Mann für sich gefunden und Kinder geboren hat, welche die Spezies Mensch verbessern«. Ist es wohl zu spät, die Behauptung zu wagen, daß im Suchen nach dem »bestmöglichen Mann« die ganze Tapferkeit einer Frau verborgen liegt? Und auch darin, ihn zu finden, und dann – ganz gleich, wie brutal oder tyrannisch oder unausgeglichen oder herzzerbrechend er schließlich erscheinen mag – das Bewußtsein zu tragen, daß seine Werte (geheimnisvoller Weggenosse der Werte!) sich unausweichlich in jenen dreiundzwanzig Chromosomen präsentieren, die Mode, Tradition und Klasse überspringen.

Es gibt eine berühmte Studie über Neurotiker, die zeigt, daß Patienten nach psychoanalytischer Behandlung eine Besserungsrate von 44 Prozent aufweisen. Die Psychotherapie ist noch erfolgreicher – hier ist die Besserungsrate 64 Prozent. Aber die peinlichste Besserungsrate beträgt 72 Prozent – denn das ist die Heilungsquote der Patienten, die überhaupt nicht behandelt werden. »Eysenck-Studie« nennt sich dieses Papier, und spätere Untersuchungen haben ihre Ergebnisse nochmals bestätigt. Sie macht uns klar, möchte der Gefangene meinen, daß der fade Geschmack im Mund, wenn man zuviel erklärt hat, gleichzeitig auch der Ausgangspunkt für die nächste Krankheit ist. Man kann die menschlichen Verhältnisse nicht durch Bequemlichkeit und Sicherheit verbessern, auch nicht durch verallgemeinertes Mitgefühl und Unterstützung – es ist durchaus möglich, daß die unbehandelten Patienten wieder gesund wurden, weil die Gewalttätigkeit ihrer Neurosen nicht künstlich abgeleitet wurde. Die Heilung des Menschen wird durch seinen eigenen Mut zum Sprung bewirkt.

Aber der Gefangene kann auch verstehen, warum eine Frau sich gegen den Gedanken zur Wehr setzt, daß sie »den bestmöglichen Mann . . . (finden) . . . und die Spezies Mensch verbessern (soll)«. Wie tödlich erscheint doch dieses Verlangen, wenn man dabei an irgendein System denkt, das Menschen, die voneinander grundsätzlich nicht angezogen sind, vor dem Traualtar zusammenzwingt, Menschen, die superbe Qualifikationen und völlig neutrale Qualitäten aufweisen. Er ist deshalb einer Schriftstellerin dankbar, die im Jahre 1910 ein Buch mit dem Titel *The Lady* veröffentlichte – Emily James Putnam ist ihr Name, und sie war der erste Dekan des Barnard-College. Sie war eine Schriftstellerin von delikatestem Witz. Das letzte Zitat dieser

Arbeit soll ihr gehören, denn in ihren Worten liegt die Andeutung eines gangbaren Weges:

Abgesehen von simplen wirtschaftlichen Fragen, hängen die meisten Dinge, welche die Frauen meinen, wenn sie von »Glück« sprechen – das heißt also Liebe, Kinder und die kleine Republik des eigenen Heims –, vom Wohlwollen der Männer ab, und die Eigenschaften, mit denen sich dieses Wohlwollen erringen läßt, zählen im allgemeinen nicht zu denen, die sich auch für andere Zwecke mit Nutzen verwenden lassen. Ein junges Mädchen darf nicht zu intelligent und überhaupt auf keinem Gebiet weder zu gut noch zu differenziert sein. Wie ein Kleidungsstück von der Stange sollte sie so zugeschnitten sein, daß sie dem durchschnittlichen Mann paßt. Sie sollte »gerade so religiös sein, wie es meinem William gefällt«. Die Anwendung dieser Regeln über ganze Zeitalter hinweg hat einmal bewirkt, daß die am wenigsten stark individuell ausgebildeten Frauen die höchsten Chancen haben, ihre Qualitäten weiterzugeben, und daß zum anderen diese Regeln inzwischen fast als Naturgesetz betrachtet werden.[57]

Damit ist es schließlich klar: Die Frauen müssen das Recht zu einem Leben haben, das es ihnen auch gestattet, nach dem richtigen Partner zu suchen. Aber eine völlig freie Suche wird nicht möglich sein, ehe nicht die Frauen selbst befreit sind. Also lassen wir die Frau sein, was sie will und was sie sein kann. Lassen wir sie mit Elefanten kohabitieren, wenn das sein muß. Lassen wir sie mit Borsoi-Hunden ficken oder mit acht Schwänzen und einer Trillerpfeife zur gleichen Zeit ins Bett gehen, ja, geben wir ihr die Freiheit, damit sie sie in die Luft jagt oder verschwendet, in Triumph oder

Niederlage verwandelt. Soll sie ihre Kinder empfangen und im Mutterleib töten, wenn sie glaubt, daß es keine guten Kinder sind. Soll sie zum Mond fliegen, den großen amerikanischen Roman schreiben und sich von ihrem Ehemann mit Henkelmann und Zigarre zur Arbeit schicken lassen. Dann kann sie einundvierzig *Rockette*-Ballettmädchen im Schaufenster des Kaufhauses *Macy* öffentlich den Bauch küssen, sie kann Gesetze erlassen, Leute einsperren und eine Uniform tragen. Sie kann dann auch an sämtlichen männlichen Krankheiten sterben, und Jahre schwerer Belastung wären dabei wahrscheinlich die erste Todesursache, denn vielleicht muß sie ja erkennen, daß Frauen zwar lästige Pflichterfüllung als Arbeit aufgebürdet bekommen haben, die Männer jedoch um eines Egos willen arbeiten müssen, das schlimmer als nur lästig und oft genug einfach geistesgestört ist. Aber lassen wir den Frauen das Recht, an den Krankheiten der Männer zu sterben, sollen sie mit dem männlichen Ego in ihrem eigenen Hirnschädel leben, der Gefangene wird nur zuschen und noch fröhlich Hurra! rufen – oder vielleicht doch nicht? Nein – er ist wirklich der Meinung, daß sie ruhig tun sollten, was sie wollen, wenn nun schon der Zorn der Jahrhunderte sein Machtwort spricht. Am Ende erklärt er sich mit allem einverstanden, was sie verlangen – mit Ausnahme des Wunsches, den Schoß, die Gebärmutter aufzugeben. Denn einmal muß doch der Tag kommen, an dem die Frauen die Kristallkugel ihrer Liebe zum urtümlichen und weiblichen Willen zerbrechen und einen Mann finden, ja, den einen Mann unter Millionen, der zur Speerspitze der Saat wird, die der Natur ein Ei zurückgibt und die Frau mit einem Kind zurückkehren läßt, das aus der Wurzel des göttlichen Wunsches entsprungen ist, den ganzen Weg bis zum Ende zu durchmessen – wohin er auch führen mag. Und wer wollte sagen, ob Gott nicht der wundervollste Liebhaber ist? Die Idiotie liegt in der Annahme, daß Auster und Muschel mehr wissen als Gras und Bäume. (Es sei denn, der Liebe Gott ist schwarz, ein Halbjude und eine Frau, und klein und mit einem bösartigen Mutterwitz begabt. Aber das werden wir nicht wissen, ehe wir uns nicht selbst auf die Reise begeben. Und während der Gefangene das schreibt, wird ihm klar, daß er es jetzt sogar geschafft hat, dieses ominöse Stück Arbeit in der süßen, weichen Fleischlichkeit eines Satzes in Klammern zu beenden.)

Anmerkungen

Soweit die deutschen Ausgaben der zitierten Werke nicht vorlagen, wurden die betreffenden Passagen vom Übersetzer übertragen. Um Mailers Argumentation verständlicher zu machen, war es auch bei vorliegenden Übersetzungen in einzelnen Fällen notwendig, stärker auf die wörtliche Bedeutung des englischen Originaltextes zurückzugehen.

Der Verlag dankt für die freundlicherweise erteilte Abdruckgenehmigung:

dem Verlag Kurt Desch, München (Millett)

dem Rowohlt-Verlag, Hamburg (Miller, Lawrence, Friedan)

dem Merlin-Verlag, Hamburg (Genet)

dem S. Fischer-Verlag, Frankfurt (Greer)

[1] Meredith Tax: »The Woman and Her Mind: The Story of Everyday Life«, *Women's Liberation: Notes from the Second Year*, 1970, S. 12

[2] Dana Densmore: »Sex Roles and Female Oppression«, ein Pamphlet. Boston, New England Free Press, ohne Datum, Section IV.

[3] Martha Shelley: »Commentary«, *Off Our Backs* vom 8. November 1970, S. 6.

[4] Zoe Moss: »It Hurts to Be Alive and Obsolete: The Ageing Woman«, in *Sisterhood is Powerful*, herausgegeben von Robin Morgan, New York, Random House 1970, S. 174.

[5] Joreen: »The Bitch Manifesto«, *Women's Liberation*, S. 5.

[6] »Verbal Karate«, *Sisterhood is Powerful*, S. 558.

[7] Anonym: »Cock Rock: Men Always Seem to End up on Top«, aus *Rat*, 29. Oktober–18. November 1970, S. 17.

[8] Pati Trolander: »Crotch Clawers«, *Off Our Backs*, S. 10.

[9] Germaine Greer: *The Female Eunuch*, MacGibbon & Kee Limited, London 1970 (Klappentext); die deutsche Ausgabe erschien unter dem Titel »Der weibliche Eunuch« und in der Übersetzung von Marianne Dommermuth im S. Fischer-Verlag Frankfurt/M.

[10] Ibid. S. 39 und 50–51.

[11] Valerie Solanas: »Excerpts from the SCUM (Society for Cutting Up Men) Manifesto«, *Sisterhood is Powerful*, S. 514.

[11] »NOW (National Organization for Women) Bill of Rights«, *Sisterhood is Powerful*, S. 513–514.

[13] Linda Phelps: »What Is the Difference?«, ein Pamphlet, 3800 McGee, Kansas City, Mo., ohne Datum, S. 1–2 und 4.

[14] Kate Millett: *Sexual Politics*, Doubleday, Garden City, New York 1970, S. 62 (nach dem Original zitiert). Deutsch von Ernestine Schlant: *Sexus und Herrschaft*, Verlag Kurt Desch, München 1971.

[15] Greer, op. cit. S. 47 und 51.

[16] Densmore, op. cit. Section I.

[17] Greer, op. cit. S. 48.

[18] Lucinda Cisler: »Unfinished Business: Birth Control and Women's Liberation«, *Sisterhood is Powerful*, S. 264.

[19] Ti-Grace Atkinson: »The Institution of Sexual Intercourse«, *Women's Liberation*, S. 45.

[20] Atkinson: »Radical Feminism«, *Women's Liberation*, S. 33 und 36.

[21] Mary Jane Sherfey, M. D.: »A Theory on Female Sexuality«, *Sisterhood is Powerful*, S. 221–222.

[22] W. H. Masters, zitiert von Dr. Mary Jane Sherfey in »The Evolution and Nature of Female Sexuality in Relation to Psycho-

analytic Theory«, *The Journal of the American Psychoanalytical Association*, Ausgabe 14, Januar 1966, Nr. 1, S. 792. Bei International Universities Press, Inc., New York.

[23] Sherfey, zitiert von Millett, op. cit. englische Ausgabe S. 118.

[24] Sherfey: »A Theory of Female Sexuality«, S. 222.

[25] Ibid. S. 224–225.

[26] Frank Caprio, M. D.: *The Sexually Adequate Female*, S. 78.

[27] Anne Koedt: »The Myth of the Vaginal Orgasm«, *Women's Liberation*, S. 37 ff.

[28] Ibid.

[29] Sherfey: »A Theory on Female Sexuality«, S. 228.

[30] Greer, op. cit. S. 42 ff.

[31] Ibid. S. 3.

[32] Millet, op. cit. englische Ausgabe, S. 187.

[33] Anmerkung des Übersetzers: Fluchworte entstammen bei einer am Puritanismus orientierten Kultur wie der amerikanischen meist dem tabuisierten sexuellen Bereich. Ihre Anwendung in der Vulgärsprache geht weiter: Das Wort »fuck« wird inzwischen auch für eine ganze Reihe von außersexuellen Betätigungen und Eigenschaften benutzt. Mailer wehrt sich dagegen, daß Millett hier Millers Anwendung des Wortes »fuck« im außersexuellen Sinne für »betrügen« und das daraus resultierende Wortspiel ausschließlich sexuell verstanden haben will.

[34] Henry Miller: *Tropic of Capricorn*, 1939. Deutsch von Kurt Wagenseil: *Wendekreis des Steinbocks*, Rowohlt Verlag GmbH, Reinbek bei Hamburg 1964, S. 29.

[35] Henry Miller: *Tropic of Cancer*, 1934. Deutsch von Kurt Wagenseil, neu durchgesehen unter Mitarbeit von Renate Gebhardt: *Wendekreis des Krebses*, Rowohlt Verlag GmbH, Reinbek bei Hamburg 1962, S. 170.

[36] Henry Miller: *Sexus*, 1949. Deutsch von Kurt Wagenseil: *Sexus*, Rowohlt Verlag GmbH, Reinbek bei Hamburg 1970, S. 172.

[37] *Wendekreis des Steinbocks*, S. 173.

[38] Dr. Naomi Weisstein: »›Kinder, Küche, Kirche‹ as Scentific Law: Psychology constructs the Female«, *Sisterhood is Powerful*, S. 212.

[39] Ich fürchte, dies stammt von Ron Karenga (zitiert nach *Look*, 7. Januar 1969).

[40] Greer, op. cit. S. 25 und 28.

[41] D. H. Lawrence: *Lady Chatterley's Lover*, 1928. Autorisierte Übertragung aus dem Englischen: *Lady Chatterley*, Rowohlt Verlag GmbH, Reinbek bei Hamburg 1960, S. 456.

[42] Der Gefängnisinsasse Donald Leroland, zitiert von Jack Newfield in *The Village Voice*, 17. Dezember 1970.

[43] Der Gefängnisinsasse Richard Flowers, ibid.

[44] Jean Genet: *Le Miracle de la Rose*, 1951. Deutsch von Manfred Unruh: *Le Miracle de la Rose — Das Wunder der Rose*, Merlin Verlag Hamburg, ohne Jahresangabe, S. 141.

[45] Ibid. S. 30.

[46] Millett, op. cit. S. 245.

[47] Ein Zeitschriften-Redakteur, zitiert von Betty Friedan in *The Feminine Mystique*, deutsch von Margaret Carroux: *Der Weiblichkeitswahn oder die Mystifizierung der Frau*, Rowohlt Verlag GmbH, Reinbek bei Hamburg 1966, RoRoRo-Sachbuch 1970, S. 42.

[48] Ibid.

[49] *Look*, 16. Oktober 1956.

[50] Norman Mailer: *The Presidential Papers*, Berkley Medaillon Edition New York 1970, S. 143.

[51] David M. Rorvik: *Your Baby's Sex: Now You Can Choose*, Bantam New York 1971.

[52] Hier versalzt Rorvik den Spaß vielleicht ein bißchen zu sehr.

[53] Rorvik, op. cit. S. 83.

[54] Ibid. S. 89—90.

[55] Norman Mailer: *An American Dream*, 1965. Deutsch von Paul

Baudisch: *Der Alptraum*, Verlag Droemer Knaur, München. Knaur-Taschenbücher Band 187.

[56] Alix Schulman: »Marriage Agreement«, *Off Our Backs*, S. 6.

[57] University of Chicago Press 1969, S. 70.

Inhalt